就業規則と
人事・労務の
社内規程集

岡田良則・桑原彰子［著］

自由国民社

はじめに

　社員が組織の中で効率よく行動するためには、1人ひとりの行動の基準となる社内のルールが必要です。もちろん、より高い成果を求めるには、社員の意欲も必要です。社会人として必要な教育がなされていることも必要です。ただし、行動の基盤となるのは社内のルールなのです。

　では、どのようなルールを決めていくべきでしょう。社員が何時に出社して何時まで働くのかといった基本的なことから、職場のトラブルを防止するための規律に関すること、どのように賃金が決定されるのかといった処遇のこと、出張などの業務を遂行するためのこと、その他、実に多くのルールが必要です。これらを整理しまとめたものが会社諸規程なのです。

　会社ができたばかりの頃は、常に試行錯誤を繰り返して、1つひとつ必要なルールが決められていきます。会社の運営が軌道に乗ってきた頃には、日常の業務を片付けるのに精一杯で、職場のルールを規程としてまとめ上げる暇がないということもあるでしょう。これら会社の実情を踏まえ、今すぐに完璧な規程の整備が無理であったとしても、まずは、必要性の高い規程から、少しずつ整えていただければと思います。

　本書は、社内諸規程の中でも、人事・労務に関する主要なものを選んで掲載いたしました。

　人事・労務に関する規程には、法律で定められた「就業規則」だけではなく、「慶弔見舞金規程」や「車両管理規程」など多種多様なものがあります。さらに近年、会社が正規雇用を手控え、パートタイマーなどの非正規労働者を増やしていることから、長時間労働の是正と非正規労働者を保護するため、「働き方改革関連法」が成立、段階的に実施されています。これらに対応するためにも、随時、会社諸規程の改定が必要なのです。

そこで、本書では、次のような点に配慮しまとめ上げました。

①誰でも素早く規程を整備できます

　本書に掲載した規程や社内様式は、自由国民社のホームページからダウンロードできます。多くの会社で使われているWord形式によりサンプルを加工できます。さらに、差し替え事例も収録し、自社の規程を誰でも素早く加工できるよう工夫しました。

②法律を可能な限り分かりやすい言葉で解説してあります

　法律の言葉は何でこんなに難しいのかと、誰でも思うものでしょう。本書では、法律を分かりやすい言葉や具体的な例を盛り込んで解説することに徹し、法律の素人でも読める実務書を目指しました。さらに、判例や行政解釈も多く掲載して、もっと調べたいという方の希望にも応えられるよう努めました。

③統計資料なども豊富に掲載しました

　実際に賃金や諸々のルールを決めていく際、他社ではどのようにしているのかが気になるところです。本書では、具体的な統計なども盛り込み、検討の手間を省けるよう努めました。

　本書が読者の皆様の業務にお役に立つことを願うとともに、本書の完成に御尽力いただいた自由国民社の編集部の方々、事務所スタッフ、その他の協力者に感謝申し上げます。

2019年7月

著者　岡田良則

就業規則と 人事・労務の 社内規程集　目次

規則・規程・様式等のダウンロードについて —————————— 12

ダウンロード対応のファイル一覧 —————————————— 13

巻頭　会社諸規程作成の予備知識

会社諸規程の基礎知識 ————————————————————— 18
会社諸規程の役割 18 ／ どのような規程があるか 19 ／ 規程の構成 20 ／ 会社諸規程の具体的な作成手順と留意点 22

就業規則の基礎知識 ——————————————————————— 25
1．就業規則の役割 ————— 25
就業規則とは 25 ／ 労働契約 25 ／ 就業規則の役割 26 ／ 就業規則の不利益変更 26 ／ 就業規則と他の規範との関係 28
2．就業規則の作成と届出 —— 28
就業規則の作成・届出義務 28 ／ 絶対的必要記載事項と相対的必要記載事項 29 ／ 必要に応じて別規程を設ける 30 ／ 就業規則の届出方法 31 ／ 就業規則 (変更) 届 32 ／ 意見書 32 ／ 周知義務 34 ／ 就業規則の変更届 34

労働基準法の概要 ———————————————————————— 35
1．労働基準法の役割 ————— 35
労働条件の最低基準 35 ／ 民法と労働基準法 35 ／ 労働契約法と労働基準法 36
2．労働者と使用者 ————— 37
労働者 37 ／ 使用者 38
3．労働条件の明示 ————— 39
4．禁止される労働契約 ——— 40
国籍等による差別 40 ／ 男女の性による差別 40 ／ 強制労働 41 ／ 中間搾取 41 ／ 長期労働契約 41 ／ 賠償予定 42 ／ 前借金相殺 43 ／ 強制貯蓄 43
5．労働時間・休憩・休日 —— 45
労働時間 45 ／ 休憩 47 ／ 休日 48 ／ 時間外および休日労働 49 ／ 労働時間、休憩、休日の適用除外 50 ／ 高度プロフェッショナル制度 50 ／ 公民権の行使 51
6．年少者および女性 ——— 51

5

年少者 51 ／ 女性 52

7. 年次有給休暇 ———— 54
年次有給休暇とは 54 ／ 付与の基準 54 ／ 年次有給休暇の付与日数 55 ／ パートタイマーの年次有給休暇（比例付与）56 ／ 計画的付与 57 ／ 使用者側からの時季指定 57 ／ 年次有給休暇取得日の賃金の取り扱い 58 ／ 時季指定権と時季変更権 59 ／ 有給休暇の使用単位 59

8. 退職・解雇 ———— 60
退職と解雇の違い 60 ／ 解雇権の濫用 60 ／ 解雇制限 61 ／ 解雇の手続き 62 ／ 解雇予告の適用が除外される場合 63 ／ 退職時の証明 63 ／ 退職証明書 64

9. 賃金 ———— 64
賃金とは 64 ／ 賃金の支払い5原則 66 ／ 割増賃金 70 ／ 休業手当 72 ／ 平均賃金 72

10. 記録の保存 ———— 74

1章　就業規則のモデルとつくり方

就業規則 ———————————————— 76
モデル規程 ———— 76

趣旨 ———— 99

ポイント ———— 100
総則 100 ／ 採用 101 ／ 労働契約書 103 ／ 誓約書 105 ／ 身元保証書 105 ／ 異動 107 ／ 休職 109 ／ 退職と解雇 111 ／ 服務規律 115 ／ 労働時間 119 ／ 休憩時間 121 ／ 休日 122 ／ 時間外および休日労働 123 ／ 勤務間インターバル 126 ／ 休暇 127 ／ 賃金 133 ／ 退職金 133 ／ 安全衛生 133 ／ 災害補償 134 ／ 表彰・制裁 135

パートタイマー 就業規則 ———————————— 139
モデル規程 ———— 139

趣旨 ———— 159

ポイント ———— 160
就業規則と労働契約 160 ／ パートタイマーの定義 162 ／ 社会保険制度の取り扱い 162 ／ 契約期間と更新 163 ／ 異動 170 ／ 正社員への転換 170 ／ 解雇予告の適用除外 170 ／ 労働時間 171 ／ 年次有給休暇 172 ／ 賃金 173 ／ 健康診断 177 ／ 制裁 177

2章　賃金・退職金に関する規程のモデルとつくり方

賃金規程 ──────────────────── 180
モデル規程 ──────── 180
趣旨 ──────── 187
ポイント ──────── 188
　適用範囲 188 ／ 賃金の計算と支払い 189 ／ 賃金の口座振込みに関する協定 194 ／ 賃金振込先口座申出書 194 ／ 賃金控除に関する協定 195 ／ 基本給と諸手当 196 ／ 割増賃金 202 ／ 昇給 208 ／ 賞与 209 ／ 不正受給の返還 210 ／ 賃金関係の統計資料 211

賃金規程（職能給） ──────────────── 213
モデル規程 ──────── 213
趣旨 ──────── 222
ポイント ──────── 223
　基本設計 223 ／ 詳細設計 229 ／ 賞与 240

退職金規程（定額制） ──────────────── 241
モデル規程 ──────── 241
趣旨 ──────── 245
ポイント ──────── 246
　定額制の退職金制度と退職金の支給方法　246 ／ 新しい退職金制度 252

3章　雇用管理に関する規程のモデルとつくり方

育児・介護休業規程 ──────────────── 256
モデル規程 ──────── 256
趣旨 ──────── 275
ポイント ──────── 276
　育児・介護休業法の概要 276 ／ 育児休業 277 ／ 介護休業 281 ／ 所定外労働の免除 283 ／ 時間外労働の制限 283 ／ 深夜業の制限 284 ／ 短時間勤務制度 284 ／ 子の看護のための休暇 285 ／ 介護休暇 286 ／賃金等の取り扱い 286 ／ マタハラ防止措置 287

定年退職者再雇用規程 ──────────────── 290
モデル規程 ──────── 290
趣旨 ──────── 293

7

ポイント ——————— 294

高年法の概要 294 ／ 再雇用と労働基準法 298 ／ 老齢年金、雇用保険との
関係 298 ／ 継続雇用制度に対する助成金 299

出向規程 ——————————————————— 300

モデル規程 ——————— 300

趣旨 ——————————— 304

ポイント ——————— 305

定義 305 ／ 出向者の身分 305 ／ 出向期間 305 ／ 労働条件 306 ／ 出向契
約書の例 308

4 章　人事管理に関する規程のモデルとつくり方

職能資格制度規程 ————————————— 312

モデル規程 ——————— 312

職能要件書（事務職）——— 318

趣旨 ——————————— 319

ポイント ——————— 320

人事制度の基本 320 ／ 職能資格制度 323

人事評価制度規程 ——————————————— 329

モデル規程 ——————— 329

評価シート ——————— 333

趣旨 ——————————— 334

ポイント ——————— 335

評価の原則 335 ／ 人事評価の設計 337 ／ 評価の手順 340

5 章　福利厚生に関する規程のモデルとつくり方

慶弔見舞金規程 ——————————————— 344

モデル規程 ——————— 344

慶弔見舞金支給申請書 ——— 349

趣旨 ——————————— 350

ポイント ——————— 351

適用範囲 351 ／ 申請手続き 351 ／ 支給額 352 ／ 雑則 353

カフェテリアプラン規程 ————————————— 354

モデル規程 —————— 357

趣旨 —————— 357

ポイント —————— 358

適用対象者の決定 358 ／ 施策メニューの決定 359 ／ メニューポイントの決定 359 ／ 持ち点 360

書籍未掲載でダウンロードのみ用意した規程例のご案内 —————— 362

6章　業務管理に関する規程のモデルとつくり方

車両管理規程 —————————————————————— 364

モデル規程 —————— 364

趣旨 —————— 371

ポイント —————— 372

車両等の定義と適用範囲 372 ／ 管理組織 372 ／ 運転者の心得 373 ／ 事故処理 374 ／ 誓約書 374 ／ 事故報告書 375 ／ 車両管理台帳 376

出張旅費規程 —————————————————————— 377

モデル規程 —————— 377

出張旅費精算書 —————— 387

趣旨 —————— 388

ポイント —————— 388

総則 388 ／ 出張旅費 389 ／ 転勤旅費 393

電子メール利用規程 ——————————————————— 394

モデル規程 —————— 394

趣旨 —————— 396

ポイント —————— 396

対象者 396 ／ マナー 396 ／ 情報漏洩の防止 397 ／ ウイルス対策 397 ／ モニタリング 397

個人情報取扱規程 ———————————————————— 399

モデル規程 —————— 399

趣旨 —————— 406

ポイント —————— 407

個人情報の定義 407 ／ 取得・利用に関するルール 407 ／ 安全管理措置に関するルール 409 ／ 第三者提供に関するルール 410 ／ 個人情報取扱同意書 412

7章　労働時間に関する労使協定のモデルとつくり方

労使協定とは —————— 414

労使協定の要件 —————— 414

労使協定の届出方法 —————— 416

1. 時間外・休日労働に関する協定届 —————————————————— 416
３６協定とは 416 ／ 協定で定めるべき事項 417 ／ 限度時間 418 ／ 特別条項付き協定 419 ／ 適用除外がある 421 ／ 具体的にいつから始まるのか 422 ／ 届出の留意点 422 ／ 時間外・休日労働に関する協定届（協定書を兼ねる場合）423

2. 1ヵ月単位の変形労働時間制 ————————————————————— 425
１ヵ月単位の変形労働時間制とは 425 ／ 適用の要件 425 ／ 労働時間の限度 425 ／ 妊産婦または育児・介護を行う者 426 ／ 具体的な勤務時間の特定方法 426 ／ 労使協定の例 427 ／ １ヵ月単位の変形労働時間制に関する協定届 428

3. フレックスタイム制 ————————————————————————— 429
フレックスタイム制とは 429 ／ 適用の要件 430 ／ 労働時間の総枠 430 ／ 労働時間の清算 431 ／ 割増賃金の支払い 431 ／ 就業規則の規定例 432 ／ 労使協定の例 435

4. 1年単位の変形労働時間制 ————————————————————— 436
１年単位の変形労働時間制とは 436 ／ 適用の要件 436 ／ 労働時間の限度 437 ／ 対象期間を区分する場合 437 ／ 所定労働日数の限度 438 ／ 特定期間 439 ／ 対象期間に途中入社または途中退社する場合 439 ／ 妊産婦または育児・介護を行う者 440 ／ 労使協定の例 441 ／ １年単位の変形労働時間制に関する協定届 442

5. 1週間単位の非定型的変形労働時間制 ——————————————— 443
１週間単位の非定型的変形労働時間制とは 443 ／ 適用の要件 444 ／ 妊産婦または育児・介護を行う者 444 ／ 労使協定の例 445 ／ １週間単位の非定型的変形労働時間制に関する協定届 446

6. 一斉休憩の適用除外 ————————————————————————— 447
一斉休憩の適用除外とは 447 ／ 労使協定の記載事項 447 ／ 就業規則の規定例 447 ／ 労使協定の例 448

7. 事業場外労働 ——————————————————————————— 449
事業場外労働とは 449 ／ 協定する場合の必要事項 450 ／ 一部事業場内の労

働がある場合 450 ／ 労使協定の例 452 ／ 事業場外労働に関する協定届 453

8. 専門業務型裁量労働制 ——————————————— 454
専門業務型裁量労働制とは 454 ／ 適用の要件 455 ／ 健康・福祉確保措置と
苦情処理措置の例 455 ／ 記録の保存 456 ／ 就業規則の規定例 457 ／ 労使
協定の例 457 ／ 専門業務型裁量労働制に関する協定届 459

9. 企画業務型裁量労働制 ——————————————— 460
企画業務型裁量労働制とは 460 ／ 適用の要件 460 ／ 対象労働者の範囲 461
／ 労使委員会の要件 461 ／ 健康および福祉の確保・苦情処理の措置 462 ／
対象者の同意 462 ／ 保存義務 463 ／ 定期報告 463 ／ 企画業務型裁量労働
制に関する決議届 464 ／ 企画業務型裁量労働制に関する報告 465

10. 高度プロフェッショナル制度 ————————————— 466
高度プロフェッショナル制度とは 466 ／ 適用の要件 466 ／ 就業規則の規定
例 468

用語索引 ———————————— 469

11

規則・規程・様式等のダウンロードについて

　本書に掲載した規則・規程・様式等と本書未掲載の関連規程等のファイルをダウンロード用として用意いたしました。WindowsOS のパソコンで Microsoft Word を使って閲覧や加工をすることができます。ファイルのダウンロード方法は以下のとおりです。

①ブラウザを起動し、アドレスバーに以下のアドレスを入力して開く。
　http://www.jiyu.co.jp/download/
②「ダウンロード可能なファイル」から『就業規則と人事・労務の社内規定集　第 5 版（2019年 8 月 8 日発行：規則・規程・様式等のファイル)』をクリックする。
③画面の表示にある「ファイルが使用できる環境」「著作権」「免責事項」を確認してから、表示に従って操作し、フォルダをダウンロードする。

　ダウンロードしたフォルダは、zip 形式で圧縮してあります。ダブルクリックで解凍できます。フォルダやファイルを開く際に次のパスワード入力が必要です。

　パスワード：2019dai5han

　ファイルは本書掲載の内容に分類された章別のフォルダに入っています。

【ご注意】

　本書の改訂・絶版およびホームページのメンテナンス・閉鎖等の都合により、予告なくファイルのダウンロードができなくなることがありますので、ご承知おきください。

ダウンロード対応のファイル一覧

ファイル名		書籍での関連ページ	ページ番号
フォルダ名「0 巻頭 0-001 〜 0-009」			
0-001 就業規則（変更）届	巻頭	就業規則の基礎知識	32
0-002 意見書			32
0-003 労働条件通知書		労働基準法の概要	39
0-004 非常災害等労働時間延長許可申請書			49
0-005 監視・断続的労働適用除外許可申請書			50
0-006 断続的宿日直勤務許可申請書			50
0-007 解雇予告除外認定申請書			62
0-008 退職証明書			64
0-009 労働者名簿			74
フォルダ名「1章 1-010 〜 1-028」			
1-010 会社諸規程（表紙-目次）	1章	就業規則（正社員）	
1-011 就業規則			76
1-012 労働契約書			103
1-013 内定通知書			102
1-014 入社承諾書			102
1-015 採用通知書			102
1-016 不採用通知書			102
1-017 住所（変更）届			102
1-018 扶養家族異動届			102
1-019 誓約書			105
1-020 身元保証書			105
1-021 退職願			112
1-022 定年通知書			112
1-023 解雇予告通知書			113
1-024 遅刻・早退・外出・欠勤届			115
1-025 年次有給休暇管理簿			132
1-026 時間単位の年次有給休暇に関する協定			130
1-027 休暇届			132
1-028 パートタイマー就業規則		パートタイマー就業規則	139
フォルダ名「2章 2-029 〜 2-040」			
2-029 賃金規程	2章	賃金規程（年功型）	180
2-030 賃金口座振込協定			194
2-031 賃金振込先口座申出書			194
2-032 賃金控除に関する協定			195
2-033 代替休暇に関する協定			206
2-034 賃金規程（職能給）		賃金規程（職能給）	213
2-035 辞令（賃金）			233

2-036	モデル賃金検討表			235
2-037	賃金表（号俸表）			237
2-038	賃金表（段階号俸表）			238
2-039	賃金表（複数賃率表）			239
2-040	退職金規程		退職金規程（定額制）	241
フォルダ名「3章 3-041 ～ 3-058」				
3-041	育児・介護休業規程	3章	育児・介護休業規程	256
3-042	育児・介護休業労使協定			277
3-043	育児休業申出書			277
3-044	育児・介護休業取扱通知書			277
3-045	育児休業等対象児出生届			277
3-046	育児・介護休業撤回届			277
3-047	育児・介護休業期間変更申出書			277
3-048	介護休業申出書			277
3-049	育児のための所定外労働免除申出書			277
3-050	育児・介護時間外労働制限請求書			277
3-051	育児・介護深夜業制限請求書			277
3-052	子の看護休暇申出書			277
3-053	育児短時間勤務申出書			277
3-054	介護短時間勤務申出書			277
3-055	育児・介護短時間勤務取扱通知書			277
3-056	定年退職者再雇用規程		定年退職者再雇用規程	290
3-057	出向規程		出向規程	300
3-058	出向契約書			308
フォルダ名「4章 4-059 ～ 4-063」				
4-059	職能資格制度規程	4章	職能資格制度規程	312
4-060	職能要件書			318
4-061	人事評価制度規程		人事評価規程	329
4-062	人事評価シート			333
4-063	人事評価記録			340
フォルダ名「5章 5-064 ～ 6-073」				
5-064	慶弔見舞金規程	5章	慶弔見舞金規程	344
5-065	慶弔見舞金支給申請書			349
5-066	カフェテリアプラン規程		カフェテリアプラン規程	354
5-067	リフレッシュ休暇規程		その他の規程	362
5-068	リフレッシュ休暇取得申請書			362
5-069	自己啓発支援制度規程			362
5-070	留学規程			362
5-071	留学費用貸借契約書			362
5-072	早期退職優遇制度規程			362
5-073	表彰規程			362

フォルダ名「6 章 6-074 ～ 6-082」				
6-074 車両管理規程	6 章	車両管理規程		364
6-075 誓約書（車両運転）				374
6-076 事故報告書				375
6-077 車両管理台帳				376
6-078 出張旅費規程		出張旅費規程		377
6-079 出張旅費精算書				387
6-080 電子メール利用規程		電子メール利用規程		394
6-081 個人情報取扱規程		個人情報取扱規程		399
6-082 個人情報取扱同意書				412
フォルダ名「7 章 7-083 ～ 7-098」				
7-083 時間外・休日労働に関する協定届	7 章	時間外・休日労働に関する協定届		423
7-084 1ヵ月単位の変形労働時間制に関する協定		1ヵ月単位の変形労働時間制		427
7-085 1ヵ月単位の変形労働時間制協定届				428
7-086 フレックスタイム制に関する協定		フレックスタイム制		435
7-087 1年単位の変形労働時間制に関する協定		1年単位の変形労働時間制		441
7-088 1年単位の変形労働時間制協定届				442
7-089 1週間単位の変形労働時間制の協定		1週間単位の非定型的変形労働時間制		445
7-090 1週間単位の変形労働時間制協定届				446
7-091 一斉休憩の除外に関する協定		一斉休憩の適用除外		448
7-092 事業場外労働のみなし労働時間制協定		事業場外労働のみなし労働時間制		452
7-093 事業場外労働に関する協定届				453
7-094 専門業務型裁量労働制に関する協定		専門業務型裁量労働制		457
7-095 専門業務型裁量労働制協定届				459
7-096 企画業務型裁量労働制に関する決議		企画業務型裁量労働制		460
7-097 企画業務型裁量労働制決議届				464
7-098 企画業務型裁量労働制報告				465
フォルダ名「8 章 その他 8-099 ～ 8-100」				
8-099 モデル規程の差し替え条文集				
8-100 規則・規程作成のための資料へのリンク集				

本書で用いている法令、通達等の正式名称は以下のとおりです。

【法令等】

安全衛生法、安衛法 → 労働安全衛生法

安衛則 → 労働安全衛生規則

育児・介護休業法 → 育児休業、介護休業等育児又は家族介護を行う労働者の福祉に関する法律

育児・介護休業則 → 育児休業、介護休業等育児又は家族介護を行う労働者の福祉に関する法律施行規則

確定拠出法 → 確定拠出年金法

均等法、男女雇用機会均等法 → 雇用の分野における男女の均等な機会及び待遇の確保等に関する法律

契約法 → 労働契約法

高年法 → 高年齢者等の雇用の安定等に関する法律

個人情報保護法、保護法 → 個人情報の保護に関する法律

保護令 → 個人情報の保護に関する法律施行令

最賃法 → 最低賃金法

賃確法 → 賃金の支払の確保等に関する法律

パート有期労働法 → 短時間労働者及び有期雇用労働者の雇用管理の改善等に関する法律

労基法 → 労働基準法

労基則 → 労働基準法施行規則

労組法 → 労働組合法

【通達等】

基発 → （厚生）労働省労働基準局長から各都道府県労働局長宛の通達

発基 → （厚生）労働省事務次官から各都道府県労働局長宛の通達

基収 → 各都道府県労働局長からの法令の解釈に関する疑義についての問い合わせに対する（厚生）労働省労働基準局長による回答

所基通→所得税法基本通達

職発 → （厚生）労働省職業安定局長から各都道府県労働局長宛の通達

年発 → 厚生（労働）省年金局長から各都道府県知事宛、地方厚生（支）局長宛の通知

巻頭

会社諸規程
作成の
予備知識

会社諸規程の基礎知識

◆会社諸規程の役割

　会社がどれほどの利益を上げることができるかは、経営トップの方針に基づき、社員がどのように行動するかに懸かっています。

　理想的な社員の行動とは、組織的な規律を維持しながら、個人が意欲的であることといえるでしょう。

　では、このような組織的かつ意欲的な行動を、社員から引き出すものは何でしょうか。

　組織が未成熟な創業期では、多くの課題に柔軟かつ機動的に対処するため、トップダウン（経営トップの強いリーダーシップによる上意下達の経営方式）により行動していくことが有効です。

　しかし、組織が拡大・成熟してきたときには、隅々まで経営者が直接指揮することは難しくなるため、社員１人ひとりが自発的に能力を発揮できるボトムアップ（経営参画意識を高めるため下位者の起案を上位者が承認する経営方式）の環境を作り上げることが求められてきます。

　このボトムアップの環境を作り上げるには、社員それぞれの権利と責任、そして取るべき行動基準などを明確に示しておくこと、つまり合理的なルールを整備することが必要になります。

　何ら権利、責任、行動基準がなければ、社員はそれぞれ無秩序な行動をとってしまうため、随時多くの指示を与えなければなりませんが、それら一定のルールが整備されれば、自ら考えて行動する自立した社員を育てる土壌ができてくるのです。

　この権利、責任、行動基準といった共通のルールを関係者に周知させるため、文書として整備したものが会社諸規程です。

◆どのような規程があるか

　会社諸規程には前述のような目的がありますが、その中でも定款や就業規則などは法令により作成が義務付けられています。

　特に法令による作成義務がない諸規程については、各会社の実情により必要な範囲で作成していけばよいわけですが、経営分野に必要なもの、業務を効率よく遂行するために必要なものなど、実に多くの種類があります。

諸規程の例

①経営　　　　…定款、株主総会運営規程など

②組織　　　　…業務分掌規程、職務権限規程、会議規程など

③業務　　　　…車両管理規程、文書管理規程、経理規程など

④人事・労務　…就業規則、賃金規程など

　本書の目的である人事・労務分野について、更に細かく例を挙げると、次のようなものがあります。

人事・労務の諸規程の例

①労務管理分野（労働条件を含む労使関係（狭義の労務）分野）

　　…労働協約、就業規則など

②雇用管理分野（労働力としての社員の質と量を計画的に維持する分野）

　　…採用基準、早期退職優遇制度など

③人事管理分野（主に個人を対象として行われる人的資源管理分野）

　　…職能資格制度規程、評価制度規程など

④教育訓練・能力開発分野（社員の職務能力の開発分野）

　　…教育訓練規程、自己啓発支援制度規程など

⑤福利厚生分野（労務管理の1分野であって社員と家族の福祉に関する分野）

　　…福利厚生規程、社宅利用規程など

19

◆規程の構成
(1) 規程のタイトル

　規程のタイトルは、その内容を端的に表現したものです。どのようなタイトルを付けてもかまいませんが、社員が客観的に理解でき、誤解がないタイトルにする必要があります。

　また、同じ分野に関する事項を、基本となる規程から、より詳細な規程へと、いくつかに分けて作成する場合があります。この場合、基本となる規程を「…規則」とし、その下位の規程を「…規程」とし、更にその下位にある内規を「…基準（あるいは「細則」など）」とするのが一般的です。たとえば、次のような関係に使います。

　ところで、「規定」と「規程」の字は混同されがちですが、一般に、個々の定められた事項や、「前条に規定する…」などという場合に「規定」を用い、それらがまとまった特定の文書、たとえば「賃金規程」「退職金規程」などに「規程」を用います。

(2) 前文、本則、付則

　規程の内容は、「前文」「本則」「付則（附則）」に分かれます。

　まず「前文」に、制定の理由、目的、基本的な立場などを記します。この前文は、必ず設けなければならないものではありません。我が国の「憲法」制定当時は、前文を設ける法律が多かったようですが、最近は前文を設けず法の目的を第1条に定めるスタイルのものがほとんどのようです。社内の規程の場合は、制定する者の考えで自由に決めればよいでしょう。

　次に、規程の主体となる「本則」を記載します。

　最後に、「付則」として、施行期日、経過措置、改廃など、本則に付随

する必要事項を定めます。

その他、本則に添える表があるときは、末尾に「別表」を設けます。

(3) 本則の区分

本則の条項が多くなる場合、「第1編」「第1章」などと区分することで、内容を理解しやすくすることができます。

このような場合、一般に（編 → 章 → 節 → 款 → 目）の順に細分し

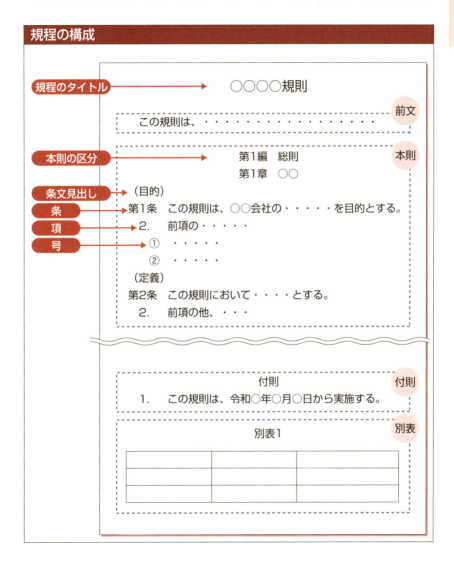

規程の構成

- 規程のタイトル：○○○○規則
- 前文：この規則は、・・・・・・・・・
- 本則の区分：第1編　総則／第1章　○○
- 条文見出し：（目的）
- 条：第1条　この規則は、○○会社の・・・・・を目的とする。
- 項：2.　前項の・・・・・
- 号：①　・・・・／②　・・・・
- （定義）第2条　この規則において・・・・とする。／2.　前項の他、・・・
- 付則：1.　この規則は、令和○年○月○日から実施する。
- 別表：別表1

て使います。

(4) 条、項、号

「条」とは、「箇条書き」のごとく、いくつかに分かれた事項の1つひとつをいいますが、規程の条に書かれた各々の文章を指して、条文といいます。

条文の中を更に分けて記す場合、「項」を使い、項の内容を更に分けるとき、または詳細事項を列挙するなどの場合、「号」を使います。

この項や号の文頭を表すのに、アラビア数字、括弧付き数字、丸囲み数字などが一般に使われますが、社内で使用する場合はどの数字を使ってもかまいません。ただし、統一して使って下さい。なお、一般に第1項の文頭を表す「1」は、第1条の文頭でもあるため省略します。

(5) 条文見出し

条文には、「第〇条」などと条名が付いていますが、その内容を理解しやすくするため、見出しを付けます。

◆会社諸規程の具体的な作成手順と留意点

ここで、諸規程を作成するに当たり、少し注意すべき点をご説明しましょう。

(1) ルールは会社に適したものを

まず、諸規程を作成する場合、会社に適したものを作らなければ、その目的を達成することはできません。これは当然のことですが、十分に自社の状況を考えずに、守れそうもないルールを作ったり、払いきれない退職金を定めたりする会社は少なくありません。

たとえば、遅刻者が多いことに困っている会社がペナルティーを設けて解決しようとすることがあります。しかし、遅刻してはならないのだという社員教育を怠る会社では、結局、遅刻はなくならず、ペナルティーの不評が高まることで、廃止を余儀なくされてしまうのです。

このようなことは、経営者が自社の経営状態や社員を正しく把握していないこと、またはルールを設ければ社員が変わるだろうという一方的

な思い込みによる誤りといえます。

(2) 必要以上に作らない

会社諸規程は、たくさん作ればよいというものではありません。必要のないものであれば、ない方がましということもあります。

社員の行動には、会社が細かく指示すべきこと、大まかに指示すべきこと、社員が自主的に行うべきことなどがあります。

緊急対応などは会社が詳細に指示すべきことが多いでしょうが、職場の整理や美化に関することなどは、社員の自主的行動に期待するところが大きいはずです。

このような指示の必要性の強弱を考えずに、社員の自主的判断に任せるべき事項まで諸規程に定めていると、社員は決められたことを守りきれず、結果的に本当に大切なルールが軽視されることになります。

(3) 禁止事項よりも行動基準を示す

ルールを作ろうとするとき、よく「がんじがらめ」に禁止事項を決めたがる経営者がいますが、ルール＝「禁止すること」ではありません。どのような行動が望ましいか、社員の手本となる行動を考え示すことの方が、効果的であり大切なのです。つまり、ルール＝「行動の手本」です。

(4) 文章は簡易で少ないほどよい

最後に、規程は、社員が読んで理解できないものや、読む気になれないほど量の多いものではいけません。必要なことを、分かりやすく、簡潔に説明したものほど、よい規程といえるでしょう。

以上に留意していただき、実際に規程を作成するには、本書のようなモデル書式集などを参考に、次のような段階を踏んで進めてみましょう。

具体的な作成手順

① ルール化しようとする目的を明確にする。

たとえば「車両管理規程」でも、使用する車両の種類、マイカーの業務使用があるかどうかなど会社により事情が異なるため、他社の真似をしてもうまくいきません。自社で何をルール化する必要があるのか、あらかじめ明確にしておきましょう。

② 規程に盛り込むべき事項を調べる。

本書のようなモデル規程も参考にして、規程に盛り込むべき事項を洗い出します。

③ 現状を項目ごとに箇条書きにしてみる。

現状を把握しておくため、②の内容を参考にして、細かく箇条書きにしてみましょう。

④ 大まかなルール、運用基準などを決めて行く。

たとえば「慶弔見舞金」であれば、「社員の結婚で3万円」などと、大まかに、新たに定めるルールを決めていきます。

⑤ ルールを適用する社員の範囲を決める。

パートや嘱託など全体的にあるいは部分的に異なる適用をする者がいる場合、あらかじめ分類しておきます。

⑥ 記載漏れをチェックし整理していく。

法律上必要な事項、自社独自で必要な事項などに漏れがないかをチェックし、順序を整理しながら、更に記載漏れをチェックして下さい。

⑦ 法令違反がないかチェックする。

完全に条文化する前に、法令に違反する内容がないかチェックしておきましょう。

⑧ 条文にする。

文章は、できるだけ分かりやすく、誤解のないようなものにしなければなりません。1条1条吟味しながら条文にして下さい。特に複雑で長い文になる場合、条や項を分けてみると読みやすくなります。

就業規則の基礎知識

巻頭

会社諸規程作成の予備知識

1. 就業規則の役割

◆就業規則とは

　就業規則とは、労使関係における基本的なルールを定めた規程です。人事・労務分野において、最も代表的な規程となります。

　この就業規則の役割を理解するには、その前提として「労働契約」という民事上の契約関係があることを確認しておく必要があります。

◆労働契約

　労働契約（民法623条の「雇用契約」とほぼ同じ）は、「労働者が使用者に使用されて労働し、使用者がこれに対して賃金を支払うことについて、労働者および使用者が合意することによって成立する」とされています（契約法6条）。

　労働者が「働かせて下さい」という申込みをして、使用者が「明日から働いて下さい」などと承諾することで、たとえ口頭であっても、労働契約は結ばれたことになります。

　この労働契約は、単に「いつ働くか」「いくらの賃金を払うか」というだけではなく、「どこで働くか」「社宅は利用できるか」など労働にまつわる様々な条件もあわせて約束されることになります。

　このような賃金、労働時間、福利厚生などの条件全てを「労働条件」といいますが、労働契約の締結時の条件と実際が異なってはなりません。たとえば車の売買（商品の売買契約）において、カーナビ装備、車体白色などの仕様が、納車の際に注文と違っていたとすると、契約が履行されたとはいえません。労働条件についても同じなのです。

◆**就業規則の役割**

　多くの労働者を雇用する会社が、もし、労働者１人ひとりについて始業時刻が違う、休日が違う、というようにバラバラの条件で労働契約を締結すれば、誰が遅刻し誰が欠勤したのかをチェックするだけでも大仕事となります。採用時に労働条件を個別に協議して決定するというのも現実的ではありません。

　そこで、全ての労働者に共通して適用する労働条件のルールを構築し、賃金や就業場所のように個別に異なる事項以外は、統一的に管理することが必要になります。このルールをまとめたものが就業規則です。

　労働契約法では、労働契約を締結する際に、「使用者が合理的な労働条件が定められている就業規則を労働者に周知させていた場合には、労働契約の内容は、その就業規則で定める労働条件によるものとする」とされています（契約法７条）。

　判例でも、「使用者が労働条件や職場の秩序に関して統一的かつ画一的に定めたルール」が、合理的な範囲である以上、それによって全ての労働者が拘束されるとしています（秋北バス事件：最高裁判決昭和43.12.25）。

　つまり、就業規則に明記された事項は、その就業規則が適用される全ての労働者の労働契約を表しているのです。

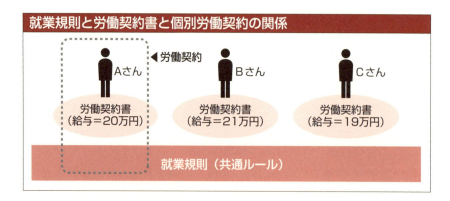

◆**就業規則の不利益変更**

　個々の労働者にとって、労働契約を締結したときの就業規則の内容が、

その際に約束された労働条件となります。しかし、会社は変化する経営環境へ対応するため、時として就業規則の内容の変更、つまり約束された労働条件を変更しなければならないこともあります。

特に、契約締結時に約束された労働条件を、その後の変更によって低下させる場合を「不利益変更」といいますが、このような労働者に不利益な就業規則の変更を、会社が一方的に行ってよいのかという問題があります。

労働条件の不利益変更も、もちろん労働者1人ひとりの合意があれば可能です（契約法8条）が、多くの労働者から合意を得ることは、極めて困難です。

労働契約法では、就業規則を変更する場合、「変更後の就業規則を労働者に周知させ」、かつ、次の判断要素に照らして「就業規則の変更が合理的なものであるとき」は、労働契約の内容である労働条件は、その変更後の就業規則に定めるところによるものとされています（契約法10条）。

就業規則変更の合理性の判断要素

①労働者の受ける不利益の程度

②労働条件の変更の必要性

③変更後の就業規則の内容の相当性

④労働組合等との交渉の状況

⑤その他の就業規則の変更に係る事情

なお、これらは考慮要素として例示されたもので、個別具体的な事案に応じて総合的に判断されます（平成24年8月10日基発0810第2号）。

判例では、原則として個々の労働者の同意が必要であるとしつつも、多くの労働者を集合的に処理するという就業規則の特殊性から、その不利益変更が「合理的なもの」である限り「個々の労働者において、これに同意しないことを理由として、その適用を拒否することは許されない」として、個々の労働者の同意がなくても労働条件の不利益変更を認めています（前掲秋北バス事件最高裁判決）。

また、賃金、労働時間など重要な労働条件については、「高度の必要性に基づいた合理的な内容」であることとしています(タケダシステム事件：最高裁判決昭和58.11.25、大曲市農協事件：最高裁判決昭和63.2.16、他)。

◆就業規則と他の規範との関係

　労働条件は、法令や就業規則など、いくつかの規範に従って決定されますが、この複数の規範には、次のようなルールがあります。

　まず、法令に反することができないことはもちろんですが、特に労働基準法の定める基準に達しない労働条件はその部分を無効とし、労働基準法の定める基準によるものとされています(労基法13条)。また、労働契約の内容が、就業規則の内容を下回るときは就業規則の水準まで引き上げることになります(契約法12条)。さらに、労働組合のある事業場では就業規則が「労働協約」(労働組合と使用者の間で結ばれる労働条件その他に関する協定)の内容に反する(有利か不利かは問わず)ことはできません(労組法16条)。それぞれの効力の序列を示すと次のようになります。

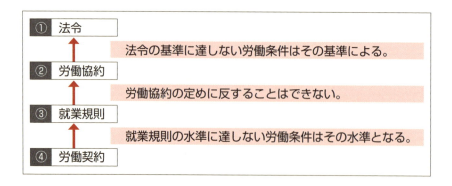

2. 就業規則の作成と届出

◆就業規則の作成・届出義務

　就業規則の作成・届出の義務は、労働基準法により、常時10人以上の労働者を使用する使用者に課されています(労基法89条)。

この「常時10人以上」とは、名称や雇用形態にかかわらず全ての常時使用する労働者の人数で判断されますから、パートタイマーなども含まれます。また業務の繁閑などにより人数が変動する場合は通常の人数が10人以上のときに、作成・届出の義務があります。

　更に、労働基準法の適用は「事業場」単位です。支店、工場など複数の事業場を持つ使用者は、事業場ごとに届出が必要となります。ただし、出張所など小規模で独立性のないものについては事業場とはなりません。この事業場であるかどうかの判断基準は次のとおりです（昭和22.9.13発基17号）。

労働基準法の適用事業場の判断基準

① 1つひとつの事業に適用する際は、名称や経営主体などにかかわりなく、互いに関連して一体をなす労働のようすによって判断される。

② 工場、事務所、店舗など、一定の場所において互いに関連する組織のもとに事業として継続して行われる作業の一体をいう。

③ a）同じ場所にあるものは原則として分割することなく1個の事業とし、分散しているものは原則として別個の事業とする。

　　b）同一の場所にあっても、著しく労働のようすが異なる部門は、従事する労働者、労務管理等が明確に区別され、かつ、主たる部門と切り離して適用することで法が適切に運用できる場合は、その部門を1つの事業とする。

　　c）場所的に分散しているものであっても、出張所、支所等で規模が著しく小さく、組織的関連ないし事務能力等を勘案して、1つの事業という程度の独立性がない場合、直近上位の機構と一括して1つの事業として取り扱う。

◆絶対的必要記載事項と相対的必要記載事項

　就業規則は、法令などに反しない限り使用者が自由に作成することができます。ただし、次の「絶対的必要記載事項」と「相対的必要記載事項」については、必ず盛り込むことが義務付けられています（労基法89条）。

絶対的必要記載事項とは、必ず定めて記載しなければならない事項であり、相対的必要記載事項とは、その事業場で定めるのであれば記載しなければならない事項です。これらの事項の一部を欠いた就業規則は、その他の部分についてまで効力を失うものではありませんが、使用者が法律上の責任を履行したことにはなりません（昭和25.2.20基収276号）。

なお、「目的」「制度の趣旨」「適用範囲」など使用者が任意で定めた事項を「任意的記載事項」といいます。

就業規則の必要記載事項

絶対的必要記載事項	始業および終業の時刻、休憩時間、休日、休暇ならびに労働者を2組以上に分けて交替に就業させる場合においては就業時転換に関する事項
	賃金（臨時の賃金等を除く）の決定、計算および支払いの方法、賃金の締切りおよび支払いの時期ならびに昇給に関する事項
	退職に関する事項（解雇の事由を含む）
相対的必要記載事項	退職手当の適用される労働者の範囲、退職手当の決定、計算および支払いの方法ならびに支払いの時期に関する事項
	臨時の賃金等（退職手当を除く）および最低賃金額に関する事項
	労働者に食費、作業用品その他を負担させる場合に関する事項
	安全および衛生に関する事項
	職業訓練に関する事項
	災害補償および業務外の傷病扶助に関する事項
	表彰および制裁の種類・程度に関する事項
	前各号のほか、事業場の労働者の全てに適用される定めに関する事項

◆必要に応じて別規程を設ける

就業規則は、パートタイマーなど異なる労働条件で働く労働者について、正社員の就業規則とは別の規程を作成することもできます。また「賃金規程」や「退職金規程」など就業規則本体と別の規程を設けることも認められています。ただし、これら別の規程を含む労働条件について定めた全ての規程が、届出義務のある就業規則となります。

就業規則の内容は、労働者に正確に伝わるよう作成するべきですから、1つの規程で全体が把握できることが望ましいといえます。しかし、全

ての事項を1つの規程の中に含めてしまうと、たとえばパートタイマーが自分に適用される事項はどこに書かれているのか分からないなどということになり、かえって不便なものとなるため、必要に応じて規程を分割しておく方がよいでしょう。

◆就業規則の届出方法

(1) 届出

就業規則は、「届出書」と「意見書」を添付して、所轄労働基準監督署長へ届け出なければなりません。

意見書とは、就業規則の内容について労働者の意見の記入を求めたもので、事業場の「労働者を代表する者」に記入してもらいます。

「労働者を代表する者」とは、事業場に労働者の過半数で組織する労働組合がある場合はその労働組合、ない場合は労働者の過半数を代表する者です（労基法90条）。

この意見聴取は、就業規則の作成に労働者を参加させる趣旨ですが、たとえ「全面的に反対」との意見があっても、届出をすることはできます。

また、代表者の選任については、管理監督者ではないこと、民主的な投票、挙手などの方法によることが必要です（労基則6条の2）。

更に、使用者は、労働者を代表する者であること、もしくは労働者の代表になろうとしたこと、または代表者として正当な行為をしたことを理由に、その労働者に対して不利益な取り扱いをしてはいけません。

これら提出書類は、2部ずつ作成し提出しますが、会社の控えとして1部は受理印を押して提出者のもとへ返却されます。後で、助成金の申請をする場合などに必要になることもありますので、控えは紛失しないよう保管して下さい。

(2) 本社による一括届

本社と、支社や営業所が同一内容の就業規則を適用している場合であって、次の要件に該当するときは、本社が支社などの就業規則も一括して本社所轄の労働基準監督署に届け出ることができます。

就業規則の本社一括届出の要件

①事業場の数に対応した部数の就業規則を提出すること

②本社と各事業場の就業規則が同一の内容である旨が付記（付表として添付）されていること

③事業場ごとの就業規則にそれぞれ過半数労働組合（ない場合は労働者の過半数代表者）の意見を記した書面の正本が添付されていること

就業規則（変更）届

Download 0-001

就業規則（変更）届

○○労働基準監督署長殿

令和○年○月○日

　今回、別添のとおり当社の就業規則を制定（変更）いたしましたので、従業員代表の意見書を添付の上お届けします。

事業場の所在地	中央区○○　○-○-○
電話番号	○○(○○○○)○○○○
企業の名称	株式会社○○○○
事業場の名称	本社
使用者の職氏名	代表取締役　○○○○　㊞

労働保険番号	府県		所掌	管轄		基幹番号					枝番号			被一括事業場番号
	1	2	3	4	5	6	7	8	9	0	1	0	0	0
業種	○○業					労働者数				○人（企業全体：約○人）				

意見書

Download 0-002

意見書

株式会社　○○○○
代表取締役　○○○○殿

令和○年○月○日

　令和○年○月○日付をもって意見を求められた就業規則案について、下記のとおり意見を提出します。

記

　第○条第2項の特別休暇については、5日とされたい。その他については、特に異議ありません。

従業員代表　○○○○　㊞

（選出の方法　　投票　　）

(3) 電子媒体・電子申請による届出

　就業規則は、コンパクトディスクなど（CD-ROM、CD-R、CD-RW、DVD-R、DVD-RW）の電子媒体によっても届け出ることができます。

　この場合、労働基準監督署の設備で判読できるよう一定の制限があります。CD-ROMなどはWindows上で動作するISO9660フォーマットなど（市販されている一般的なものです）に、HTML形式（ホームページの作成に使用される形式）で作成したものを保存する必要があります。

電子媒体による届出の形式要件

① ラベルの表示

　CDなどには「事業場名 ○○○○」「所在地 ○○○○○」とラベルなどに表示すること。

② 情報の作成方法

・本文の前に、「事業場名（漢字）」「事業場名（カナ）」「所在地」「業種」「電話番号」「労働者数」の6項目を記載する。各項目名の両側には【　】を付ける。

・条文の見出しの両側には【　】を付ける。

・次の項目について、具体的な数値を規定する場合については、その部分に下線を入れる。ただし、給与形態については、その事項に下線を入れる。

> 1日の所定労働時間、週所定労働時間、変形労働時間・変形単位・変形期間、休憩時間、年間所定休日日数、年次有給休暇の初年度付与日数・最高付与日数、夏季休暇日数、年末年始休暇日数、賃金計算締切日・支払日、給与形態、時間外労働割増率、休日労働割増率、深夜労働割増率、定年年齢

　なお、電子媒体による届出であっても、届出書と労働者代表の意見書は、書面によって提出する必要があります。

電子申請によっても、就業規則を届出できるようになりました。政府の電子申請総合窓口サイト（e-Gov）から届出すれば、特に有料ソフトを購入する必要はありませんが、パソコンの動作環境を確認することと電子証明書の取得などが必要になります。本書では電子申請に関する詳しい解説は省きます。

◆周知義務

就業規則は、常時各作業場の見やすい場所に掲示し、または備え付けるなどの方法により、労働者に周知させなければなりません（労基法106条）。

この「作業場」とは、業務の行われている個々の現場をいい、主として建物別などによって判断されます（昭和23.4.5基発535号）。

周知の方法は、掲示や備え付けのほか、1人ひとりに「就業規則」を配布する方法、あるいは社内のコンピューター・ネットワークを使った方法も許されています。ただし、この場合は、各作業場で労働者がその内容をいつでも確認できるようにしておくことが要件となります。

職場のルールとして、就業規則の効力がどの段階で生ずるのか、法律では明記されていませんが、判例の多くは、労働者に周知された段階で生じるとされています。そのため、労働基準監督署へ届け出た後は、周知までしっかり実施しなければなりません。

◆就業規則の変更届

就業規則は、新たに作成したときだけではなく、すでに労働基準監督署長へ届け出ているものを変更する場合も、届出が必要です。

この変更の届出は、新規の届出と同じように届出書と意見書を作成し、変更内容が分かるように条文の新旧の対照表を付けるなどして行います。

労働基準法の概要

巻頭
会社諸規程作成の予備知識

1. 労働基準法の役割

◆労働条件の最低基準

　労働者が使用者の指揮命令に従って労働し、使用者が労働者に賃金を支払うという関係は、労働契約により生じます（25ページ参照）。この労働契約を結ぶとき、法律や公序良俗に反しない限り、誰と、いつ、どのような契約を結ぶかは、全て自由であるはずです。

　しかし、労働者は使用者より弱い立場にあると考えられているため、何ら規制もなく当事者の自由な契約を放置すれば労働者が不当な労働を強いられるという過去の教訓によって、労働者の保護を目的とした法律（この分野の法律を「労働法」といいます）が次々と制定されてきました。この労働法の中で最も代表的な法律が、「労働基準法」です。

　労働基準法は、労働条件の最低基準を定めた法律です（労基法1条）。もし、労働基準法で定める基準に達しない条件で労働契約を結んだ場合、その部分については無効となって、無効となった部分は労働基準法で定める基準によることになります（労基法13条）。

　たとえば、法定休日に労働した場合の割増賃金の率を20％と契約しても、労働基準法では35％と定めているため、35％に引き上げられることになります。これは、たとえ労働者の同意があったとしても、その法律に反することは許されません。このような法律を強行法規といいます。

◆民法と労働基準法

　労働契約は、民事の問題ですから、当然、民法がかかわってきます。民法と労働基準法の関係としては、労働基準法が具体的かつ詳細な事項

35

を定め、その定めた部分については民法に優先して適用され、労働基準法に定めがない事項については、原則どおり民法の規定に従うという関係をとっています。

　たとえば、民法では、期間の定めのない雇用契約の解約は、双方いつでも申し出ることができ、2週間経過することで雇用契約は終了するとしています（民法627条）。しかし労働基準法では、原則30日経過しなければ雇用契約を終了することはできないとしています（労基法20条）。よって、労働基準法に解約についての定めがある使用者は、この規定に従うことになり、特に定めのない労働者は、民法の規定に従えばよいことになります。

民法と労働基準法の関係の例		
	民法の規定	労働基準法の規定
使用者	○期間の定めのない雇用契約の解約 ・いつでも解約の申入れができる。 ・解約の申入れをした後、2週間を経過すると雇用契約は終了する。	⇒　使用者に関する定めあり 　（労働基準法の規定に従う） ・合理的理由のない解雇は無効。 ・少なくとも30日前に解雇の予告をしなければならない。
労働者		⇒　労働者に対する定めなし 　（民法の規定に従う）

◆労働契約法と労働基準法

　平成20年3月1日、「労働契約法」が施行されました。この法律は、就業形態の多様化、個別労働紛争の増加などに対応するため、労働契約に関するルールの整備を図ったものです。

　先に述べたとおり、最も代表的な労働法である労働基準法には、使用者に最低限守るべき事項が定められてきました。しかし、労働契約の締結、変更、終了などの労使が自由に決定すべき事項については、民事裁判などで争われた結果としての判例があるのみでした。しかし、一般の人にとっては、判例にかかわることは少なく、不明確なルールだったのです。また、判例というものは、時代とともに移り変わるため、不確定

なルールでもあったのです。

労働契約法は、これらの判例を明文化した法律としてまとめ、労働契約について、「合意の原則（労働契約が労働者と使用者の合意により成立し、または変更されるというもの）」、その他の基本的事項を定め、労働契約に関する民事的なルールを明らかにしたものです。

特徴としては、労働基準法が労働基準監督署を設置し、監督官による指導を行い、罰則が定められていたのに対し、労働契約法は監督官による指導や罰則はなく、法の趣旨や内容の周知により、労働者と使用者の自主的な行動による紛争の防止、またはすみやかな解決に役立つことが期待されています（平成20.1.23基発0123004号）。

これからは、民法、労働基準法、そして労働契約法などを中心に労働条件などを考えていくことになるのです。

2. 労働者と使用者

◆労働者

労働者の定義は、各労働法で若干異なります。労働基準法では「職業の種類を問わず、事業または事業所に使用される者で、賃金を支払われる者」とされています（労基法９条）。

事業（または事業所）とは、営利を目的とするか否かを問わず事業として継続的に行われるものであり、使用されるとは、「使用従属関係」を指しています。

一般に正社員として働く者は労働者として疑う余地はありませんが、自由な時間に働く外交員、外注名目の社内工など、実態として判断の難しいケースは多くあります。

労働基準法研究会報告（昭和60.12.19「労働基準法の『労働者』の判断基準について」）によると、労働者であるかどうかの判断基準として、２つの基準を示しています。

１つ目は、労働が「他人の指揮監督下において行われているか」どう

かであり、①仕事の依頼、業務従事の指示などに対する諾否の自由、②業務遂行上の指揮監督、③拘束性、④代替性、の有無を判断基準としています。

2つ目は、「報酬が労務の対償としての性質を持っているか」どうかということです。

更には、労働者性の判断を補強する要素として、①機械、器具の負担関係、②報酬の額、③特定の企業に対する専属性の程度から判断することができるとされています。

なお、法人の代表者や取締役など使用従属関係のない者は労働者ではありません（昭和23.1.9基発14号）。ただし、代表権を持たない工場長、部長などの職にあって賃金を受ける者の場合は、その労働者性を有する範囲において労働基準法が適用されます（昭和23.3.17基発461号）。

また、事業主の同居の親族は、原則として労働者として取り扱われません。ただし、他の労働者と同様の就業実態を有するときは、労働者となり労働基準法が適用されることもあります（昭和54.4.2基発153号）。

◆使用者

労働基準法において、使用者とは、「事業主または事業の経営担当者その他その事業の労働者に関する事項について、事業主のために行為をする全ての者」とされています（労基法10条）。

つまり、「事業主」とは、個人事業においては事業主である個人、法人であれば法人そのもの、「経営担当者」とは、法人の代表者、取締役など、その他「事業主のために行為をする全ての者」とは、工場長、人事部長などの名称で決まるものではありませんが、人事権など一定の権限を有するものです。

よって、労働基準法では、一定の権限を有する者に、法律上の義務とその履行責任を負わせているのであって、経営トップとしての事業主1人を使用者とするものではないことに注意して下さい。

3. 労働条件の明示

労働契約は、本来、使用者と労働者が合意すれば、たとえ口頭であっても成立します。

しかし、単に口頭による「合意」のみでは、労働条件の内容などについて後でトラブルが生じかねないため、労働基準法は、労働条件のうち次の表にある事項については契約締結時に明示することとし、更に特に重要な事項については、書面で交付することを義務付けています（労基法15条１項）。

明示すべき労働条件

文書による明示事項	口頭でも可能な明示事項
①労働契約の期間に関する事項 ②就業場所、従事すべき業務 ③始業・終業時刻、所定労働時間を超える労働の有無、休憩時間、休日、休暇、就業時転換に関する事項 ④賃金の決定、計算および支払いの時期に関する事項 ⑤退職に関する事項（解雇の事由を含む）	昇給に関する事項
⑥退職手当の適用労働者の範囲、決定・計算および支払いの方法、支払時期に関する事項 ⑦臨時に支払われる賃金・賞与、それらに準ずる賃金、最低賃金に関する事項 ⑧労働者に負担させるべき食費、作業用品その他に関する事項 ⑨安全および衛生に関する事項 ⑩職業訓練に関する事項 ⑪災害補償および業務外の傷病扶助に関する事項 ⑫表彰および制裁に関する事項 ⑬休職に関する事項	

この書面は、必要事項を具備すれば形式は自由です。厚生労働省の作成した「労働条件通知書」のモデル（ ダウンロード 0−003 ）を用いてもかまいませんし、賃金や就業場所など各人によって異なる労働条件を記載した書面に就業規則を添付して交付してもよいでしょう。

平成31年４月から、労働者が希望した場合は、FAXや電子メール、SNS等でも明示できるようになりました。ただしこの場合、印刷や保存がしやすいよう添付ファイルで送ることが望ましいとされています。そのた

め、添付のできないショート・メール・サービス等による明示は禁止されています。

なお、この労働契約と実際の労働条件が異なる場合は、労働者は契約を即時解除できるのはもちろん、会社に履行を求めることも、債務不履行による損害賠償を請求することもできます（労基法15条2項）。ただし、正規の手続きにより就業規則などが変更された場合は、契約自体が変更されたと解されるため、この規定の適用はありません（京都市交通局事件：京都地裁判決昭和24.10.20）。

4. 禁止される労働契約

労働基準法では、労働契約を締結するに当たり次の事項を禁止しています。

◆国籍等による差別

日本国籍を持たない外国人労働者を差別すること、特定の宗教的・政治的信念を持つ者を差別すること、または生まれながらの地位に対して差別的取り扱いをすることは禁止されています（労基法3条）。

◆男女の性による差別

使用者は、労働者が「女性であること」を理由として、賃金について、男性と差別的取り扱いをしてはいけません（労基法4条）。

ただし、個人ごとの職務内容や能力の違いなどにより賃金が異なったとしても、ここにいう「差別」にはなりません。「女性であること」を理由とする差別的取り扱いとは、労働者が女性であることのみを理由とするものの他、社会通念またはその事業場において女性労働者が一般的に「能率が悪い」「勤続年数が短い」「主たる生計の維持者でない」と考えること、などです（昭和22.9.13 発基17号）。

労働基準法では、賃金についてのみ差別的取り扱いを禁止しています

が、賃金以外の労働条件については、男女雇用機会均等法により、女性の職場進出を促進するための措置（ポジティブ・アクション）など一部の例外を除き、性別を理由とする差別的な取り扱いが禁止（均等法5～9条）されています（平成19年4月の法改正より女性に限らず男女ともに禁止）。

◆強制労働

使用者は、暴行、脅迫、監禁、その他精神または身体の自由を不当に拘束する手段によって労働者の意思に反して労働を強制してはいけません（労基法5条）。

強制労働は、封建的な時代からの最も悪質な労働慣行であり、このような労働を社会から完全に根絶して労働者の自由意思に基づく労働を保障するために、労働基準法では、最も重い処罰（1年以上10年以下の懲役または20万円以上300万円以下の罰金）の対象として定めています。

◆中間搾取

職業安定法に基づく有料職業紹介など一部の例外を除き、事業として他人の就業に介入して利益を得ることは、禁止されています（労基法6条）。介入するとは、職業紹介、労働者募集、労働者供給などを指し、いわゆる「人身売買」のような中間搾取を禁じたものです。

◆長期労働契約

労働契約は、期間を定めるもの（就労開始日と終了日をあらかじめ定める契約）と、期間を定めないもの（就労開始日のみを定め、終了日を定めない契約）との2種類に分かれます。

期間の定めのない契約は、一定の条件に従って、いつでも退職や解雇という形で労働契約を終了させることができますが、期間の定めのある契約は、やむを得ない事由があるときを除き、原則として一方的に途中で解約（退職または解雇）することはできません。もし、期間の途中で退職や解

雇をすると、相手は損害賠償を求めることもできます（民法626〜628条）。

このようなことから、期間の定めのある労働契約が長期に及ぶと、労働者の自由を不当に奪うおそれがあるので、労働基準法は、有期労働契約（期間の定めのある労働契約）に契約期間の上限を3年と定めています（労基法14条）。

もし法律に違反して3年を超える契約をした場合は、3年の期間を定めた労働契約とみなされます。ただし、例外的に次の場合は、3年を超えて労働契約を結ぶことができます。

3年を超える労働契約が許される場合

①一定の事業（3年を超える建設事業など）の完了に必要な期間を定めるとき

②職業訓練（労基法70条）を受けるため労働基準監督署長の許可を得て労働するとき

→①②いずれも事業や職業訓練に必要な期間

③厚生労働大臣が定める高度な専門的知識等を有する者であるとき

イ）博士　ロ）公認会計士、医師、歯科医師、獣医師、弁護士、1級建築士、税理士、薬剤師、社会保険労務士、不動産鑑定士、技術士、弁理士　ハ）システムアナリスト等資格試験に合格した者　ニ）特許発明者　ホ）年収1,075万円以上で一定の要件に該当する者等　ヘ）国等により認定されている者

④満60歳以上の労働者であるとき

→③④いずれも5年まで

契約期間の上限は、平成16年1月の法改正により1年から3年に延長されています。ただし暫定措置として、1年を超える労働契約を締結した労働者（上の表の①③④に該当する労働者は除かれます）は、1年経過後において使用者に申し出ることにより、いつでも退職できることになっています（労基法137条、付則3条）。

42

◆賠償予定

　労働者が労働義務を履行しない場合について、損害発生の有無にかかわらず一定額の違約金を定めたり、事実のいかんにかかわらず一定の損害賠償額を予定する契約は禁止されています（労基法16条）。

　たとえば、海外留学生や医学生へ費用援助をして、修学後の一定期間を就労しなければ費用の返済を求めるものなどは、費用援助が純粋な貸借契約であって労働と完全に無関係なときなどを除き、この規定に違反することになります。

　労働契約は、労働者の自由意思により締結または解約がなされることを前提としていますが、もし、金銭の支払いがなければ締結した労働契約が解除できないような内容になっていたら、労働者は解約の自由を奪われ、労働を強いられることになってしまうからです。

　もっとも、これは、現実に生じた損害についての賠償まで禁止したものではありません。

◆前借金相殺

　使用者が、労働者に貸し付けていた前借金その他労働することを条件とする前貸債権と賃金を相殺することはできません。

　過去の日本では、借金返済のために、子どもを低廉な報酬で働かせるという人身売買的な前借金制度がありました。労働基準法では、こうした習慣をなくすため、労働者に貸し付けた金銭を、毎月の賃金から控除することを禁止したのです（労基法17条）。

　もっとも、労働協約の締結あるいは労働者からの申出に基づき生活必需品の購入などの費用を貸し付け、その後この貸付金を賃金から分割して控除することは、労働を強制するものでない程度において認められています（昭和23.10.15基発1510号）。

◆強制貯蓄

　使用者は、労働契約に付随して、貯蓄の契約をさせたり貯蓄金を管理

会社諸規程作成の予備知識

43

する契約をさせたりすることはできません（労基法18条）。

　賃金の一部を強制的に貯蓄させることは、労働者を足止めしたり、会社の資金繰りに流用したりと、労働者が必要なときに払い出しが困難になるなどの弊害があるからです。

　ただし、労働者の任意に基づく、いわゆる「社内預金」は、次のような一定の要件の下に認められています。なお預金利率は、法律で定められた利率を下回ってはいけません。

貯蓄金管理の要件

①書面による労使協定を行い、労働基準監督署に届け出ること

　【協定で定めるべき事項】

　　a）貯蓄金の管理が社内預金である場合（労基則5条の2）

　　　イ）預金者の範囲　ロ）預金者1人当たりの預金額の限度　ハ）預金利率および利子の計算方法　ニ）預金の受け入れおよび払い戻しの手続き　ホ）預金の保全方法

　　b）貯蓄金の管理が通帳保管である場合（昭和27.9.20基発675号）

　　　イ）預金先の金融機関名および預金の種類　ロ）通帳の保管方法　ハ）預金出し入れの取次方法など

②貯蓄金の管理に関する規程を作成し労働者に周知させること

　【規程に定めるべき事項】（昭和27.9.20基発675号）

　　　イ）①の社内預金または通帳保管の別に協定で定めるべき事項と同じ事項　ロ）社内預金の場合その具体的取り扱い

③貯蓄金の管理が社内預金である場合は利子を付けること

④労働者が返還請求をしたときは、遅滞なく返還すること

⑤労働基準監督署長より貯蓄金の管理を中止するよう命ぜられたときは、遅滞なく貯蓄金を労働者に返還すること

5. 労働時間・休憩・休日

◆労働時間

(1) 労働時間とは

　法律上、単に労働時間という場合は「使用者の指揮監督の下に労務を提供している時間」、いわゆる「実労働時間」をいいます。この実労働時間には、始業時刻前の準備時間や全員参加の朝礼を行う時間なども含まれます。また、何も作業をしていなくても使用者に拘束されている時間（手待ち時間）なども実労働時間になります。

(2) 法定労働時間、法定外労働時間、所定労働時間

　労働時間といっても、いくつかの概念があります。

　はじめに「法定労働時間」とは、法律で定められた、労働者を使用することができる上限の時間をいい、1週間につき40時間、1日につき8時間と定められています（労基法32条）。原則として、使用者はこの法定労働時間を超えて労働者を使用することはできません。

　次に、「法定外労働時間」とは、法定労働時間を超えて例外的に労働させる時間のことをいいます。業務の都合により、いわゆる「残業」をすることは、実社会においてはむしろ普通ですが、法律では、使用者が法定労働時間を超えて労働を命じるためには、原則に対する例外的な取り扱いとして、労使協定で一定のルールを定め(416ページ参照)、更にペナルティーとしての「割増賃金」(70、202ページ参照)を支払うよう定めています。

　最後に、法律では、就業規則に「始業と終業の時刻」を定めることを義務付けています。この就業規則に定められた時間を「所定労働時間」といいます。

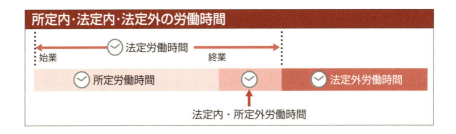

使用者が、この所定労働時間を法定労働時間よりも短く定めた事業場において残業を命じた場合、その残業が法定内に収まったとしても、その残業時間は所定外の労働時間とされてしまいます。ただし、法律上、この時間（法定内・所定外労働時間）に時間外労働の割増賃金を支払う義務はありません。

　なお、法定労働時間の定めにおける1週間とは、特に就業規則などで定めがない場合、日曜から土曜までの暦週をいい（昭和63.1.1基発1号）、1日とは、午前0時から午後12時までをいいます（民法140、141条）。

(3) 法定労働時間の特例

　商業、演劇、保健衛生、旅館、飲食などで、常時使用する労働者の人数が10人未満の事業場については、公衆の不便を避けるなどの意味から、法定労働時間の特例が認められており、1週44時間以内、1日8時間以内とすることができます（労基法40条）。

(4) 変形労働時間制

　近年、一律的な労働時間管理は労働者のニーズや作業効率に適したものとは言えなくなり、業務の繁閑に対応できるよう、1週40時間、1日8時間の原則を弾力的に適用する「変形労働時間制」という労働時間制が認められるようになりました。

　この「変形労働時間制」とは、業務の繁忙期と閑散期を平均するという考え方、つまり、一定の期間を平均し、1週間当たりの労働時間が40時間を超えない範囲であれば、特定の週に40時間を超え、または特定の日に8時間を超えて労働させることが許されるという制度です。具体的には、①1ヵ月単位の変形労働時間制、②フレックスタイム制、③1年単位の変形労働時間制、④1週間単位の非定型的変形労働時間制の4つの制度が定められています（詳細は425ページ以降参照）。

(5) みなし労働時間制

　これまでの労働時間管理は、変形労働時間制も含めていずれも労働者が働いた正確な時間を算定しなければならないものばかりでしたが、労働形態が多様化すると、働く場所や業務の内容によって、正確な労働時

間の管理が難しい、またはそぐわない場合もあります。

そこで、労働基準法では、労働者に仕事の遂行方法を任せ、労働時間は、あらかじめ定められた一定の時間働いたものとみなす、「みなし労働時間制」という制度を設けています。

具体的には、①事業場外労働、②専門業務型裁量労働制、③企画業務型裁量労働制の3つの制度が定められています（詳細は449ページ以降参照）。

◆休憩

(1) 休憩時間の原則

法律では、労働時間が6時間を超える場合は少なくとも45分、8時間を超える場合は少なくとも1時間、労働時間の途中（分割してもかまいません）に休憩を与えることが義務付けられています（労基法34条）。

休憩時間とは労働から離れることを権利として保障されている時間であって、本来働くべき所定労働時間に、納品待ちなどで労働していない時間（手待ち時間）があったとしても、その時間は労働時間であって休憩時間ではありません（昭和22.9.13発基17号）。

(2) 休憩時間の例外

休憩時間には、原則として、①一斉に与えること、②自由に利用させることが必要となりますが、次のように例外的な取り扱いが許されています。

まずは、①の例外として、次の事業に従事する労働者については、休憩時間を一斉に与えなくてもよいとされています（労基則31条）。

一斉休憩が適用されない事業

運送、販売・理容、金融・保険・広告、映画・演劇・興行、郵便・電気通信、保健衛生、旅館・飲食店・娯楽場（労基法別表1の4号、8号、9号、10号、11号、13号、14号の事業）

上記以外の業種でも、業務の都合により全員が一斉に休憩を取ることができない場合は、労使協定の締結を条件に、一斉休憩を与えなくてもよいとされています（詳細は447ページ以降参照）。

次に、②の例外として、次に掲げる業務に従事する者には、その業務の公共的性格から休憩自由利用の原則は適用されません（労基則33条）。

自由利用が適用されない者
①警察官、消防吏員、常勤の消防団員など
②乳児院、児童養護施設、知的障害児施設、盲ろうあ児施設などに勤務する職員で児童と起居をともにする者

◆休日

(1) 休日の原則

休日とは、就業規則などであらかじめ労働義務がない日として定められた日をいい、法律では、毎週少なくとも1日の休日を与えなければならないとされています（労基法35条）。この「1週間につき1日の休日」を「法定休日」といいます。

休日は、必ずしも事業場の労働者全員が一斉に取る必要はありません。

法定休日に労働者を労働させた場合、休日労働として定められた割増賃金を支払う必要がありますが、週休2日制など法律で定める日数を超えて休日を与える場合は、休日2日のうち1日については「法定外休日」といい、この日の労働は法律でいう休日労働ではなく、所定労働時間を超える場合の「時間外労働」ということになります。

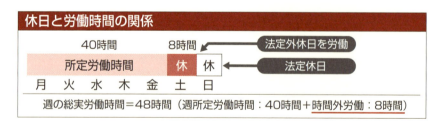

(2) 変形休日制

1週間に1日の休日が与えられない場合、4週間を通じ4日以上の休日を与える例外が認められています（労基法35条2項）。これを「変形休日制」といいます。変形休日制を実施するときは、就業規則で起算日

を定め、その日から4週間ずつ区切って管理しなければなりません。

(3) 休日の振替えと代休

　使用者は、業務の都合により、あらかじめ定めた休日に労働者を労働させなければならない場合、定められた休日を労働日として、その代わりに他の労働日を休日とすることができます。このような措置を「休日の振替え」といいます。

　休日に出勤しなければならない事由が発生した場合、事前に振り替えるべき日を特定しておけば、もともとの休日は労働日となり、休日に労働させたことにはならなくなります。よって、休日労働としての割増賃金を支払う必要はありません。

　このような手続きを取らず、休日出勤をした後に、労働者が指定した日に休日を取らせる場合などの措置を「代休」といいます。代休の場合は、休日を移動させずに労働させたのですから、休日労働の割増賃金支払義務が生じます。なお、代休は必ず与えなければならないものではありません。

◆時間外および休日労働

　使用者は、原則として法定労働時間を超えて、または法定休日に労働者を使用することができません。ただし、次の場合は、法定労働時間を超え、または法定休日に労働者を使用することができます。

(1) 非常時災害

　使用者は、災害その他避けることのできない事由によって、臨時の必要がある場合には、労働基準監督署長の許可（ ダウンロード 0−004 「非常災害等労働時間延長許可申請書」参照）を受け、労働者に時間外労働または休日労働を命じることができます（労基法33条）。

　ただし、緊急のため事前の許可を受けられなかった場合は、事後に届出をすることとされています。この届出について、労働基準監督署長がその時間外労働または休日労働を不適当と判断したときは、その後、労働者にその分の休憩または休日を与えなければなりません。

(2) 労使協定（36協定）

「時間外・休日労働に関する協定（労働基準法36条に定める協定であるため一般に「36（サブロク）協定」といいます）」を締結し、労働基準監督署長に届け出たときは、その協定に定めるところにより法定労働時間を超え、または法定の休日について、労働者を使用することができます。

ただし、36協定でも無制限に延長する時間を定めることができるわけではなく、「時間外労働の限度時間の基準」の範囲で定めなければなりません（詳細は418ページ参照）。

◆労働時間、休憩、休日の適用除外

ここまで労働時間、休憩、休日の規定について説明してきましたが、次に掲げる労働者については、規制になじまないことなどを理由に、これら規定の適用が除外されています（労基法41条）（ただし③には労働基準監督署長の許可が必要。 ダウンロード 0－005 「監視・断続的労働適用除外許可申請書」、0－006 「断続的宿日直勤務許可申請書」 参照）。

ただし、深夜労働に関する規制（労基法37、61条）は、適用を除外されませんから、これらの労働者であっても、深夜に労働した場合には割増賃金の支払義務が生じます。

労働時間、休憩、休日の規定が適用されない者

①農業、畜産、養蚕、水産の事業に従事する者（労基法別表1の6号、7号、林業を除く）

②管理監督者または機密の事務を取り扱う者

③監視・断続的労働に従事する者

◆高度プロフェッショナル制度

「高度プロフェッショナル制度」（正しくは「特定高度専門業務・成果型労働制」といいます）とは、「働き方改革関連法」により、平成31年

4月1日から施行された新たな制度です。労働基準法では、労働時間に応じて賃金を支払うことを原則としていますが、新たに設けられた制度では、労働時間に縛られない働き方として、労働時間、休憩、休日、深夜の割増賃金に関する規定は適用されません（労基法41条の2第1項）。同様の適用除外として「管理監督者」などは、労働時間、休憩、休日は適用除外されていますが、深夜労働だけ除外されていなかったため、より広く適用除外されることになります。詳しくは、466ページ以降で解説します。

◆公民権の行使

　使用者は、所定労働時間であっても、労働者が選挙権、その他住民投票などの「公民としての権利」を行使するため、または議員、裁判の証人などの「公の職務」を執行するために必要な時間を請求した場合は、その時間の労働を免除しなければなりません。ただし、非常勤の消防団員などは公の職務に含まれません（昭和63.6.14基発150号）。

　なお、労働者の権利の行使や公の職務の執行に妨げがなければ、使用者は請求された時刻を変更することができます（労基法7条）。

6. 年少者および女性

◆年少者

　労働基準法は、18歳未満の者を「年少者」とし（労基法57条）、そのうち、義務教育の修了時期とあわせて「15歳に達した日以後最初の3月31日が終了するまで」の者を「児童」と定義し（労基法56条）、それぞれ、労働時間その他について、特別の定めをしています。

51

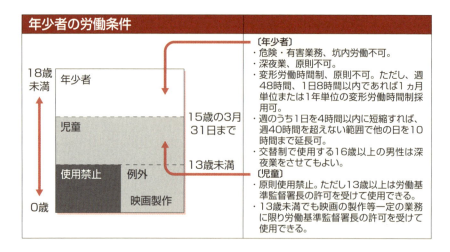

◆女性

男女平等な社会を実現するため、平成11年以降、それまであった女性だけに適用される制限は極力なくし、母性保護の観点などから、次の特例を定めています。

(1) 坑内労働の禁止

満18歳以上の女性については、坑内（鉱山などの地下の通路）で行われる労働のうち人力の掘削の業務その他の有害業務として厚生労働省で定めるものに就かせることが禁止されています。また、妊娠中の女性と使用者に申し出た産後1年を経過しない女性については、坑内で行われる全ての労働に就かせることが禁止されています（労基法64条の2）。

(2) 生理休暇

生理日の就業が著しく困難な女性が請求したときは、その生理日に就業させてはなりません。生理日の苦痛の程度は人によって異なるものなので、休暇の取得日数を制限することはできません。ただし、生理休暇については、法律上、賃金の支払義務はありません（労基法68条）。

(3) 妊産婦の就業制限

妊産婦とは、妊娠中の女性および産後1年を経過しない女性をいい（労基法64条の3）、この妊産婦を使用する場合、重量物を取り扱う業務、有

害ガスを発散する場所における業務、その他妊娠、出産、哺乳などに有害な業務として定められた一定の業務に就かせることはできません（労基法64条の3）。

(4) 産前産後休業

使用者は、6週間（多胎妊娠の場合は14週間）以内に出産する予定の女性労働者が休業を請求した場合、その者を就業させてはなりません。

また、産後8週間を経過しない女性労働者も就業させてはなりません。ただし、産後6週間を経過した者が請求した場合、医師が支障がないと認めた業務に就かせることは差し支えないとされています(労基法65条)。

なお、産前は予定日を基準に期間を数えますが、産後は実出産日の翌日から数えます。また、労働基準法における出産の範囲は、妊娠4ヵ月以上の分娩をいい、死産も含みます。更に、妊娠中絶についても、妊娠4ヵ月以後の場合は産後休業のみ適用されます。

産前産後休業については、法律上、賃金の支払義務はありません。

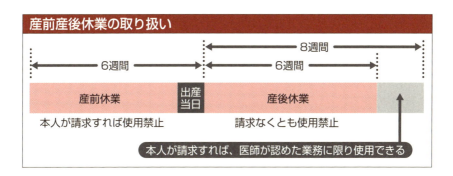

産前産後休業の取り扱い

(5) 妊産婦の労働時間

使用者は、妊産婦が請求した場合、①変形労働時間（ただし、フレックスタイム制は可能）、②時間外および休日労働（非常時災害、36協定ともに禁止）、③深夜労働、をさせることはできません（労基法66条）。

(6) 育児休憩

生後満1年に達しない生児を育てる女性の請求があるとき、使用者は、1日2回（1日の労働時間が4時間未満の場合は1回)、各々30分、育

児のための時間を与えなければなりません（労基法67条）。ただし、育児休憩については、法律上、賃金の支払義務はありません。

7. 年次有給休暇

◆年次有給休暇とは

　年次有給休暇とは、法律が定める有給による労働義務の免除日をいい、労働者の継続勤務による身体的・精神的疲労の回復を目的としています。

　この年次有給休暇は、新たに雇い入れた労働者について、「その雇い入れの日から起算して6ヵ月間継続勤務し全労働日の8割以上出勤」した場合に与えることとされ、その後も「継続勤務年数1年ごと」に、その労働者が全労働日の8割以上勤務した場合に、同様に与えるよう義務付けられています（労基法39条）。

　なお、使用者が、年次有給休暇を取得した労働者に対して、賃金の減額その他の不利益な取り扱いをすることは禁止されています（労基法136条）。

　また、年次有給休暇の買い上げの予約も、労働者の休暇の取得意思をそらすものとして禁止されています（昭和30.11.30基収4718号）。

◆付与の基準

　ここでいう「継続勤務」とは、在籍期間のことですから、休職や長期の休暇などにより出勤していなかった期間も通算されます。また、実体として判断しますから、定年後の再雇用、期間を定めた契約で更新を繰り返す場合、臨時の労働者から本採用への転換、会社の合併なども、実質的に継続している限り通算されることになります（昭和63.3.14基発150号）。なお「全労働日」とは、入社日から6ヵ月、または、その後の各1年の総暦日数から所定休日を除いた日数をいいます。

　以上のことから出勤率8割を求める式を表すと、次のようになります。

54

> 出勤率＝出勤日数／全労働日
>
> （全労働日＝各期間の総暦日数－所定休日）

　ただし、「業務上傷病の療養の休業期間」など次表のような事項について
は、出勤したものとみなす、または労働日から除外する場合があります。
表の⑤は、例えば、裁判所の判決により解雇が無効と確定した場合など
における解雇日から復職日までの不就労日などがあります。

　その他、生理休暇など出勤扱いとするか否か自由なものもあります。
これらは、いずれの取り扱いをするのかについて就業規則で定めておく
とよいでしょう。

出勤率算定の取り扱い基準

＜出勤とみなすもの＞

①業務上傷病の療養の休業期間（労基法39条7項）

②育児・介護休業期間（労基法39条7項）

③産前産後休業期間（労基法39条7項）

④年次有給休暇の取得日（昭和22.9.13発基17号）

⑤労働者の責任とはいえない不就労日で次のABC以外の場合

＜分母である全労働日から除外するもの＞

Ａ．労使いずれにも責任のない不可抗力の休業期間

Ｂ．正当なストライキ・争議行為により全く労働しなかった日

Ｃ．使用者側に起因する経営、管理上の障害による休業日

Ｄ．慶弔休暇（欠勤扱いでも可。労働法コンメンタールより）

※⑤ABCは平成25.7.10基発0710第3号より

◆年次有給休暇の付与日数

　新たに採用し、6ヵ月継続勤務した労働者には、継続または分割した
10労働日の年次有給休暇を与えなければならないと定められています（労

基法39条1項、2項）。

　また、1年6ヵ月以上継続勤務した労働者に対しては、継続勤務年数1年ごとに1労働日を加算した日数を与え、更に3年6ヵ月以上継続勤務した労働者には、2労働日を加算して与えることになりますが、1年について付与する日数は、20日を超えて与える必要はありません。これを表にすると次のとおりです。

　年次有給休暇は権利が発生した年に全てを消化する必要はなく、次の年に繰り越すことができます。たとえば、1年で20労働日の年次有給休暇を与えられた者が、20労働日を1日も消化することなく次年度に繰り越した場合、翌年1年間に利用できる日数は、前年の繰越分20労働日と新たに付与された20労働日を加算した、40日ということになります。

　ただし、年次有給休暇の時効（請求する権利の消滅）は2年ですから、発生した年と繰り越された翌年で消化しなかったときは、その分について請求する権利はなくなります。

年次有給休暇の付与日数							
勤続年数	6ヵ月	1年6ヵ月	2年6ヵ月	3年6ヵ月	4年6ヵ月	5年6ヵ月	6年6ヵ月～
付与日数	10日	11日	12日	14日	16日	18日	20日

◆パートタイマーの年次有給休暇（比例付与）

　年次有給休暇は、正社員に限らず、短時間勤務の労働者（いわゆる「パートタイマー」など）にも請求権が発生します。

　ただし、1週間の勤務日数が少ない者にも正社員と同じ日数の年次有給休暇を与えることは、使用者にとって酷ですから、別の定めによって与える方法が取られています。

　つまり、パートタイマーなど、週の所定労働時間が30時間未満で、かつ1週間の所定労働日数が4日以下（週以外の期間によって所定労働日数が定められているときは、1年間の所定労働日数216日以下）の労働者については、次表のように付与日数が定められています（労基法39条

3項)。これを「比例付与」といいます。

比例付与の日数

週所定労働日数	1年間の所定労働日数	勤続年数						
		6ヵ月	1年6ヵ月	2年6ヵ月	3年6ヵ月	4年6ヵ月	5年6ヵ月	6年6ヵ月～
4日	169～216日	7日	8日	9日	10日	12日	13日	15日
3日	121～168日	5日	6日	6日	8日	9日	10日	11日
2日	73～120日	3日	4日	4日	5日	6日	6日	7日
1日	48～72日	1日	2日	2日	2日	3日	3日	3日

◆計画的付与

　年次有給休暇の消化には、「計画的付与（労使により、あらかじめ年次有給休暇の取得日等を定める方法）」が法律で認められています（労基法39条6項）。

　その実施の要件は、労使協定によって、計画的付与の方式（①事業場全体の休業による一斉付与方式、②班別の交替制付与方式、③年次有給休暇付与計画表による個人別付与方式等）、休暇の付与日、計画表の作成時期、手続きなどに関する定めをするものとされています。

　ただし、労働者の持つ年次有給休暇のうち、計画的に付与することができるのは5日を超える部分のみです。また、一斉付与により年次有給休暇の権利が発生していない者を休ませる場合、労働基準法上の休業手当（72ページ参照）を支払わなくてはなりません。

◆使用者側からの時季指定

　「働き方改革関連法」により、平成31年4月1日から、年次有給休暇の一部を使用者側から時季指定することが義務付けられました。

　これは、日本人の年次有給休暇の消化率が、国際的にも非常に低いと指摘されていて、

　その理由が、日本の職場は年休の申請がしにくいからだといいます。

そこで、使用者側から年休を取得する日を指定することで消化率を引き上げていこうというものです。

具体的には、使用者は、年次有給休暇の付与日数が10日以上の労働者に対し、そのうち5日について、基準日から1年以内の期間に、労働者ごとにその時季を定めることにより与えなければならないとされました（労基法39条7項）。

基準日とは、継続勤務した期間を6ヵ月経過日（雇入れの日から起算して6箇月を超えて継続勤務する日をいう）から1年ごとに区分した各期間の初日、つまり付与日をいいます。

使用者側から指定した日の前に、労働者が年休を申し出てきた場合や、計画的付与制度により年次有給休暇を与えた場合などは、その与えた日数分について、使用者から時季を指定する義務はなくなります（労基法39条8項）。労働者が病気等で5日以上を消化したときは、使用者側から指定する義務はなくなります。逆に、法律上の義務がなくなった以上、使用者が一方的に「○日に年休を消化しなさい」などと命じることはできません。

この改正は、あくまでも年休の取得率の向上にありますから、労働者の自由な使用を制限しようとするものではありません。そこで、使用者が指定する時季については、労働者の意見を聴き、その意見を尊重するよう努めなければならないものされています。

その他、使用者に年休の管理簿の作成が義務づけられ、これを対象期間の末日から3年間保存する必要があります。

◆年次有給休暇取得日の賃金の取り扱い

年次有給休暇を取得した日の賃金は、次のうちから選択して、支払わなければなりません（労基法39条7項）。

どの支払方法によるのかは、就業規則に定めておく必要があります。また、③を選択する場合は、労使協定でその旨を締結する必要があります。

> **年次有給休暇取得日に支払うべき賃金**
>
> ①平均賃金（72ページ参照）
> ②所定労働時間を労働した場合に支払われる通常の賃金
> ③健康保険法３条による標準報酬日額に相当する金額

◆時季指定権と時季変更権

労働者が、与えられた年次有給休暇の取得権に基づいて具体的な日にちの指定を行う権利を「時季指定権」といいます。

有給休暇の利用目的は、労働基準法の関知しないところであり、休暇をどのように利用するか、つまり時季指定権の行使については、使用者の干渉を許さない労働者の自由とされています（国鉄郡山工場事件：最高裁判決昭和48.3.2）。

ただし、使用者は「請求された時季に有給休暇を与えることが事業の正常な運営を妨げる場合においては、他の時季にこれを与えることができる」とされていて（労基法39条５項）、このように日にちの変更を求める権利を「時季変更権」といいます。

◆有給休暇の使用単位

年次有給休暇は、労働日（原則として暦日計算）単位で与えるべきものですから、労働者が半日単位で請求しても、使用者はこれに応じる義務はありません（昭和63.3.14基発150号）。もちろん、使用者側がこれを認めることは差しつかえないことから、実際には多くの企業で、半日単位での使用を認めています。

しかし、半日より細かい与え方、つまり、時間単位で与えることは、休暇としての法律の趣旨にそぐわないとして、これまで認められていませんでした。この点が平成22年４月より改正され、労使協定を締結することによって、年５日分までの有給休暇を時間単位で与えることが可能になりました。詳しくは128ページをご覧ください。

巻頭　会社諸規程作成の予備知識

59

8. 退職・解雇

◆退職と解雇の違い

退職と解雇は、いずれも「労働契約の終了」を意味します。両者を総称して「退職」ということもありますが、一般的には、この労働契約の終了を使用者側から申し出る場合を「解雇」といい、労働者の希望による転職や定年などの「解雇」以外の労働契約の終了を「退職」といいます。

◆解雇権の濫用

労働基準法では、労働者の都合による「退職」に関して、特にルールを定めていません。

また、「解雇」に関しても、手続上の規定はあっても、理由についてまでは、これまで基本的に制限を行ってきませんでした（ただし次のことを理由とする解雇は禁止されています）。

法定の解雇禁止事由の例

①国籍、信条または社会的身分を理由とするもの（労基法３条）

②労働者が、労働基準法に違反する事実を行政官庁等に申告したことを理由とするもの（労基法104条２項）

③不当労働行為となるもの（労組法７条）

④女性労働者が婚姻、妊娠、または出産したことを理由とするもの
なお、事業主が妊娠等以外の理由であることを証明した場合を除き、妊娠中および産後１年経過しない女性労働者の解雇は無効となる(均等法９条)

⑤労働者が育児休業または介護休業の申出、または取得したことを理由とするもの（育児・介護休業法10、16条）

⑥公益通報をしたことを理由とするもの（公益通報者保護法３条）

しかし、平成の長期的な不況を背景とする解雇トラブルの増加によっ

て、平成16年１月１日より、これまで最高裁の判決などで確立してきた「解雇権濫用法理」が、次のように労働基準法に明記され、平成20年３月１日からは新たな法律「労働契約法」（16条）に移行されました。

「解雇は、客観的に合理的な理由を欠き、社会通念上相当であると認められない場合は、その権利を濫用したものとして、無効とする」（113ページ参照）。

では、どのような場合が解雇可能なのか、解雇理由の正当性が認められた判例によると、次のようなものがあります。

①勤務態度が不良であるとき——職場秩序を乱し、他の社員との協調性に欠け、上司の再三の注意にも従わず態度を改めないとき（日本検査事件：東京地裁判決昭和60.9.3）

②無断欠勤等——再三にわたり、無断で、欠勤、遅刻、離席を繰り返し、上司に対し反抗的な態度を続けたとき（日本テレビ事件：東京地裁判決昭和62.7.31）

③疾病のため業務に耐えられないとき——業務上の災害により相当の期間休業し、自宅待機中であって業務に復帰することが困難であると認められたとき（名古屋埠頭事件：名古屋地裁判決平成2.4.27）

◆解雇制限

使用者は、合理的な理由のある場合であっても、労働者が次の「解雇制限」事由に該当するときは、解雇することができません。ただし、次ページの「解雇制限の除外」の場合は、解雇制限期間であっても解雇することができます（労基法19条）。

解雇制限

①業務上負傷し、または疾病にかかり、療養のために休業する期間およびその後30日間

②産前産後の休業をする期間およびその後30日間

61

解雇制限の除外

①事業の継続が不可能となり、労働基準監督署長の認定を受けて解雇する場合

②業務上の療養開始後3年を経過しても負傷または疾病が治らない場合に、平均賃金の1,200日分の打切補償（労災保険の「傷病補償年金」を受けている場合は打切補償を支払ったものとみなされます）を行った場合

◆解雇の手続き

　労働者を解雇するとき、使用者は、合理的な理由があり、解雇制限に該当しない解雇であっても、①少なくとも30日前に「解雇予告」をするか、②30日分以上の平均賃金（「解雇予告手当」といいます）を支払うか、いずれかの手続きを取らなければなりません（労基法20条）。

　「解雇予告手当」は、予告期間を設けることなく、即時解雇をするような場合に支払うこととなります。ただし、解雇予告手当と予告期間を併用する方法も可能です（たとえば、15日分の解雇予告手当を支払い、解雇予告は15日前にするなど）。

　なお、次のいずれかの事由に該当し、労働基準監督署長の「解雇予告除外認定」（ ダウンロード 0−007 参照 ）を受けた場合は、解雇予告をすることなく即時解雇することが許されています（労基法20条）。

解雇予告除外認定

①天災事変その他やむを得ない事由により事業の継続が不可能となったとき

②労働者の責に帰すべき事由に基づく解雇であるとき

　なお、②の「労働者の責に帰すべき事由」とは、次のようなものです（昭和23.11.11基発1637号）。

　イ）きわめて軽微なものを除き、事業場内での盗取、横領、傷害等刑法犯に該当する行為、あるいは事業場外で行われた行為であっても、それが著しく

当該事業場の名誉、信用を失墜するものなど

ロ）賭博、風紀紊乱等により、職場規律を乱し、他の労働者に悪影響を及ぼす場合など

ハ）雇い入れの際の採用条件の要素となるような経歴を詐称した場合など

ニ）他の事業場へ転職した場合

ホ）原則として2週間以上正当な理由なく無断欠勤し、出勤の督促に応じない場合

ヘ）出勤不良または出勤常ならず、数回にわたって注意を受けても改めない場合

◆解雇予告の適用が除外される場合

上記のように、解雇を行う場合は、原則として解雇予告が必要となりますが、次の者については、解雇予告を要しません（労基法21条）。

解雇予告の適用除外

①日々雇い入れられる者（1ヵ月を超えて引き続き使用される場合を除く）

②2ヵ月以内の期間を定めて使用される者（所定の期間を超えて引き続き使用される場合を除く）

③季節的業務に4ヵ月以内の期間を定めて使用される者（所定の期間を超えて引き続き使用される場合を除く）

④試みの使用期間中の者（14日を超えて引き続き使用される場合を除く）

◆退職時の証明

退職または解雇により離職した労働者は、在職中の賃金の額などについて、会社に証明を求めることができます。

この場合、使用者は証明を拒むことができず、「使用期間、業務の種類、その事業における地位、賃金および退職（解雇を含む）の事由」について証明しなければなりません（労基法22条）。ただし、この証明書には、退職労働者の希望しない事項を記入することは禁止されています。

また、解雇に関しては争いとなることが多く、生活手段を失った後に争うことは労働者にとって非常に酷であるため、使用者が解雇予告をした場合は、労働者は、退職前であっても、解雇の理由の証明書を請求す

ることができます。

　なお、請求権の時効は２年とされているため、２年を経過してから請求されたものに証明の義務はありません（平成11.3.31基発169号）。

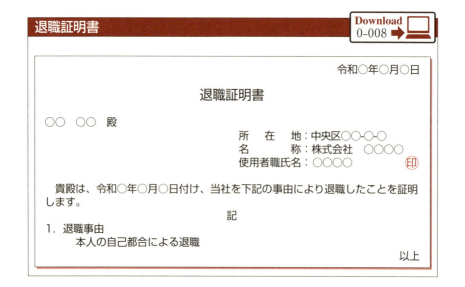

9. 賃金

◆**賃金とは**

　賃金の定義は、法律によって若干異なりますが、労働基準法では、「賃金、給料、手当、賞与その他名称の如何を問わず、労働の対償として使用者が労働者に支払う全てのもの」と定義しています（労基法11条）。

　したがって、労働者に対して支払うものは、交通費、実物給与、退職金なども、賃金に含まれる場合がでてきます。

　具体的に賃金となるか否かは、次のような基準で判断されます。

労働基準法の賃金の判断基準

（1）「労働の対償」

①任意的、恩恵的であるか否か

結婚祝金、死亡弔慰金、災害見舞金などは、使用者が恩恵的に支払う場合は、原則として賃金に該当しません。ただし、労働協約、就業規則、労働契約などによって、あらかじめ支給条件が明確なものは、賃金とされます（昭和22.9.13発基17号）。

②福利厚生施設であるか否か

一般に住宅の貸与は、福利厚生施設と解されるところから、原則として賃金に含まれません。しかし、貸与されない者に対しても、公平性の立場から一律に定額の手当を支給する場合には、住宅貸与の利益が明確に評価できることから賃金となります。

食事の供与（労働者が使用者の定める施設に住み込み１日に２食以上支給を受けるような特殊の場合のものを除く）についても、一定の要件を全て満たす限り、原則として賃金とせず、福利厚生費として取り扱われます（昭和30.10.10基発644号）。

③企業設備の一環であるか否か

企業が経営体として労働者から労務を受領するため、当然具備しておかなければならない有形、無形の設備をいい、工員の作業着等業務上必要な被服、実費弁償的な旅費など、企業設備として必要なものは賃金とみなされません。

（2）「使用者が労働者に支払う全てのもの」

賃金は、使用者が労働者に支払うものですから、旅館従業員が客から受けるチップは賃金ではありません（昭和23.2.3基発164号）。ただし、そのチップを一旦使用者が預かり、一定期間ごとに締め切って、従業員に均等配分している場合は、賃金となります。

（3）「名称の如何を問わず」

扶養手当、物価手当、子女教育手当など、一見労働とは直接関係がないような名称で支払ったとしても、実質的に上記の要件に該当する場合は、賃金となります。

◆賃金の支払い5原則

　「労働力」という商品は、形がなく、労働者が持参する以外に提供できないという特殊な商品であるため、使用者にとって、あらかじめ対価を支払うべき性質のものとはいえません。そこで、労働者が賃金を請求する権利は、実際に労働を提供した後に生じるとされています（民法624条）。

　一方、労働者は、賃金を得ることで生活を成り立たせているところから、いつ支払われるか分からないなど使用者の勝手な支払い方を許さないため、労働基準法では、賃金の支払方法について、「通貨払い」「直接払い」「全額払い」「毎月払い」「一定期日払い」という「賃金の支払い5原則」を定めています（労基法24条）。

(1) 通貨払いの原則

　賃金は通貨（鋳造貨幣、銀行券）で支払わなくてはなりません。これは、正確に価値が評価できない現物給与や、換金に時間がかかる通貨以外での支払いは労働者の不利益となるからです。

　そのため、原則として小切手での支払いも認められません。しかし、次ページのような、公益上または労働者に不利益となるおそれが少ない場合には、通貨以外のものでの支払いが認められています（労基法24条但書）。

(2) 直接払いの原則

　賃金は、直接、本人に支払わなくてはならず、労働者本人以外に賃金を支払うことは禁止されています。

　これは、第三者や労働者の親権者などが搾取するという弊害をなくすためですから、本人の法定代理人（親権者、後見人）や、本人から委任を受けた任意代理人に支払うことも違反となります。ただし、本人のハンコを持参し、本人名義で受け取りにきた「使者（妻子）」に対しては、本人の手足の延長とみなされるため、支払ってもよいとされています（昭和63.3.14基発150号）。

(3) 全額払いの原則

　賃金は、支払うべき全額を支払わなくてはなりません。たとえば、一

通貨払いの例外

①労働協約に別段の定めがある場合

たとえば、商品その他の現物給付、住宅の供与、通勤定期券などです。この場合、これらの評価額も労働協約に定めておくことが条件となっています（労基則2条）。

②一定の賃金について、次のとおり確実な支払いの方法として定められている場合

（イ）毎月支払う給与を銀行その他の金融機関の口座へ振り込むとき

口座振込みを行う場合、次の全ての条件を満たすことが必要です（平成10.9.10基発530号）。なお、証券総合口座への振込みも認められていますが本書では説明を省略します。

a）労働者の申出または同意があること

同意（本人名義の口座の指定で足りる）の書面には、希望する賃金の範囲およびその金額、指定する金融機関店舗名、預貯金の種類、口座番号、開始希望時期といった事項を記載しなければなりません。

b）労使協定を締結すること（※望ましい）

協定書の記載事項は、対象者の範囲、対象となる賃金の範囲、取引金融機関の範囲、実施開始時期です。

c）計算書を交付すること

計算書（給与明細）には、基本給、手当、控除金額、振込金額などを記載する必要があります。

d）所定賃金支払日の午前10時頃までに払い出しが可能となっていること

e）取扱金融機関は1行に限定せず、複数とすること

（ロ）退職金を口座振込みまたは小切手などで支払うとき

退職金については、多額になることが多いことから、労働者の同意を得た場合は、前記の口座振込みによる方法、あるいは、次の方法によって支払うことができます（労基則7条の2）。

a）銀行その他の金融機関によって振り出され、その金融機関などを支払人とする小切手を交付すること

b）銀行その他の金融機関が支払保証をした小切手を交付すること

c）郵便為替を交付すること

方的な使用者の裁量で、積立金や親睦会費を控除して支払うことなどはできません。

　ただし、次の場合については、賃金から控除することが認められています。

賃金から控除することが認められている場合

①法令に別段の定めがある場合

・給与所得などについての源泉徴収（所得税法183条、地方税法321条の5）

・社会保険料の控除（健康保険法167条、厚生年金保険法84条、労働保険の保険料の徴収等に関する法律31条）

②労使協定による場合

　労働組合費、親睦会費などを、書面による労使協定を締結した上で賃金から控除することができます。この場合の労使協定には、「控除の対象となる具体的な項目」「控除の対象となる賃金支払日」を定める必要があります（昭和27.9.20基発675号）。

　賃金の控除額については限度額の定めがありませんが、民法510条、民事執行法152条の規定により一賃金支払期の賃金または退職金の額の4分の3に相当する部分については、使用者側から相殺することができないとされていますから、4分の1の範囲内に止めるべきとされています（昭和29.12.23基収6185号）。

　また、賃金の計算上、次のように端数処理して支払うことは、全額払いの原則に反しません（昭和63.3.14基発150号）。

賃金計算の端数に許される処理方法

①割増賃金の計算における端数処理

　a）１ヵ月の時間外、休日、深夜労働の各々の時間数合計の１時間未満

　　　　　　　　→30分未満切り捨て、30分以上切り上げ

　b）１時間当たりの賃金・割増賃金の１円未満

　　　　　　　　→50銭未満切り捨て、50銭以上切り上げ

　c）１ヵ月の時間外、休日、深夜労働の各々の割増賃金総額の１円未満

　　　　　　　　→50銭未満切り捨て、50銭以上切り上げ

②１ヵ月の賃金支払額における端数処理

　d）１ヵ月の賃金支払額の100円未満

　　　　　　　　→50円未満切り捨て、50円以上を100円に切り上げ

　e）１ヵ月の賃金支払額の1,000円未満

　　　　　　　　→翌月の賃金に繰り越し

（4）毎月１回以上払いの原則

　賃金は、毎月１回以上支払わなくてはなりません。つまり、暦月の１日から月末までに、少なくとも１回支払わなくてはならず、「年俸制」のように、１ヵ月を超える期間で賃金を定める場合も、分割して毎月支払う必要があります。

　なお、「毎月１回以上払いの原則」および次に述べる「一定期日払いの原則」には、次のような臨時に支払う賃金、賞与その他これに準ずる賃金は含まれません（労基則８条、昭和22.9.13発基17号）。

毎月払いの原則の例外

①結婚手当（祝金）、私傷病手当、退職金など、臨時に支払われる賃金

②賞与など、定期または臨時に支給されるものであって、支給額があらかじめ確定されていないもの

③精勤手当、勤続手当、奨励加給または能率手当など

(5) 一定期日払いの原則

　賃金は、臨時に支払われる賃金などを除き、毎月一定の期日に支払わなくてはなりません。

　一定期日とは、「10日」「25日」などと暦日にするか、または「毎月末」などその日が特定される方法とされています。

　「毎週金曜日」のように、周期的に到来する場合はかまいませんが、「毎月第1金曜日」というものは、その月によって日にちが異なるため一定期日とは認められません。

　支払日が休日に当たる場合は、前日にしても翌日にしてもかまいませんが、いずれかに特定する必要があります。

　また、労働者またはその収入によって生計を維持する者が、①出産、②疾病、③災害、④結婚、⑤死亡、⑥1週間以上にわたって帰郷、といった非常の場合の費用に充てるために請求したときは、支払期日前であっても既往の労働に対する賃金を支払わなければなりません。これを「非常時払い」といいます（労基法25条、労基則9条）。

◆割増賃金

　使用者は、労働者を、法定の労働時間を超えて、または休日に労働させたり、もしくは深夜（午後10時から午前5時まで）に労働させたりした場合は、通常の賃金に加えて、時間外労働25％、深夜労働25％、休日労働35％の率以上（長時間労働の場合の割増率は202ページ参照）で計算した「割増賃金」を支払わなくてはなりません（労基法37条）。

　深夜労働の割増賃金は、交替制の夜勤のように所定労働時間内であっても、その時間について支払う必要があります。

　所定労働時間を超えて深夜の時間帯まで労働すると、時間外労働の割増率25％と深夜労働の割増率25％とをあわせて、50％の割増率で支払う必要があります。同様に、法定休日の深夜労働は、休日の割増率35％と深夜労働の割増率25％とをあわせて、60％の割増率が必要となります。

　休日の割増賃金は、法定の休日に労働させた場合に支払うものですか

ら、週休２日制をとっている会社の場合、２日の休日のうち法定休日以外の１日を労働させても、法律で定める１週１日の休日が確保できており、休日労働の割増賃金を支払う必要はありません。ただし、その１日の労働により労働時間が１週40時間の枠を超える場合は25％の割増率で時間外労働の割増賃金を支払うことになります。

また、休日労働が８時間を超えても、そもそも休日には所定労働時間がないことから、休日労働の割増賃金と時間外労働の割増賃金をあわせて支払う必要はありません。

割増賃金を計算する場合、「通常の労働時間の賃金」を基礎としています。

１時間当たりの「通常の労働時間の賃金」を求める場合、それぞれの支払形態によって次のように取り扱います（労基則19条）。

通常の労働時間の賃金の求め方

①時給制については、その金額

②日給制、週給制、月給制については、その金額をそれぞれ次の所定労働時間数で除した金額

- ・日給制＝１週間における１日平均所定労働時間
- ・週給制＝４週間における１週平均所定労働時間
- ・月給制＝１年間における１月平均所定労働時間

③月、週以外の一定の期間によって定められた賃金については、②に準じて算定した金額

④出来高払制その他の請負制によって定められた賃金については、その賃金算定期間（賃金締切日がある場合には、賃金締切期間）において出来高その他の請負制によって計算された賃金の総額をその期間の総労働時間で除した金額

なお、計算の基礎となる「通常の労働時間の賃金」には、①家族手当、②通勤手当、③別居手当、④子女教育手当、⑤住宅手当（住宅に要する

71

費用に応じて算定される手当に限ります）、⑥臨時に支払われた賃金、⑦
1ヵ月を超える期間ごとに支払われる賃金、以外の賃金は、原則として、
全て含まれます（労基法37条、労基則21条）（203ページ参照）。

◆休業手当

　使用者の責任となる事由により労働者を休業させる場合、使用者は、
その休業期間中の各日について、次に説明する平均賃金の100分の60以
上の「休業手当」を支払わなければなりません（労基法26条）。

　この使用者の責任となる事由とは、「経営者としての不可抗力を主張し
得ない全ての場合」（国際産業事件：東京地裁判決昭和25.8.10）とされ
ていて、資材の供給遅れや資金難なども含まれます。

◆平均賃金

　労働基準法には、次の場合などに用いる「平均賃金」という定めがあ
ります。

平均賃金を用いる規定

①労働者を解雇する場合の解雇予告手当（労基法20条）

②使用者の責に帰すべき事由により休業させる場合の休業手当（労基
　法26条）

③年次有給休暇を取得した日について支払われる賃金（労基法39条）

④労働者が業務上負傷しもしくは疾病にかかり、または死亡した場合
　の労災補償（労基法76、77、79〜82条）

⑤労働者が服務規律違反などのため、減給制裁に処せられる場合の制
　限額（労基法91条）

　平均賃金の計算方法は、「算定すべき事由の発生した日以前3ヵ月間に
その労働者に対して支払われた賃金の総額を、その期間の総日数（暦日
数）で除した金額」とされています（労基法12条）。

「事由の発生した日以前3ヵ月(事由の発生日は含めないと解されています)」とは、それぞれの事由により、次の日を起算日として計算します。ただし、賃金締切日がある場合は、「直前の賃金締切日」を起算日とします。

平均賃金の算定起算日
① 解雇予告手当…………解雇の通告をした日
② 休業手当………………休業日(休業が2日以上にわたる場合、その初日)
③ 年次有給休暇の賃金…年次有給休暇を与えた日(休暇が2日以上にわたる場合は初日)
④ 労災補償の額…………死傷原因となった事故の発生日または診断による疾病の確定日
⑤ 減給制裁の制限額……制裁の意思表示が相手方に到達した日

平均賃金の計算方法を式(原則式)で表すと、次のようになります。

$$平均賃金 = \frac{事由の発生した日以前3ヵ月間に支払われた賃金総額}{事由発生以前3ヵ月間の総日数(暦日数)}$$

また、法律で定められた休業などにより、平均賃金の額が不当に低くなることを防ぐために、次の期間については、分母の総日数、分子の支払総額の一方または両方から除外します。

分子、分母それぞれから除外する期間
① 業務上負傷し、または疾病にかかり、療養のために休業した期間
② 産前産後の女性が労働基準法65条の規定により休業した期間
③ 使用者の責に帰すべき事由により休業した期間
④ 試みの使用期間
⑤ 育児・介護休業法の規定する育児または介護をするために休業する期間

> **分子から除外する賃金**
>
> ①臨時に支払われた賃金
>
> ②3ヵ月を超える期間ごとに支払われる賃金
>
> ③通貨以外（法令または協約によるものを除く）のもので支払われた賃金

　賃金が、日給、時間給、出来高制、請負制によって支払われる場合、平均賃金の水準が、賃金の支払形態によって異なることを防ぐため、次の金額を最低保障とします。

$$最低保障額＝\frac{事由の発生した日以前3ヵ月間の賃金総額}{その期間中の実際労働した日数}×60\%$$

10. 記録の保存

　会社は労働者名簿（ ダウンロード 0−009 参照）、賃金台帳、その他の労働関係書類を3年間保存しなければなりません（労基法109条）。

就業規則の
モデルと
つくり方

モデル規程 就業規則

就業規則

第1章　総則

（目　的）
第1条　この規則は、○○○○株式会社（以下「会社」という）の社員の服務と労働条件、その他就業に関する事項を定めたものである。

（社員の定義）
第2条　この規則において社員とは、第7条に定める手続きを経て会社に採用された者をいう。

（適用範囲）
第3条　この規則は、前条に定める社員であって、雇用期間の定めがなく、職務変更および勤務地変更があり、会社の中核を担う者（いわゆる「正社員」）に適用する。ただし、パートタイマーなど期間を定めて雇用する者や補助的業務に従事する者についてはこの規則を適用せず、別に定める規則を適用する。

（遵守の義務）
第4条　会社および社員は、この規則を遵守し、その職務を誠実に遂行しなければならない。

第2章　人事

第1節　採用

（採用選考）

第5条 会社は、入社希望者のうちから選考して社員を採用する。

2. 入社希望者は、次の書類を事前に会社宛に提出しなければならない。ただし、会社が指示した場合は、その一部を省略することができる。

①自筆による履歴書（3ヵ月以内の写真貼付）

②中途採用者は、職務経歴書

③新規卒業者は、最終学校卒業（見込）証明書、成績証明書

④その他、会社が提出を求めた書類

（労働条件の明示）

第6条 会社は、社員の採用に際し、採用時の賃金、労働時間、その他の労働条件が明らかとなる書面を交付する。

（採用決定者の提出書類）

第7条 社員として採用された者は、採用後2週間以内に次の書類を提出しなければならない。ただし、会社が指示した場合は、その一部を省略することができる。

①住民票記載事項証明書

②身元保証書

③誓約書

④扶養家族届

⑤年金手帳・雇用保険被保険者証（前職がある場合）

⑥源泉徴収票（採用された年に他から給与所得を受けていた場合）

⑦免許、資格証明書

⑧健康診断書

⑨マイナンバー（個人番号）カードの写し、または通知カード等の写しと身元確認書類

⑩その他会社が提出を求めた書類

2. 前項2号の保証人は、独立生計を営む成年者とする。

（変更届）

1章 就業規則のモデルとつくり方

77

第8条　前条1項に掲げる提出書類の記載事項に異動が生じた場合は、1ヵ月以内に届け出なければならない。

（試用期間）

第9条　新たに採用した者については、採用の日から3ヵ月間を試用期間とする。ただし、特殊の技能または経験を有する者には、試用期間を設けずまたは短縮することがある。

2．前項の試用期間は、会社が必要と認めた場合、3ヵ月の範囲で期間を定め更に延長することができる。この場合、2週間前までに本人宛に通知する。

3．試用期間を経て引き続き雇用されるときには、試用期間の初めから勤続年数に通算する。

（採用取消し）

第10条　第7条1項の書類を、正当な理由なく期限までに提出しなかった場合は、採用を取り消すことができる。

2．試用期間中、能力、勤務態度、人物および健康状態に関し社員として不適当と認めた場合は解雇する。ただし、14日を超える試用期間中のものを解雇するときは労働基準法に定める手続きによる。

第2節　異動等

（異　動）

第11条　会社は、業務上の必要がある場合、社員に配置転換、勤務場所の変更および役職の任免などの人事異動を命じる。

2．会社は、取引関係のある企業または資本関係のある企業に対して、社員の人材育成、取引先の業務支援、その他の事由により社員に出向を命じることがある。この場合、会社は別に定める「出向規程」により、出向事由、任務、出向予定期間および出向中の労働条件、賃金等の取り扱いその他の必要事項について、1ヵ月前までに本人に通知する。

3．社員は、正当な理由のない限り、前各項の異動命令に従わ

くてはならない。

（業務の引継ぎ）

第12条　社員が前条によって異動する場合は、業務の引継ぎを完了し
会社の指示する期間内に異動しなければならない。

第3節　休職

（休　職）

第13条　社員が次の各号のいずれかに該当する場合は、休職を命ずる。

①傷病休職（業務外の傷病により引き続き欠勤し、１ヵ月を
経過しても就労できないとき）

②自己都合休職（社員の都合により欠勤し、１ヵ月を超えて
就業できないとき）

③公務休職（公務に就任し、相当の期間就業できなくなった
と認められるとき）

④起訴休職（刑事事件に関し起訴され、相当の期間就業でき
ないと認められるとき）

⑤専従休職（会社の許可を得て会社外の職務に専従するとき）

⑥出向休職（社命により関連会社等へ出向するとき）

⑦その他休職（会社が休職の必要があると認めたとき）

２．　前項１号および２号の欠勤期間が、断続している場合であっ
ても、同一の事由により１暦月に10日以上欠勤したときは、
その欠勤日数が通算30日を超えたときに休職とする。

（休職期間）

第14条　休職期間は、休職事由および勤続年数の区分により、それぞ
れ次のとおりとする。

①前条１号の場合

勤続年数	休職期間
１年未満	６ヵ月
１年以上３年未満	１年
３年以上	１年６ヵ月

79

②前条２号の場合は、２ヵ月間

③前条４号の場合は、未決期間

④前条３号、５号、６号、７号の場合、会社が必要と認めた期間

（休職期間の取り扱い）

第15条 休職期間については賃金を支給せず、また勤続年数にも通算しない。ただし、年次有給休暇の付与日数を算定する際は、休職期間を勤続年数に通算する。

（復　職）

第16条 休職期間満了前に休職事由が消滅した場合は、原則として休職前の職務に復帰させる。ただし、事情により、休職前の職務と異なる職務に復帰させることがある。また、社員は正当な理由なくこれを拒むことはできない。

２． 休職者は、休職事由が消滅したときは、会社に届け出なければならない。

３． 傷病休職者が復職するときは、医師の診断に基づき会社が決定する。

４． 第13条１項１号および２号により、休職していた者が出勤し、同一または類似の事由により出勤後３ヵ月以内に再び欠勤するに至った場合は、前後の欠勤は連続しているものとみなして通算する。

５． 休職期間が満了しても、事由が消滅しない場合は、休職期間の満了をもって自動退職となる。

第４節　退職

（退　職）

第17条 社員が次の各号のいずれかに該当するに至った場合は、その日を退職の日とし翌日に社員としての身分を失う。

①自己都合により退職を願い出て会社の承認があったとき、または、退職願の提出後14日を経過したとき

②死亡したとき

③定年に達したとき

④期間を定めて雇用された者が雇用期間を満了したとき

⑤休職期間が満了し、復職できないとき

⑥社員が行方不明となり、その期間が継続して30日に達した
とき

⑦当社の役員に就任したとき

（自己都合退職）

第18条　前条１号により退職しようとする者は、少なくともその14日
前までには退職願を提出しなければならない。

　2.　前項の場合、会社が承認した退職日までは現在の職務につい
て後任者への引継ぎを完了し、業務に支障をきたさぬよう専
念しなければならない。

（定　年）

第19条　社員の定年は60歳の誕生日とする。

（貸付金等の返還）

第20条　退職または解雇の場合、社章、身分証明書、健康保険証、貸
与被服、その他会社からの貸付金品、債務を退職日までに全
て返納すること。

　2.　社宅入居者については、退職の日から２日以内に明渡しを行
うものとする。

（退職証明）

第21条　会社は、退職または解雇された者が、退職証明書の交付を願
い出た場合は、すみやかにこれを交付する。

　2.　前項の証明事項は、使用期間、業務の種類、会社における地
位、賃金および退職の理由とし、本人からの請求事項のみを
証明する。

　3.　解雇の場合であって、その社員から解雇理由について請求が
あったときは、解雇予告から退職日までの期間であっても１
項の証明書を交付する。

1章

就業規則のモデルとつくり方

81

第5節 解雇

（解　雇）

第22条 次の各号のいずれかに該当する場合は、社員を解雇する。

①会社の事業の継続が不可能になり、事業の縮小、廃止をするとき

②社員が精神または身体の障害により、医師の診断に基づき、業務に堪えられないと認められるとき

③社員が勤務成績または業務能率が著しく不良で、他に配置転換しても就業に適しないと認められるとき

④試用期間中の社員で、会社が不適当と認めたとき

⑤その他前各号に準ずるやむを得ない事由があるとき

（解雇予告）

第23条 会社は、前条により解雇する場合は、次に掲げる者を除き30日前に本人に予告し、または平均賃金の30日分に相当する予告手当を支給して行う。

①日々雇用する者

②2ヵ月以内の期間を定めて雇用した者

③試用期間中であって採用後14日以内の者

④本人の責に帰すべき事由により解雇する場合で、労働基準監督署長の承認を受けた者

2. 前項の予告の日数は、平均賃金を支払った日数分だけ短縮することができる。

（解雇制限）

第24条 次の各号のいずれかに該当する期間は解雇しない。ただし、1項1号の場合において、療養開始から3年を経過しても傷病が治らず、平均賃金1,200日の打切補償を支払った場合はこの限りではない。

①業務上の傷病にかかり療養のため休業する期間およびその後30日間

②産前産後の休業期間およびその後30日間

2． 天災事変その他やむを得ない事由のために事業の継続が不可能となった場合で、行政官庁の認定を受けたときは、前項の規定は適用しない。

第3章　服務規律

（服務の基本）

第25条 社員は、この規則および業務上の指揮命令を遵守し、自己の業務に専念し、作業能率の向上に努め、互いに協力して、職場の秩序を維持しなければならない。

（服務規律）

第26条 社員は、次の事項を守って職務に精励しなければならない。
　　①常に健康に留意すること
　　②会社の名誉と信用を傷つけないこと
　　③業務上の秘密事項を他に漏らさないこと
　　④会社の備品、設備を大切に扱うこと
　　⑤許可なく職務以外の目的で会社の設備、車両、機械器具等を使用しないこと
　　⑥職場の整理整頓に努めること
　　⑦勤務時間中は職務に専念し、みだりに職場を離れないこと
　　⑧会社構内において政治活動を行わないこと
　　⑨会社構内において、許可なく業務に関係ない印刷物等の配布または掲示をしないこと
　　⑩職務に関し事由のない金品、接待を享受しないこと
　　⑪休憩時間および定められた場所以外では喫煙しないこと
　　⑫勤務中は所定の作業服、作業帽を着用すること
　　⑬担当の業務および指示された業務は責任を持って完遂すること
　　⑭酒気をおびて就業しないこと
　　⑮社員証を携帯し、名札を着用すること

⑯業務を効率的に進めるように努め、第47条2項、3項の上限を超えて時間外休日労働をしないこと

⑰その他前各号に準ずる不都合な行為をしないこと

（守秘義務）

第27条 社員は、在職中はもちろん退職後であっても、職務上知り得た会社の業務上の秘密（会社が保有する技術上または営業上の有用な情報であって、会社が秘密として管理しているもの）および個人情報（特定の個人を識別することができる情報）を、他に漏らし、または会社の業務以外に自ら使用してはならない。

（二重就業の禁止）

第28条 社員は会社の承認を得ないで就業に支障があると認められる他の職務に従事し、または事業を営んではならない。

（セクシュアル・ハラスメントの禁止）

第29条 社員は職務に関連しまたは職場において、次に掲げる性的言動等（セクシュアル・ハラスメント）を行ってはならない。

①性的言動（性的冗談、意図的な性的噂の流布、食事等の執拗な誘いなど）

②性的なものを視覚に訴えること（ヌードポスターの掲示など）

③性的な行動（身体への不必要な接触など）

④男女の性を理由とする差別（女性のみに顧客接待を命じることなど）

⑤その他前各号に準ずる行為

２．前項に掲げる行為を受けた社員は、別に定める「苦情処理委員会」に申し立てることができる。

（出退勤）

第30条 社員の出勤および退勤については、次の事項を守らなければならない。

①始業時刻前に出勤し、就業の準備をし、始業時刻とともに業務を開始すること

②出勤および退勤は、必ず所定の通用口から行うこと

③出勤および退勤の際は、タイムカードに自ら打刻すること

④退勤するときは、機械工具、書類等を整理整頓すること

2. 業務終了後はすみやかに退社するものとし、業務上の必要なく社内に居残ってはならない。

（入場禁止）

第31条 次の各号のいずれかに該当する者に対しては、出勤を禁止し、または退勤を命じることがある。

①風紀をみだす者

②衛生上有害であると認められる者

③火器、凶器その他の危険物を携帯する者

④業務を妨害する者、またはそのおそれのある者

⑤その他会社が必要があると認めた者

（持込禁止）

第32条 社員の出勤および退勤の場合において、日常携帯品以外の品物を持ち込みまたは持ちだそうとするときは所属長の許可を受けなければならない。

（欠　勤）

第33条 社員が欠勤する場合は、所定の手続きにより、事前に所属長に届け出なければならない。ただし、やむを得ない事由により事前に届け出ることができなかったときは、直ちに電話で連絡を取り、出勤後すみやかに所定の手続きをとらなければならない。

2. 正当な理由なく、事前の届出をせず、しかも当日の始業時刻から３時間以内に連絡せずに欠勤した場合は、無断欠勤とする。

3. 傷病による欠勤が引き続き４日以上（断続的欠勤が続き会社が求めたときを含む）に及ぶ場合、病状に関する医師の証明書を提出しなければならない。

（遅刻、早退）

第34条 社員が、私傷病その他やむを得ない私用により遅刻または早退しようとする場合は、所定の手続きにより事前に所属長の

許可を受けなければならない。ただし、やむを得ない事由により事前に届け出ることができなかったときは、出勤後すみやかに所定の手続きを取らなければならない。

2. 社員の遅刻は、制裁扱いとして1回について半日分の賃金を控除する。ただし、1計算期間について3回を限度とする。なお、会社が認めたときは、事後に有給休暇に代えることができる。

（外　出）

第35条 業務上または私用により、就業時間中に外出する場合は、所定の手続きを行い所属長に許可を得なければならない。

（面　会）

第36条 業務外の面会は所属長の許可を受けた場合を除き、所定の場所において休憩時間中にしなければならない。

（直行・直帰）

第37条 出張のため直行または直帰する場合は、所属長に事前の許可を得なければならない。ただし、緊急のため事前の許可を受けられなかったときは、電話で連絡を取り承認を受けなければならない。

第4章　勤務

第1節　労働時間

（所定労働時間）

第38条 所定労働時間は、休憩時間を除き1日について8時間とし、始業および終業の時刻は、次のとおりとする。

始業時刻	午前8時00分
終業時刻	午後5時00分

2. 前項の始業、終業の時刻および第40条の休憩時間は、業務の都合または交通機関のストライキなどにより、全部または一

部の社員に対し、変更することができる。ただし、この場合においても、１日の勤務時間が前項の時間を超えないものとする。

（事業場外労働）

第39条　外勤、出張その他会社外で就業する場合で、労働時間を算定しがたいときは、所定労働時間就業したものとみなす。

第２節　休憩時間

（休憩時間）

第40条　休憩時間は次のとおりとする。ただし、社員の過半数を代表する者との協定により休憩の交替付与に関する協定をした場合は、これによるものとする。

午前12時00分から　午後１時00分

（母性の保護）

第41条　妊娠中の女性社員が次の請求をしたときは、その時間の勤務を免除する。

①母子保健法による保健指導等を受けるために必要な時間を取ること

イ）妊娠23週まで　　　　　　　４週間に１回

ロ）妊娠24週から35週まで　　　２週間に１回

ハ）妊娠36週以後出産まで　　　１週間に１回

②通勤時の混雑が母体に負担となる者について、それぞれ30分の範囲で出社時刻を遅らせ退社時刻を早めること

③長時間継続勤務することが身体に負担となる者について、適宜休憩をとること

２.　前項の他、妊娠中または産後１年以内の女性社員について、「母性健康管理指導事項連絡カード」により医師等から指示があった場合は、その指示に基づく業務負担の軽減等の必要な措置を与える。

３.　１項、２項により勤務しなかった時間については、無給とする。

（育児時間）

第42条 生後1年に達しない生児を育てる女性社員が、あらかじめ申し出た場合は、所定休憩時間のほか、1日について2回、1回について30分の育児時間を与える。

2． 前項の育児時間は無給とする。

（公民権行使の時間）

第43条 社員が、選挙その他の公務に参加するために必要な時間を請求したときは、その時間の労働を免除する。ただし選挙等に支障のない範囲で、請求された時刻を変更することがある。

2． 前項の労働を免除した時間は無給とする。

第3節　休日

（休　日）

第44条 休日は次のとおりとする。

①毎週、日曜日・土曜日

②国民の祝日に関する法律に定める休日

③年末年始（12月○日から1月○日）

④夏季（8月○日から8月○日）

⑤その他会社が定める休日

（休日の振り替え）

第45条 電力事情、交通機関のストライキその他やむを得ない事由がある場合は前条の休日を1週間以内の他の日に振り替えることがある。

2． 振り替える場合は、前日までに対象者を定め、振り替える日を指定し、対象者に通知する。

（代　休）

第46条 休日労働または時間外労働が8時間以上に及んだ場合は、本人の請求によりその翌日から1週間以内に代休を与える。ただし、請求された日では業務に支障があるときは、他の日に変更することがある。

第4節　時間外および休日労働

（時間外および休日労働）

第47条　会社は、業務の都合により、所定時間外および休日に勤務さ
　　　　　せることがある。

2.　前項の時間外および休日労働を命じる場合で、それが法定労
　　　　働時間を超え、あるいは法定休日に及ぶときは、労働者代表
　　　　と締結し、労働基準監督署長に届け出た「時間外および休日
　　　　労働に関する協定」の範囲内とする。

3.　前項の協定で定めるところにより時間外および休日労働させ
　　　　る場合であっても、実際に勤務する時間外労働の時間は休日
　　　　労働の時間を含み月100時間未満、2ヵ月から6ヵ月の平均
　　　　が80時間以下としなければならない。

（妊産婦の時間外労働）

第48条　会社は、妊娠中の女性および産後1年を経過しない女性が請
　　　　　求したときは、法定労働時間を超え、または法定休日に、も
　　　　　しくは深夜に勤務を命じることはしない。

（非常時災害の特例）

第49条　災害その他避けられない事由により臨時の必要がある場合は、
　　　　　労働基準監督署長の許可を受け、または事後届出により、こ
　　　　　の章の規定にかかわらず、労働時間の変更、延長または休日
　　　　　勤務をさせることがある。

（適用除外）

第50条　監督もしくは管理の地位にある者（部長以上の役職者）は、
　　　　　労働時間、休憩時間、休日の規定は適用しない。

第5節　年次有給休暇

（年次有給休暇）

第51条　6ヵ月間を超えて継続勤務しその間の所定労働日数の8割以
　　　　　上を出勤した者、およびその後1年ごとに区分した各期間（こ
　　　　　れを「年休対象期間」という）を継続勤務し所定労働日数の

8割以上を出勤した者には、勤続年数の区分ごとに次のとおり年次有給休暇を与える。

勤続年数	付与日数	勤続年数	付与日数
6ヵ月	10日	4年6ヵ月	16日
1年6ヵ月	11日	5年6ヵ月	18日
2年6ヵ月	12日	6年6ヵ月以上	20日
3年6ヵ月	14日		

2. 前項の出勤率の算定上、次の期間は出勤したものとみなす。
①業務上の傷病による休業期間
②年次有給休暇の取得期間
③産前産後休業の取得期間
④育児休業、介護休業の取得期間のうち、法定の期間

（年次有給休暇取得日の賃金）

第52条 年次有給休暇の取得日に支払う賃金は、所定労働時間労働した場合に支払われる通常の賃金とする。

（年次有給休暇の届出）

第53条 年次有給休暇を請求しようとする者は、原則として前日（連続5日以上請求する者は2週間前）までに所属長に届け出なければならない。ただし、事業の正常な運営を妨げるときは、他の時季に変更することがある。

（年次有給休暇の繰越し）

第54条 付与された年次有給休暇のうち次の付与日までに取得しなかった日数は、1年に限り繰り越すことができる。

（年次有給休暇の計画的付与）

第55条 会社は、労働者代表との間で「年次有給休暇の計画的付与に関する協定」を締結した場合は、その協定で定められた時季および細則に基づき、年次有給休暇を与えるものとする。

2. 前項の場合、社員は、協定で定められた時季に年次有給休暇を取得しなければならない。

（使用者側からの時季指定）

第56条 会社は、第51条により付与する年次有給休暇（その日数が10日以上の労働者の場合に限る）の日数のうち5日については、社員ごとに、年休対象期間に取得する時季を指定するものとする。ただし、社員が自ら時季を指定し取得した日、第55条の計画的付与により取得した日があるときは、その日数について、会社が指定する時季を取り消すものとする。

2. 会社が、業務の都合等によりやむを得ないと判断したときは、あらかじめ指定していた前項の日を他の時季に変更することができる。ただし、変更する日は同じ年休対象期間のうちに限る。

3. 社員は、会社の指定した第1項の時季に取得することを拒むことはできない。ただし、業務の都合等により他の日に変更を希望するときは、会社に申し出て許可を得なくてはならない。

<h2 align="center">第6節　特別休暇等</h2>

（生理休暇）

第57条 生理日の就業が著しく困難な女性社員が請求した場合は、休暇を与える。

2. 前項の休暇は、無給とする。

（産前産後休業）

第58条 会社は、6週間（多胎妊娠の場合にあっては14週間）以内に出産する女性社員から請求があった場合は、本人の希望する日から産前休業を与える。

2. 会社は、女性社員が出産したときは、8週間の産後休業を与える。ただし、産後6週間を経過し本人が就業を申し出た場合は、医師が支障ないと認めた業務に限り就業させる。

3. 前各項の休業は、無給とする。

（育児・介護休業）

第59条 「育児・介護休業規程」に定める対象者が申し出た場合は、その規定に基づき育児または介護休業、もしくは短時間勤務制度等を受けることができる。

2. 前項の場合の賃金その他の取り扱いは「育児・介護休業規程」の定めによる。

(慶弔休暇)

第60条 社員が次の各号のいずれかに該当した場合は、慶弔休暇を与える。ただし、原則としてその事由が発生した日から連続して取得するものとする。

①社員本人が結婚するとき　　　5日

②社員の子が結婚するとき　　　1日

③社員の妻が出産するとき　　　2日

④2親等以内の家族が死亡したとき　2日

2. 前項の休暇を取得した日は、所定労働時間労働した場合に支払われる通常の賃金を支給する。

第5章　賃金

(賃　金)

第61条 社員の賃金に関する事項については、別に定める「賃金規程」による。

第6章　退職金

(退職金)

第62条 社員の退職金に関する事項については、別に定める「退職金規程」による。

第7章　安全衛生

（安全衛生の基本）

第63条　社員は、安全衛生に関し定められた事項を遵守し、災害の未然防止に努めなければならない。

（安全衛生）

第64条　社員は、危険防止および保健衛生のため、次の事項を厳守しなければならない。

①安全管理者の指示命令に従うこと

②常に職場の整理整頓に努めること

③通路、非常用出入口および消火設備のある箇所には物を置かないこと

④原動機、動力伝導装置その他これに類する機械設備の始動または停止の操作は、担当者または責任者以外の者は行わないこと

⑤ガス、電気、有害物、爆発物等の取り扱いは、所定の方法に従い慎重に行うこと

⑥危険防止のために使用または着用を命ぜられた保護具、帽子、作業服および履物を使用または着用すること

⑦作業の前後には、使用する装置、機械器具の点検を行うこと

⑧作業中は定められた作業動作、手順、方法を厳守すること

⑨定められた場所以外で許可なく火気を使用し、または喫煙しないこと

⑩前各号の他、安全衛生上必要な事項として会社が定めた事項に従うこと

（健康診断）

第65条　会社は、入社の際および毎年1回、社員の健康診断を行う。

2．有害業務に従事する社員については、前項の他、法令の定めに従い定期健康診断を行う。

3．社員は、正当な理由なく、会社の実施する健康診断を拒否す

ることはできない。

4. 健康診断の結果により必要がある場合は、医師の指示に従って就業を一定期間禁止し、または職場を変えることがある。

5. 前項に従って会社から命じられた社員は、この命を受けなければならない。

（就業制限）

第66条 社員が次の各号のいずれかに該当する場合は、会社の指定する医師に診断させ、その意見を聴いた上で就業を禁止することがある。この場合、社員はこれに従わなければならない。

①病毒伝播のおそれのある伝染病にかかったとき

②精神障害のため、現に自身を傷つけ、または他人に害を及ぼすおそれのあるとき

③心臓、腎臓、肺等の疾病で労働のため病勢が著しく増悪するおそれのあるとき

④前各号の他、これらに準ずる疾病にかかったとき

2. 前項の就業制限については、会社に責がないことが明らかな場合、無給とする。

第8章　災害補償

（災害補償）

第67条 社員が業務上負傷しまたは疾病にかかったときは、労働基準法の規定に従って療養補償、休業補償、障害補償を行う。また、社員が業務上負傷し、または疾病にかかり死亡したときは労働基準法の規定に従い遺族補償および葬祭料を支払う。

2. 補償を受けるべき者が、同一の事由について労働者災害補償保険法から前項の災害補償に相当する保険給付を受けることができる場合、その価額の限度において前項の規定を適用しない。

3. 社員が業務外の疾病にかかったときは、健康保険法により給

付を受けるものとする。

（打切補償）

第68条 業務上の傷病が療養開始後３年を経過しても治らないときは、平均賃金の1,200日分の打切補償を行い、その後は補償を打ち切ることができる。

２． 前項の定めは、労働者災害補償保険法が支給する傷病補償年金に代えることができる。

（災害補償の例外）

第69条 社員が故意または重大な過失によって負った傷病等について、労働者災害補償保険法から不支給の決定が出た場合、会社も災害補償を行わない。

（民事上損害との相殺）

第70条 会社は、社員から業務上災害により民事上の損害賠償を求められた場合、その事故を理由に既に会社から見舞金その他の名目で支給された額があるときは、その額を損害賠償額より控除する。

第９章　表彰および制裁

（表　彰）

第71条 社員が次の各号のいずれかに該当する場合は、その都度審査の上、表彰する。

①業務上有益な発明、改良、工夫または考案があったとき

②永年誠実に勤務したとき

③会社の名誉を高める社会的善行をしたとき

④その他前各号に準ずる程度の善行または功労があると認められるとき

２． 表彰は、賞状のほか、賞品または賞金を授与してこれを行う。

（制裁の種類）

第72条 社員が本規則および付随する諸規程に違反した場合は、次に

定める種類に応じて懲戒処分を行う。ただし、情状酌量の余地があるか、改悛の情が顕著であると認められるときは、懲戒の程度を軽減することがある。

①譴責（始末書を提出させ、将来を戒める）

②減給（始末書を提出させ、1回の額が平均賃金の1日分の半額、総額が一賃金支払期における賃金総額の1割を超えない範囲で減給する）

③出勤停止（始末書を提出させ、7日以内の期間を定め出勤を停止する。なお、その期間中の賃金は支払わない）

④諭旨解雇（退職願の提出を勧告する。ただし、これに応じないときは懲戒解雇する）

⑤懲戒解雇（予告期間を設けることなく即時に解雇する。この場合において労働基準監督署長の認定を受けたときは、解雇予告手当も支給しない）

（譴　責）

第73条　社員が次の各号のいずれかに該当する行為をした場合は譴責に処する。

①正当な理由なく、遅刻、早退、欠勤したとき

②就業規則その他会社の諸規程に定める服務規律に違反したとき

③勤務時間中に許可なく職場を離れ、または外来者と面談したとき

④許可なく立入禁止の場所に入ったとき

⑤本人の不注意により業務に支障をきたしたとき

⑥その他前各号に準ずる程度の行為があったとき

（減給、出勤停止）

第74条　社員が次の各号のいずれかに該当する行為をした場合は、減給または出勤停止に処する。この判断は会社が行う。

①会社の就業規則などに定める服務規律にしばしば違反したとき

②正当な理由なく遅刻、早退、欠勤をたびたび繰り返したとき

③会社の諸規程に定める手続きおよび届出を怠りまたは偽ったとき

④会社において営利を目的とする物品の販売を行ったとき

⑤職務を利用して金品の饗応を受けたとき

⑥会社の金品を盗難、横領、または背任等の不正行為をしたとき

⑦会社の建物、施設、備品、商品、金銭等の管理を怠ったとき

⑧他の社員に対して不当に退職を強要したとき

⑨前条各号の行為が再度に及んだとき、または情状が悪質なとき

⑩その他前各号に準ずる程度の行為があったとき

（諭旨解雇、懲戒解雇）

第75条 社員が次の各号のいずれかに該当する行為をした場合は懲戒解雇に処する。ただし、会社の勧告に従って退職願を提出したときは諭旨解雇とする。なお、懲戒解雇の場合、退職金の全部または一部を支給しない。

①許可なく他の事業所に雇用され、またはこれと類似する兼業行為のあったとき

②服務規律違反が数度に及び改しゅんの跡が見られないとき

③職場の安全および健康に危険または有害な行為をしたとき

④無断欠勤が14日以上に及び、それが悪質なとき

⑤会社の内外において刑罰法令に触れる行為をし、社名を著しく汚し信用を失墜させたとき

⑥職務上知り得た業務上の重要機密を外部に漏らし、または漏らそうとしたとき

⑦経歴を偽りまたは詐術その他不当な方法により雇用されたとき

⑧許可なく会社施設内において、集会および演説または印刷物等の配布や掲示をしたとき

⑨他の社員に対して、暴行、脅迫、監禁、その他社内の秩序を乱す行為をしたとき

⑩前条各号の行為が再度に及んだとき、または情状が悪質なとき

⑪その他前各号に準ずる程度の行為があったとき

（損害賠償）

第76条 社員が故意または重大な過失により会社に損害を与えた場合は、損害の一部または全部を賠償させることがある。

（監督責任）

第77条 社員が時間外休日労働に関する第26条16号の定めに違反した場合は、その所属長に対しても管理監督者責任としての処分を行うことがある。ただし、当該所属長がその防止に必要な措置を講じ、または講じることが出来なかったことについて、やむを得ない事情があるときは、この限りではない。

付 則

1． この規則は、令和○年○月○日から実施する。

◆関連規程◆
賃金または退職金を別規程に定める場合…「賃金規程」「退職金規程」／パートタイマーの就業規則を別規程に定める場合…「パートタイマー就業規則」／その他の別規程を定める場合…それぞれの別規程

趣　旨

　就業規則とは、勤務時間や服務規律など労働者の就業に関するルールを表したものであり、人事・労務分野における最も代表的な規程です（25ページ参照）。

　法律上は、常時使用する労働者が10人以上の事業場に対し、作成と労働基準監督署への届出義務が課されています（労基法89条）が、たとえ10人未満の小規模な事業場であっても、作成しておくべきものです。

　労働契約を結ぶ際に、1人ひとり細かい労働条件を決めたり、また同意を求めたりすることは、大変な手間がかかるため、基本となる労働条件は「就業規則に定めるとおり」とし、各人によって異なる賃金、就業場所などのみをその都度決めていくという方法が一般的に取られているのです。

　労働契約法では、「使用者が合理的な労働条件が定められている就業規則を労働者に周知させていた場合には、労働契約の内容は、その就業規則で定める労働条件によるものとする」と定めています（契約法7条）。

　ただし、就業規則は一定の事項を必ず盛り込むように定められています（労基法89条）。

　さらに、就業規則本体とは別に、「賃金規程」「福利厚生規程」など別規程を定めることができますが、法律上の就業規則とは、これら別規程を含めた労働条件に関する全ての規程を指しています（たとえば、労働基準監督署へ届け出る際は、就業規則本体だけではなく、賃金規程など他の別規程を全てあわせて提出する必要があります）。

　このような就業規則は、法律上の義務を果たすため、または労働条件を管理するためだけではなく、労働者と対等な契約関係を形成するために重要なツールであるといえます。最近では、成果主義を標榜する企業が多くなっており、労働者も権利意識が大変高まっています。これからの労使関係は、「会社が一生面倒をみるから労働者は黙ってついて来い」というのではなく、両者が正しく義務を果たし、その分堂々と責任を追

及するべきなのです。

なお、具体的に就業規則を作成する場合、労働基準法が定める事項に従うだけではなく、「男女雇用機会均等法」「育児・介護休業法」その他の労働法の規定を確認していく必要があります。

ポイント

1. 総則
◆総則
就業規則の第1章は、一般的に「総則」として、(目的)(定義)(遵守義務) など、規則の趣旨、原則的な定義、全体に共通する事項を定めます。

▶ モデル規程　第1条

会社によっては、第1章の前に「前文」を設け、制定の趣旨、会社の社員への期待などを定める場合もあります。

◆定義
冒頭で、就業規則の中で頻繁に用いる用語を定義しておきます。特に主役である「社員」については、外注のような請負契約、顧問のような委任契約などと明確に区別するため、社員の身分を与える基準を定義しておきます。

その他、「管理職」のように取り扱いの異なる労働者については、「管理職とは、社員を指揮監督する権限を有する職制上課長以上の者をいう」などと、会社の定める基準を定義しておきます。

▶ モデル規程　第2条

◆適用範囲
労働基準法では、事業場に使用される者で、賃金を支払われる者は、法人の役員など一部を除き、全て「労働者」としています (労基法9条)。そのため、パートタイマーやアルバイトなども労働者であって、これら全ての労働者に適用する就業規則が整備されている必要があります。

しかし、正社員のルール、パートタイマーのルールなどが入り混じっ

て1つの規則になっていては、かえって分かり難いものになります。そこで、一般的には本体となる就業規則を正社員のみに適用するよう、パートタイマーなどはこの規則から除外する旨と別規則を適用する旨を明記しておきます。そうすることで、雇用形態の異なる労働者それぞれがどの規則を読んで働けばよいのかを明確にしておくのです。

なお、従来「パートタイマーなど有期労働契約の者を除く」などと適用を除外する規定をしていた会社が多いですが、正社員を「無期契約」、パートタイマーを「有期契約」と区別・定義を分けていた会社では、無期転換制度（165ページ）によって、有期契約労働者が無期契約労働者に転換されると、パートタイマーが正社員の就業規則の適用を受けてしまうことがあります。そこで、これを避けるため、適用範囲は転勤の有無や責任の程度など有期契約か無期契約か以外の違う点を記載しておくことが重要です。

▶モデル規程　第3条

❗ここを検討
・パートタイマー、契約社員などは適用範囲から除き、別規程を設けますか。

2. 採用

◆選考

社員の募集や選考に関する規定は、採用前の者に何かを義務付けるものではなく、社内での採用の方法を定めるものです。

一般に、面接時などに持参すべき「履歴書」や「職務経歴書」、その他会社独自に提出を求める書類を決めておきます。

▶モデル規程　第5条

◆労働条件の明示

労働基準法では、採用時に約束された労働条件と実際が異なるといったトラブルを防止するため、労働条件のうち一定の事項については契約

締結時に明示することとし、さらに特に重要な事項については、書面で交付することを義務付けています（労基法15条1項）（39ページ参照）。

この書面については、必要事項を具備すれば形式は自由です。たとえば、厚生労働省の作成した「労働条件通知書」（ ダウンロード 0−003 ）のモデルを用いても結構ですし、次ページのような「労働契約書」を用いてもかまいません。 ▶ モデル規程 第6条

◆採用時の提出書類

選考の結果、採用を決定した者には、採用決定の通知を送るとともに、一定の書類の提出を求めます（ ダウンロード 1−013〜016 「採用に関する確認文書」参照）。

ただし、このときの書類提出の目的は、社員として使用するに当たって必要な情報を収集したり、本人や身元保証人の意思を確認したりするものですから、必要以上に個人情報に関する書類の提出を求めるべきではありません。本来就業に関係しない、本籍地や家族の職業について問うものなどは差別につながるとして、好ましくないとされています（ ダウンロード 1−017〜018 「住所や家族の届出」参照）。

また、平成17年4月からは個人情報保護法が施行され、会社は、社員の個人情報についても、利用目的を明確にし、その範囲で利用し、漏えいの防止に努めるなどの義務があります（399ページ以降参照）。

なお、住所変更や子の出生など、会社への提出書類の内容に変更があった場合は、一定の提出期限までに変更届を提出することも定めておく必要があります。 ▶ モデル規程 第8条

①住民票記載事項証明書

採用決定者の身元の確認は、プライバシーへの配慮から、住民票や戸籍謄本ではなく「住民票記載事項証明書」という形で行うよう行政指導がされています。

②身元保証書

身元保証は、社員の就業に伴う会社のリスクを担保するものですが、本人の仕事の責任を自覚させる意味も大きいといえます。

102

労働契約書

Download
1-012 →

労働契約書

株式会社　○○○○　　（甲）と○○　○○（乙）は、次のとおり労働契約を締結する。

契約期間	○年　○月　○日　より 期間の定め（なし）あり（　　年　　月　　日まで）
契約更新	契約更新　（　有　・　無　） 更新の判断（勤務成績、勤務態度により判断する）
就業の場所	本社（中央区○○　○○-○○）
従事する業務	営業および付帯する業務
勤務時間	1. 始業、終業の時刻 　　始業時刻（9時00分）～　終業時刻（18時00分） 2. 休憩時間（12時00分　から　13時00分　まで） 3. 所定時間外労働の有無（　有　・　無　）
休日	毎週土・日曜日、国民の祝日、その他（　　夏季、年末年始　　）
休暇	1. 年次有給休暇　6ヵ月継続勤務した場合→　10日 2. その他の休暇　有給（　慶弔休暇　　　　　　　　　　） 　　　　　　　　　　無給（　産前産後休業、育児・介護休業　）
賃金	1. 基本賃金（月給）日給・時給（200,000円） 2. 諸手当の額および計算方法 　　イ（　家族　手当　30,000　円　／計算方法：　妻2万、子1万　） 　　ロ（　通勤　手当　12,300　円　／計算方法：　実費　　　　　） 　　ハ（　　　　手当　　　　円　／計算方法：　　　　　　　　　） 　　ニ（　　　　手当　　　　円　／計算方法：　　　　　　　　　） 3. 時間外、休日または深夜労働に対して支払われる割増賃金率 　　　時間外　法定超　月60時間以内（25）%、月60時間超（50）% 　　　　　　　所定超（　）% 　　　休日　法定休日（35）%、深夜（25）% 4. 賃金締切日ー毎月（20）日 5. 賃金支払日ー（当月・翌月　25　）日 6. 昇給（毎年4月） 7. 賞与（有）（時期、金額等　7、12月）,　　無　） 8. 退職金（有）（時期、金額等　　　　　）,　　無　）
退職	1. 定年制　（有）ー（60歳）　・　無　） 2. 継続雇用制度　（有）ー（65歳まで）　・　無　） 3. 自己都合退職の手続き（退職する14日以上前に届け出ること） 4. 解雇の事由 　　（　就業規則　第○条、第○条　　　　　　　　　　　　　）
その他	1. 社会保険等の加入（厚生年金・健康保険・雇用保険） 2. 本契約書の他、就業規則その他会社諸規程の定めによる。
令和○年○月○日	

　　　　　　　　　　　　　　　　　所在地　中央区○○　○○-○○
　　　　　　　　　　　　　　　　　名　称　株式会社　○○○○
　　　　　　　　　（甲）氏　名　代表取締役　○○○○　印
　　　　　　　　　　　　　　　　　住　所　横浜市○○　○○-○○
　　　　　　　　　（乙）氏　名　○○　○○　印

1章
就業規則のモデルとつくり方

103

ただし、万一の場合は、保証人に過大な責任を負わせることにもなることから、「身元保証に関する法律」によって、保証期間を定めない場合は3年（商工業見習は5年）、保証期間を定める場合は5年、と制限されています。

③健康診断書

　会社には、労働者の安全や健康に配慮して使用する義務があり、そのために労働者の健康状況を把握しておくことは、大切な事項であるといえます。たとえば、最近ニュースになることが多い「過労死」のように、採用した後に労働者の健康が問題となることがあります。会社は、採用時の血圧や既往症などを確認した上で、安易に過重な労働を課さぬよう配慮することが必要なのです。

　なお、安全衛生法では、雇い入れの際の健康診断を義務付けているため、採用後に、実施する会社も多いのですが、3ヵ月以内に実施した診断書の提出があるときは雇い入れ時の健康診断を省略することができます（安衛則43条）。

④誓約書

　特に本人の自覚を促すべき事項、あるいは転籍のように個別同意が必要な事項について入社の際に確認します。

⑤マイナンバーの取得

　マイナンバーは、法律で労働者に会社への提出を義務付けていますが、いまだ提出を拒む人がいます。念のため、マイナンバーカードなどの提出が労働契約上のルールであることを明記しておきましょう。

◆**試用期間**

　多くの会社は、採用後一定の「試用期間」を設け、この期間終了後、社員としての適性に問題がないと判断された場合に、正式な採用とする方法を取っています。

　この試用期間とは、採用時に、十分な判断材料が集まらないため、後日に調査や観察をすることとし、最終的な決定は留保するというもので、会社が、社員として不適格であると判断した場合は、解雇することにな

誓約書

誓約書

令和○年○月○日

株式会社　○○○○
代表取締役　○○　○○殿

氏名　　○○　○○　㊞

　この度、貴社の社員として採用された上は、下記事項を守って誠実に勤務することを誓約いたします。なお、万一、この誓約に反する行為があったときは、解雇されても異議はございません。

記

1. 貴社の就業規則、その他会社の諸規程、業務上の指揮命令に従います。
2. 同僚と協力し、積極的に仕事に取り組み、社業の発展に寄与するよう努めます。
3. 就業規則第○条から第○条に基づく配置転換、出張、出向の人事異動に従います。
4. 業務上知り得た営業上の秘密事項および個人情報については、在職中は勿論、退職後についても他に漏らしません。
5. 通勤の際は、マイカーは使用しません。
6. 自らの健康の管理に努め、健全な労働力を提供します。
7. 常に向上心を抱いて、自己啓発に努めます。

以上

身元保証書

身元保証書

株式会社　○○○○
代表取締役　○○　○○殿

　　　　　　　住　所　東京都港区○○-○
（本人）氏　名　○○　○○
　　　　　　　生年月日　昭和○年○月○日

　この度、上記本人が貴社に採用されるに当たり、身元保証人として本人の一身上に関する一切を引き受け、万一、本人が貴社との労働契約に違反しまたは故意もしくは過失によって貴社に損害を与えたときは、その損害の額の範囲で本人と連帯して賠償いたします。
　なお、この身元保証期間は、本日より向こう5年間とします。
令和○年○月○日

　　　　　　　　　　住　所　埼玉県さいたま市○○-○
身元保証人　氏　名　○○　○○　　㊞
　　　　　　　　　　本人との関係　（　父　）
　　　　　　　　　　住　所　東京都江東区○○-○
身元保証人　氏　名　○○　○○　　㊞
　　　　　　　　　　本人との関係　（　兄　）

ります。　▶ モデル規程　第9条

①期間

　試用期間は、法律上、設定のルールが定められているわけではありません。設けるかどうかや、期間の長さは、原則として会社が自由に決めてよいことになっています。一般的には2～3ヵ月という会社が多く、中には6ヵ月という会社もあります。ただし、あまり長期的なものは、労働者を不安定な状態に置くことになるため望ましいとはいえません。

②期間の短縮または延長

　試用期間は、短縮または延長することができます。ただし、短縮・延長は、労働者の適性を判断するために必要な場合にのみ認められるべきで、むやみに、期間の定めもなく延長することは、好ましくありません。

③解雇の理由

　試用期間中は、通常の場合よりも広い範囲で解雇の自由が認められていますが、採用時に確認できなかったこと、客観的に合理的な不適格があることなどが、解雇の理由として認められるものです（三菱樹脂事件：最高裁判決昭和48.12.12）。

④解雇の手続き

　労働基準法では、解雇について原則として事前の予告を必要としていますが（62ページ参照）、試用期間中の労働者で、採用から14日を超えていない者については、この予告義務が除外されています。

⑤勤続年数の通算

　試用期間は、退職金の計算の基礎となる勤続年数に通算するのかなど、取り扱いを明確にしておく必要があります。一般的には、試用期間を勤続年数に通算する会社が多いでしょう。

ここを検討

・採用時の提出書類は何を求めますか（身元保証書、誓約書など）。
・誓約書には、どのような内容を盛り込みますか。
・試用期間は何ヵ月にしますか。

3. 異動

◆異動とは

労働条件の変更や職制上の地位の変更などを、異動（人事異動）といいます。日本では、歴史的に終身雇用を前提としてきたため、法律上は解雇が厳しく制限され、反面、異動は比較的自由が認められています。しかし、異動に伴って労働環境が変わるため、あらためて労働者の同意（個別的同意）を得る必要があるのか、それとも会社の一方的な命令が可能なのかが問題となります。　　　　▶モデル規程　第11条

◆異動の種類

①配置転換

配置転換とは、職場の変更であり、勤務地の変更が伴う場合を、特に転勤といいます。

配置転換について最高裁は、就業規則などに「業務上の都合により、社員に異動を命じることがある」といった定めがあれば、既に他の労働条件とともに労働契約上の同意を得ている（「包括的な同意」という）として、会社の配置転換の権限の根拠はこれで足りるとしています（東亜ペイント事件：最高裁判決昭和61.7.14）。「業務上の都合」とは、組織の変更、部門の新設・廃止または縮小、人材の育成などをいいますが、家族の介護などを理由に、労働者の受ける不利益が大きすぎるとして、転勤の命令を認めなかった判例もあるので、慎重な対応が望まれます。

②出張

出張とは、会社の指揮命令に従い、臨時的に社外で業務に従事することをいいます。

労働者に出張を命じることは、一般には会社の指揮権の範囲内に属するところから、配置転換のように就業規則に根拠を求めるまでもなく、有効に発することができると解釈されています（石川島播磨重工業事件：東京地裁判決昭和47.7.15）。したがって、特別な事情がある場合または長期に及ぶ場合などを除き、労働者の同意を得ることなく、会社は労働者に出張を命じることができます。

107

③出向

　出向（在籍出向）とは、企業が雇用する労働者を、その雇用関係を維持したまま他の企業の社員として勤務させることをいいます。

　出向の場合、指揮命令権者が変わって労働条件が大きく異なること、また、民法では「使用者は、労働者の承諾がなければ、その権利を第三者に譲渡することができない」（民法625条１項）とされていることから、会社の人事権は、配置転換の場合より制限されると考えられます。判例では、包括的同意によって「労働者の承諾」が得られたとして、会社の人事権を認めたものが多数ありますが、業務上の必要性や労働者の事情などを十分考慮して運用するべきでしょう。なお、就業規則の規定は、出向の条件や手続き（300ページ「出向規程」参照）などをできる限り明示する方がよいでしょう。

④転籍

　転籍（移籍出向）とは、企業が雇用する労働者について、現在の労働契約を終了させて、同時に移転先との労働契約を締結させることをいいます。

　転籍に関する判例では、「転籍は、移転先との新たな労働契約の成立を前提とするものであるところ、この新たな労働契約は元の会社の労働条件ではないから、元の会社がその労働協約や就業規則において業務上の都合で自由に転籍を命じうるような事項を定めることは出来ず、従ってこれを根拠に転籍を命じることは出来ない」といっています（ミクロ製作所事件：高知地裁判決昭和53.4.20）。

　したがって会社が転籍を命じるためには、原則として労働者の個別の同意が必要となります。ただし、入社時点で将来の転籍への同意を得る必要がある場合は、就業規則に関連企業に限るなど転籍条件を可能な限り明確にした上、誓約書などとして同意文書の提出を求めておくべきです。

 ここを検討

・出向、転籍など、将来の予測を含め何をどこまで規定する必要がありますか。

4. 休職

◆休職とは

休職とは、社員に執務させることが不可能、もしくは適当でないなどの事由が生じた場合に、社員の地位は現在のまま保有させながら執務のみを禁止する処分をいいます(近畿大学事件：大阪地裁判決昭和41.9.30)。

公務員の場合、法律で休職に関する定めがありますが、民間の場合、特に法律の定めがありませんから、会社が任意に定めることになります。日本では、これまで終身雇用を前提としてきたため解雇について厳しく制限されていることから、「休職」の規定は、一定の事由により長期的な労働力の提供がなされないケースに対処するものです。

> モデル規程　第13〜16条

◆休職の種類

休職には、次のような種類があります。

①傷病休職

業務外の傷病によって一定期間を継続して欠勤した場合に、その後の欠勤期間を休職とするものです。

②自己都合休職

繁忙期に実家の農作業を手伝うなど、傷病以外の自己都合によって、一定期間を超えて欠勤する場合、その事由が続く間を休職とするものです。

③公務休職

労働基準法に定める、議員、民事訴訟の証人など「公の職務」（労基法7条）のため、会社の職務を遂行できなくなった場合に、その期間を休職とするものです。

④起訴休職

刑事事件に関し起訴され、相当の期間就業できないと認められた場合に休職とするものです。社員の起訴が会社の信用を低下させること、また公判出頭のため就業に支障をきたすことから、有罪が確定する前であっても休職を命ずるものです。ただし、有罪確定前に会社が処分するため、処分の正当性について争いとなることがあります。

109

⑤組合専従休職

労働者が労働組合の職務に専従することとなる場合、その期間を休職とするものです。

⑥出向休職

業務命令によって労働者を出向させる場合に、その期間を休職とするものです。

◆休職の開始時期

一般に、一定期間の欠勤をもって休職を命じることとします。ただし、近年、うつ病などのメンタルヘルス疾患による休職者が増えているため、使用者の安全配慮義務の観点からも自殺や事故に発展することを防ぐよう早急な対応が求められることもあります。そこで、原則的な欠勤期間の経過を待たず、一定の場合、即日休職を命じられるように定めておくことも有効です（ ダウンロード 8−099 「差し替え条文集」参照）。

◆休職の期間

休職の期間は、その事由ごとに、会社の実情によってそれぞれ定めます。

また、休職期間に関しては、賃金を有給とするのか無給とするのか、また勤続年数に通算するのかなど、取り扱いを定めておく必要があります。

◆休職期間満了と退職の定め

休職期間が長期にわたる場合に、就業規則に「休職期間が満了しても復職できない場合退職となる」旨を定め、自動的に退職とすることができます。

この場合、判例では「休職期間満了の際に休職事由が消滅しないときは退職する旨の規定がある場合には、解雇の意思表示を要せず、雇用関係が当然終了する」としたものがあり（電機学園事件：東京地裁判決昭和30.9.22）、退職の定めの有効性を認めています。

◆復職

休職の事由が消滅した場合、労働者には、当然に復職する権利がありますから、会社は裁量で復職を拒むことはできません。また、一般に傷病休職者の復職の判断は、医師の診断に基づくものとします。

特に、復職できずに期間満了で退職となる場合、休職者の状況が元の業務に従事することができる程度ではなくても、事務職など他の業務に従事することはできないかということも検討する必要があります。判例では、休職者の「能力、経験、地位、（会社の）規模、業種、（会社の）労働者の配置・異動の実状および難易度に照らして」検討するべきとしています（片山組事件：最高裁判決平成10.4.9）。

ここを検討

- どのような休職事由を設けますか。
- 傷病休職の期間を何年としますか。
- 傷病休職の復職の手続きは明確ですか。

5. 退職と解雇

◆退職と解雇

　労働契約の終了のうち、会社側から申し出る場合を「解雇」といい、労働者の希望によるものや定年など解雇以外のものを「退職」といいます。

◆退職

　退職事由には次のようなものがあり、労働契約の終了条件として就業規則に定められ、周知されていることが効力発生の要件となります。

 モデル規程　第17～19条

退職として定めることができる事由
①自己都合退職
②定年
③期間を定める労働契約の契約期間の満了
④労働者の死亡
⑤休職期間の満了
⑥社員の行方不明

①自己都合退職

　自己都合退職とは、社員からの申出による労働契約の終了をいいます。

　この自己都合退職に関しては、労働基準法では特に定めがないため、期間の定めのない労働契約の場合は「いつでも自由に申し出ることができる」「申し出た後２週間を経過すれば契約は終了する」という民法の規定（民法627条）が適用されます（期間を定める労働契約を除きます）。そのため、社員が退職を申し出た場合、たとえ会社の同意がなくとも、２週間を経過すれば契約は終了します（　ダウンロード 1−021　「退職願」参照）。

　逆に会社は、社員が即日の退職を希望したとしても、申し出た日から２週間は労働を命じることができます。ただし実際には、労働者がやる気を失っている場合に無責任な仕事をされても、かえって会社の損失となるため、多くの場合は退職を受け入れているようです。

②定年

　定年とは、あらかじめ定めた条件により、一定の年齢で労働契約が自動的に終了することをいいます。労働基準法では特に定めがなく、定年を定めるかどうかは、会社の自由です（　ダウンロード 1−022　「定年通知書」参照）。

　なお、定年は、退職なのか解雇なのかという議論があります。行政解釈では、「就業規則に定める定年制が労働者の定年に達した翌日をもってその雇用関係は自動的に終了する旨を定めたことが明らかであり、且つ従来この規定に基づいて定年に達した場合に当然雇用関係が消滅する慣行となっていて、それを従業員に徹底させる措置をとっている場合」は、解雇ではなく退職であると示しています（昭和26.8.9基収3388号）。

　定年の年齢については「高年齢者等の雇用の安定等に関する法律」によって、60歳を下回る定めは禁止されています（高年法８条）。

　さらに会社は、①定年の引上げ、②継続雇用制度（勤務延長、再雇用）の導入、③定年の廃止、のうちいずれかの措置を講じなければならない（高年法９条１項）こととなっています（294ページ以降参照）。

③契約期間の満了

期間を定める労働契約は、その期間の満了をもって自動的に退職となります。ただし、何度も更新を繰り返した場合や、当初から契約更新を約束していた場合などは、期間の定めのない雇用契約とみなされて、解雇の手続きが必要となる場合もあります（168ページ参照）。

④労働者の死亡

労働者が死亡した場合、労働契約は自動的に終了します。

⑤休職期間の満了

休職を命じられた社員が、休職期間が満了しても復職できない場合、就業規則の定めにより退職とすることができます（110ページ参照）。

⑥社員の行方不明

社員が無断で出勤しなくなり、所在までも不明になった場合、どう対処すべきでしょうか。一定期間以上にわたり無断欠勤した場合は解雇も可能ですが、期間の経過とともに自動退職条項を適用することもできます。行政解釈でも、無断欠勤が社員の解約申入れの意思表示であると認められる場合には解雇には当たらないとしています(昭和23.3.31基発513号)。本人不在のまま解雇するには解雇予告などについて裁判所に公示する手続きを要するため、単に期間の経過を待つことで自動退職させた方が、会社の負担が少ないのです。

◆解雇

解雇とは、会社側からの一方的な労働契約の終了をいいます。労働者とのトラブルが最も多く、また深刻なものとなるため、慎重に検討すべき事項です（ ダウンロード 1−023 「解雇予告通知書」参照）。労働基準法では、解雇について多くの規制(60～63ページ参照)を定めているため、これを確認の上、会社の処理方法をルール化しておく必要があります。

▶ モデル規程　第22～24条

なお、解雇には次の３種類があります。

①普通解雇

普通解雇とは、整理解雇や懲戒解雇以外の解雇であって、次のような

ものです。

普通解雇として定めることができる事由

①傷病などにより心身に障害を負い、業務に堪えられないと判断されたとき

②欠勤が多く、業務計画遂行上あてにならないなど、社員としての適格性を欠くと判断されたとき

③勤務成績や能率が著しく不良で就業に堪えられないと判断されたとき

---

②整理解雇

　整理解雇とは、会社の経営不振や天災事変などにより、やむを得ず事業の廃止や縮小を余儀なくされたときに行われるものです。判例により次の要件が確立され、妥当性の判断基準になっています。

整理解雇の4要素

①人員削減の必要性があること

②解雇回避のために経営努力がなされたこと

③解雇の人選が公平であること（たとえば労働組合員を敵視したものではないこと）

④労使協議など、手続きに妥当性があること

---

③懲戒解雇

　懲戒解雇とは、社員として相応しくない行動を起こし、そのことによって著しく経営秩序を乱したり、会社の運営に悪影響を及ぼしたりした場合に制裁として処分するものです。一般に、就業規則の「解雇」の章で規定するものは、普通解雇や整理解雇であって、懲戒解雇は制裁として表彰・制裁の章に規定します。

> **ここを検討**
> ・退職、解雇の事項は区分されていますか。また、それぞれの事項に足りないものはありませんか。
> ・定年は設けますか。設けるのであれば何歳としますか。

6. 服務規律

◆服務規律とは

多くの労働者が整然と職務を遂行するためには、1人ひとりが、業務上の指揮命令を遵守し、職場のルールに従って行動する必要があります。このような、職場において守るべきルールが服務規律です。

◆服務規律の定め方

就業規則への定め方としては、まず、「やるべきこと」として行動指針、基本的な心構えなどを記載し、次に、「やってはならない」禁止規定、その他出退勤や欠勤・遅刻の手続きに関する事項などを定めます。

特に、一般的な禁止事項などは1つの条の中に列挙しますが、重要なものは個別詳細に規定します。　▶ モデル規程　第25〜26条

なお、就業規則には、服務規律を明示して、一定の行為を防止するだけではなく、万一、違反行為があった場合の制裁や退職金の減額などについても、それぞれ制裁の規定（135ページ参照）や退職金規程（241ページ参照）に定めておくことが必要になります。

①出退勤等の規定

出退勤や欠勤・遅刻、早退、外出といった事項は、できて当然のようで、なかなか守られないことでもあります。

特に遅刻や欠勤の会社への報告については、届出用紙（ ダウンロード1−024 参照）を整備して、書面で行わせる必要があります。

▶ モデル規程　第30〜37条

②守秘義務

情報化社会を迎えて、非常に高額な価値を持つ情報も、個人が簡単に

持ち運べる時代となりました。多くの会社は、セキュリティ・システム
の導入や情報管理規程の整備など、社員による情報漏えいの防止に必死
に取り組むようになりました。

　そもそも社員には、労働契約に付随して、信義則（民法１条２項。期
待や信頼に従い、誠実に行動せよという民法の原則）上、「守秘義務」が課
せられているのだという考えがあります。これは、判例（古河鉱業足尾
製作所事件：東京高裁判決昭和55.2.18）でも認められているところです。

　守秘義務に関する学説、判例などの考え方は、業務上で接する秘密の
程度など諸条件によって異なる場合もありますが、概ね、「保護に値する
程度の秘密を、守秘義務がありながら漏らした場合」は、懲戒解雇や退
職金の減額などの処分の対象になり得るといえます。なお、学説などで
は、退職後までも、この守秘義務を負わせることを認める傾向にあります。

　また、営業秘密（秘密として管理されている生産方法、販売方法その
他の事業活動の有用な技術または営業上の情報であって公然と知られて
いないもの）については、「不正競争防止法」によって、社員を使った、
他社による不正な取得や利用までも規制されています。

　さらに、個人情報については、平成17年４月に全面施行された「個人
情報保護法」によって、顧客情報のみならず社員の情報についても、会
社に取得目的の通知や漏えい防止の義務が課されています（399ページ
参照）。 ▶ モデル規程　第27条

③二重就業禁止

　「二重就業（兼業）禁止」とは、１つの会社の勤務の後に別の会社でア
ルバイトをしたり、自営を営んだりすることを禁止するものです。公務
員については法律に禁止規定が設けられていますが、民間については何
ら法律の定めはありません。

　勤務時間中について、労働者は信義則に従って誠実に勤務する義務が
ありますが、勤務時間外については、本来、労働者の自由な時間である
ので、会社がどこまで行動を制限できるのかが問題となってきます。

　会社側の都合としては、１日の勤務を終えた後は、労働者が精神的・

肉体的疲労回復のために休養をとって、次の日も健全な労務の提供を行ってもらいたいわけです。また、兼業の内容によっては、会社の対外的な信用や体面が損なわれる場合もあります。そこで、社員の兼業を禁止し、または承認を必要とする旨の規定を就業規則に定めることが多くの企業で行われています。

　判例では、この二重就業禁止の規定に従って解雇した会社の事件について、二重就業禁止の合理性を認め解雇権の濫用には当たらないとしたものがあります（小川建設事件：東京地裁判決昭和57.11.19）。反対に、具体的な業務への影響がないとして解雇無効としたもの（国際タクシー事件：福岡地裁判決昭和56.9.17）など、実際の適用において不当であるとされた判例も多くあります。

　近年では、政府が兼業を推奨しているため、二重就業を肯定する企業も増えており、裁判に至った場合、時代背景が大きく影響することから、今後は、このような二重就業の規定が無効とされることも予想されます。まずは、運用面において過剰な解釈を避けるなど、慎重な対応が望まれるところです。　　　▶ モデル規程　第28条

④競業避止義務

　技術情報や営業情報などといった社員が職務上知り得た情報は、退職後といえども会社にとって重要な財産です。そこで、このような情報を持った社員が、退職後に競業関係にある会社へ就職したり、自ら競業関係となる事業を営んだりしないという義務を競業避止義務といいます。

　学説などでは、在職中の社員については、労働契約に付随して、信義則上、競業避止義務があると考えられていますが、退職後もこの義務を負わせることは、職業選択の自由（憲法22条）に反すること、生活に大きくかかわることなどから、契約上の根拠が必要だと考えられています。

　契約上の根拠としては、単に就業規則に規定することによる包括的同意だけではなく、一定の管理職や重要な営業秘密に接する職務に就く際に、「私は、貴社を退職してから１年間は、企業への就職、役員への就任、自営その他の形態を問わず、貴社と競業関係に立つことは一切しま

1章　就業規則のモデルとつくり方

せん」といった、誓約書の提出を求め、個別同意を得るべきでしょう。

なお、判例では、社員の競業を禁ずる特約を結ぶことの合理性は認めていますが、①競業を制限する必要性があること、②情報を知り得る立場にあること、③競業を制限する期間、地域、職業などの範囲に合理性があること、④代償の有無、などが実施上の要件になると示されています（フォセコ・ジャパン・リミテッド事件：奈良地裁判決昭和45.10.23）。

この競業避止義務の合理性が認められる場合、契約に反して会社に損害を与えた者には、会社が、損害賠償や、退職金の返還などを求めることができます。場合によっては、不正競争防止法に基づく差止請求などの手段も検討されるところです。

⑤セクシュアル・ハラスメント

セクハラ（セクシュアル・ハラスメント）とは、性的に服従を要求し、拒絶に対して解雇など不利益を与える「対価型」と、性的言動などにより労働環境を不快にする「環境型」に区分されています。

万一、このような行為があった場合、社員個人が行ったセクハラ行為といえども「法人の不法行為責任」（民法44条1項。役員等の行為に対する会社の責任）や「使用者責任」（民法715条。労働者の行為に対する会社の責任）などによって、会社は責任を負うことになります。

最近の判例では、労働契約に付随して、会社には「働きやすい環境を保つ配慮義務」があり、この義務に対する「債務不履行」（民法415条）の責任を追及する傾向にあります。不法行為責任の場合は被害者側に挙証責任（事実を証明する責任）がありますが、債務不履行の場合、加害者側が挙証責任を負うため、会社はセクハラの防止を図っているという事実を証明できるよう積極的に行動する必要が生じてきました。

また、男女雇用機会均等法によって、「職場における性的な言動に起因する問題に関する雇用管理上の配慮」が義務付けられています（均等法21条）。セクハラの防止に向けて企業の早急な対応が望まれています。

さらに、令和1年6月、パワハラ防止等を企業に義務づける法律が成立しました。

今後、パワハラ（パワー・ハラスメント）、マタハラ（マタニティ・ハラスメント）などにも対応が求められることになります。

 モデル規程　第29条

セクハラ問題に関して事業主が雇用管理上配慮すべき事項

「事業主が職場における性的な言動に起因する問題に関して雇用管理上配慮すべき事項についての指針」

① 事業主の方針の明確化およびその周知・啓発
　イ）社内報、パンフレットなどの配布
　ロ）服務上の規律を定めた文書の配布・掲示
　ハ）就業規則に規定
　ニ）研修などの実施
② 相談・苦情への対応
③ 職場におけるセクハラが生じた場合における事後の迅速かつ適切な対応

ここを検討

- 服務規律に一般的な禁止事項は網羅されていますか。
- 二重就業禁止や守秘義務、競業避止義務などを規定しますか。
- 出退勤の手続きは明確にしましたか。

7. 労働時間

◆所定労働時間

就業規則の絶対的必要記載事項には、「始業時刻と終業時刻」を定めることとなっています。これを所定労働時間といい、休憩時間を除き、原則として法定労働時間（週40時間、1日8時間）を超えて定めることはできません（労基法32条）。

交替制や職種別などで所定労働時間が複数ある会社では、各時間帯や職種別の始業・終業時刻を示す必要があり、パートタイマーなど各人の希望により異なる場合は、一応の基本となる始業・終業時刻を示す必要

があります（昭和63.3.14基発150号）。 ▶ モデル規程　第38条

◆変形労働時間制

「変形労働時間制」とは、一定の期間を平均し、1週間当たりの労働時間が40時間を超えない範囲であれば、特定の週に40時間を超え、または特定の日に8時間を超えて労働させることが許されるという制度で、①1ヵ月単位の変形労働時間制、②フレックスタイム制、③1年単位の変形労働時間制、④1週間単位の非定型的変形労働時間制の4種類があります。

導入する場合は、就業規則にその旨を規定しておく必要があります。ただし、全ての社員へ一律に適用する必要はありませんから、変形労働時間制によらない原則的な勤務の者、フレックスタイム制の勤務の者、1年単位の変形労働時間制の勤務の者がいてもかまいません。就業規則には、それぞれの労働時間制の規定を置き、社員がどの労働時間制で働くのかを、職種別あるいは個別に定める旨を明記しておきます。

具体的な就業規則の規定方法、その他の詳細事項は、425ページ以降の「労使協定」の章で説明します。

◆みなし労働時間制

「みなし労働時間制」とは、労働者に仕事の遂行方法を任せ、労働時間は、あらかじめ定められた一定の時間働いたものとみなす制度です。これには、①事業場外労働、②専門業務型裁量労働制、③企画業務型裁量労働制の3種類があります。

みなし労働時間制については、制度を導入する場合に規定すればよいのですが、一般に、事業場外労働は、どの会社でも出張という形で取り得るため、規定しておきます。 ▶ モデル規程　第39条

専門業務型、企画業務型の各裁量労働時間制は、適用要件を確認の上でデザイナーなどの要件に合致した職種の社員がいる場合に導入することができます。裁量労働制を残業代のカットのために導入する会社がありますが、この制度を新たに導入すると不利益となる者が出るため、成果型賃金制度などとセットで導入した方がよいのです。

具体的な就業規則の規定方法、その他の詳細事項は、449ページ以降

の「労使協定」の章で説明します。

> **ここを検討**
> ・始業時刻、終業時刻は適切ですか。また、週40時間以内ですか。
> ・変形労働時間制、みなし労働時間制などを用いる必要はありませんか。

8. 休憩時間
◆休憩時間

　休憩時間（労基法34条）は、法定の時間を労働時間の途中に、自由かつ一斉に与えることが原則です。ただし、業種により、あるいは労使協定により適用を除外できるものもあります（47ページ参照）。

　業種によっては、仕事の進行状況で時間帯の変更を余儀なくされる会社も少なくありません。そのような場合は、変更がある旨の記述があれば問題ありません。

　また、所定労働時間と同様に、職種ごとに複数設ける場合などは、それぞれの時間帯を示し、長時間残業する会社などでは残業中の休憩時間をあわせて規定することもあります。　▶モデル規程　第40条

◆均等法の母性保護規定
①保健指導と健康診査

　会社は、妊娠中の女性社員が、母子保健法に基づく保健指導または健康診査を受診するために必要な時間を確保するため、次の表のとおりその必要な時間を与えなければなりません。また、産後1年以内の女性社員について、医師などが健康診査等を受けることを指示したときは、その指示するところにより必要な時間を確保できるようにしなければなりません（均等法12条）。　▶モデル規程　第41条

保健指導等を受けるための時間	
妊娠後の期間	付与する回数
妊娠23週まで	4週間に1回
妊娠24週から35週まで	2週間に1回
妊娠36週以後出産まで	1週間に1回

②医師等の指導事項を守るための措置

　妊産婦などが保健指導等の結果、その指導事項を守ることができるように、会社は必要な措置を講じなければなりません（均等法23条）。厚生労働省の指針では、その必要な措置として次のとおり示しています。

　また、厚生労働省では、具体的な医師の指示については「母性健康管理指導事項連絡カード」を策定し、これによって連絡を取るよう促しています。

事業主が講ずべき妊娠中および出産後の女性労働者の母性健康管理上の措置
（妊娠中及び出産後の女性労働者が保健指導又は健康診査に基づく指導事項を守ることができるようにするために事業主が講ずべき措置に関する指針）

①妊娠中、通勤に利用する交通機関の混雑が母体などに影響があるときは、時差出勤などの負担緩和措置

②妊娠中、作業などが母体等に影響があるときは、休憩時間の延長などの措置

③妊娠中または産後の症状に対応する医師などの指導に基づく措置

 ここを検討

・休憩時間は適切ですか。
・一斉休憩の取り扱いに問題はありますか。

9. 休日

◆休日

　法律では、毎週少なくとも1日の休日を与えなければならない（労基

法35条）とされていますが、就業規則に定める休日とは、あらかじめ労働義務がない日として会社が定める日をいい、「毎週土曜、日曜」などの他、祝日、年末年始、お盆、ゴールデンウィークなどの休日も規定します。

 モデル規程　第44条

◆**変形休日制**

1週間について1日の休日が与えられない場合、4週間を通じ4日以上の休日を与える例外（「変形休日制」といいます）が認められています（労基法35条）。

変形休日制を導入する場合は、就業規則で起算日を定め、その日から4週間ずつ区切って特定の週を明らかにする必要があります。

ここを検討
・週、および年間の休日は、いつ、何日与えますか。
・変形労働時間制を用いる場合、カレンダーなどで休日を定めますか。

10. 時間外および休日労働

◆**時間外労働等**

いわゆる残業が、恒常的に行われている会社が多いと思われますが、この残業を命じることは会社の業務命令の権利によって当然に生じるものではありません。労働基準法では、時間外労働や休日労働を行う場合、労使協定を締結し、労働基準監督署へ届け出ることを義務付けています。

この協定を締結していても、それだけでは労働者の民事上の義務を直接生じさせるものではなく、単に労働基準法に違反しないという「免罰効果」をもつものでしかありません。労働者に民事上の義務を生じさせるためには、協定とは別に、労働協約や就業規則に時間外労働等を命じることがある旨を記載しておく必要があるのです（昭和63.1.1基発1号）。

そして、正しくこの要件に基づき命じる残業であれば、判例では、従わない労働者に対する懲戒解雇（再三の懲戒処分を行っても改めなかったため最終的に解雇としたもの）も妥当としています（日立製作所事件：

最高裁判決平成3.11.28)。　　▶ モデル規程　第47条1項

　なお、これまでは、残業を命じることだけを目的に規定を設けてきましたが、「働き方改革関連法」によって、初めて、長時間の残業は禁止する旨を明記する必要が出てきました。労働基準法は使用者のみに義務を負わせていて、労働者には何ら義務を負わせていません。労働者の勝手な長時間労働を禁じるには労働契約に盛り込む、つまり就業規則に規定する必要があるのです。　　▶ モデル規程　第47条3項、26条16号

　具体的な時間外・休日労働に関するルールは、「労使協定」の章（416ページ以降）で説明します。

◆育児・介護のための時間外労働の制限

　育児・介護休業法に定める育児または家族を介護する男女労働者に関する時間外労働制限の措置により、男女いずれであっても、対象者が請求した場合は時間外の労働が制限されます。本書では、この規定を「育児・介護休業規程」に定めています（256ページ参照）。

◆適用除外の内容

　次の労働者については、労働時間、休憩、休日の規制になじまないことなどを理由に、適用が除外されています（労基法41条）。そのため、法定の時間外・休日労働に関する割増賃金の支払義務はありません。ただし、深夜労働に関する規制（労基法37、61条）は、適用を除外されませんから、深夜に労働した場合の割増賃金は支払義務が生じます（昭和63.3.14基発150号）。　　▶ モデル規程　第50条

①農業、畜産、養蚕、水産の事業に従事する者（労基法「別表1」6号、
　7号、林業を除く）

　これらの業務は、天候などの自然条件に左右され、通常の時間管理になじまないと考えられているため除外されています。

②管理監督者または機密の事務を取り扱う者

　「管理監督者」とは、一般的には、部長、工場長など労働条件の決定その他労務管理について経営者と一体的な立場にある者をいいます。これらの者は、労働時間に関する規制を超えて活動しなければならない企業

124

経営上の必要があると認められているため、除外されています。

　管理監督者に該当するかどうかは、名称に捉われず、定期給料である基本給・役付手当などにおいてその地位にふさわしい待遇がなされているか否かといった、次のような実態に即して判断されます（昭和22.9.13発基17号）。

管理監督者の判断基準

職務内容	職務は他の従業員と同様ではないか。
人事権	他の従業員の採用・配置・労働条件等に関する決定権があるか。
経営決定権	経営に関する決定に参画しているか。
勤務時間の自由裁量	タイムカード等による時間管理がされていないか。出退勤の自由はあるか。
待遇	基本給、役付手当等、またボーナスの支給率等について一般社員より優遇されているか。その地位にふさわしい待遇か。

　「機密の事務を取り扱う者」とは、秘書その他職務が経営者または監督もしくは管理の地位にある者の活動と一体不可分であって、厳格な労働時間管理になじまない者をいいます（昭和22.9.13発基17号）。

③監視・断続的労働に従事する者

　「監視に従事する者」とは、原則として、一定部署にあって監視することを本来の業務とし、常態として身体または精神的緊張の少ない者をいい（昭和22.9.13発基17号）、「断続的労働に従事する者」とは、休憩時間は少ないけれども手待時間が多い者をいいます（昭和22.9.13発基17号）。いずれも、労働時間を管理することになじまないため、適用が除外されています。

　監視・断続的労働に従事する者の適用を除外する場合には、労働基準監督署長の許可を受けなければなりません。許可を受けずに従事させた場合は、時間外および休日に関する規定が適用されます。

　宿直・日直も、断続的な労働として許可を受ければ適用が除外されます。

ここを検討
・管理職など時間外労働を適用しない者がいますか。

11. 勤務間インターバル

「働き方改革関連法」により、「労働時間等設定改善法（正しくは「労働時間等の設定の改善に関する特別措置法」）」が改正され、平成31年4月1日より、前日の終業時刻と翌日の始業時刻の間に一定の休息時間を確保することが努力義務となりました（設定改善法2条）。

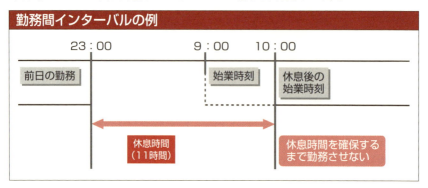

勤務間インターバルの例

ヨーロッパなどでは、「11時間」などと休息時間を具体的に定めていますが、今回の改正では時間数が示されず、努力義務に留めています。勤務間インターバルは、過重労働による疲労の蓄積を抑えるのに非常に有効な手段だと思います。

勤務間インターバル規定（例）　　　Download 8-099

（勤務間インターバル）

第○条　社員は、いかなる場合であっても、1日の勤務終了後、次の勤務の開始までに少なくとも○時間の継続した休息時間をとらなければならない。

2．前項の休息時間の満了時刻が、次の勤務の所定始業時刻以降に及ぶ場合、翌日の始業時刻は、前項の休息時間の満了時刻まで繰り下げる。

12. 休暇

◆休暇とは

　休暇とは、本来は労働義務がある日に、法律または就業規則などの定めによって、一定の条件に該当した者に対して労働義務を免除する日のことをいいます。この休暇は、「法定休暇」と「法定外休暇」の2つに分けて考えることができます。

　法定休暇とは、労働基準法その他の法律によって定められた休暇で、「年次有給休暇」「産前産後休業」「生理休暇」「育児・介護休業」があります（法律用語の「休暇」と「休業」の意味は同じです。ただし、年次有給休暇のように日ごとに取るものを「休暇」、産前産後休業のように連続して取るものを「休業」と使い分けています）。

　一方、法定外休暇とは、法律に定めがなくても、会社が任意に就業規則などに定めて労働者に与えるもので、結婚・忌引などの慶弔休暇や、永年勤続休暇、そして、法定休暇を上回る休暇日数などがあります。

◆年次有給休暇

①年次有給休暇の要件

　年次有給休暇とは、法律が定める有給の労働義務免除日をいい、労働による身体的・精神的疲労の回復を目的としています。

　法律上、新たに雇い入れた労働者は6ヵ月間継続勤務したときに、その後は継続勤務年数1年ごとに年次有給休暇が与えられることになっています。ただし、各期間の全労働日の8割以上出勤した者に限ります（労基法39条）。

　この年次有給休暇を定める場合、法律の定め（54ページ参照）を下回ることはできません。

> モデル規程　第51〜55条

②付与日の斉一的取り扱い

　年次有給休暇は、労働者の採用日がまちまちであることから、法定の付与日が複数となり、非常に管理がわずらわしいものです。そのため、全労働者に一律の基準日を設けて年次有給休暇を与える取り扱い（これ

を「斉一的取り扱い」といいます）が許されています。

　ただし、法定の要件を下回ることは許されないため、必ず法定の付与日より繰り上げて与えることになります。

　また、①8割出勤の算定について、短縮された期間は全期間出勤したものとみなすこと、②次年度以降の付与についても、初年度の付与日を法定の基準日から繰り上げた期間と同じ、またはそれ以上の期間を法定の基準日より繰り上げること、という2つの条件も満たすようにしなければなりません（平成6.1.4基発1号）。

　①の条件は、期間を繰り上げたために8割の出勤率を満たさなくなる不利益を防ぐためであり、②の条件は、初年度の付与日だけを繰り上げ、翌年以降を繰り上げなければ、付与日の間隔が1年以上空いてしまう不利益を防ぐためです。

③年次有給休暇取得日の賃金の取り扱い

　年次有給休暇を取得した日の賃金は、一般的には「所定労働時間を労働した場合に支払われる通常の賃金」で支払います（58ページ参照）が、就業規則に定めておく必要があります。

④時間単位の年次有給休暇

　平成22年4月の労働基準法改正により、これまで認められていなかった時間単位で年次有給休暇を与えることができるようになりました。通院や子供の学校行事への参加などの際、年次有給休暇を時間単位で取得したいという労働者の希望があったためです。

　ただし、時間単位で年次有給休暇を与えることは義務ではありません。制度を導入しようとする場合は、労使で協定を締結することが要件になります（ ダウンロード1−026 参照）。さらに、制度を導入した会社でも、実際に時間単位により取得するか日単位により取得するかは、労働者の意思にまかせることになります。

　時間単位の年次有給休暇を実施する場合に、労使協定で定める事項は131ページのとおりです。なお「休暇」は就業規則で必ず定めなければならない事項であるため、時間単位年休を導入する際は就業規則も見直

128

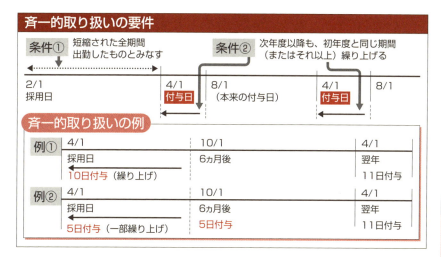

年次有給休暇を斉一的に付与する場合の規定（例）

Download 8-099

（年次有給休暇）

第○条　会社は、4月1日から3月31日までを休暇年度として、その年度の出勤率8割以上の社員に、勤続年数に応じ翌年度4月1日をもって次のとおり年次有給休暇を与える。ただし、20日をもって限度とする。

1年目(翌年度)	2年目	3年目	4年目	5年目	6年目
11日	12日	14日	16日	18日	20日

2．　新たに入社した社員には、入社日において10日の年次有給休暇を与える。

3．　年次有給休暇の残余日数は、翌年度に限り繰り越すことができる。

4．　年次有給休暇を取得しようとする者は、所定の様式によりその取得日および理由を記載し、3日前までに所属長に申し出なければならない。ただし、会社は業務の都合により申出の取得日を変更することがある。

す必要があります。

　年休1時間あたりの賃金の額は、次のように計算します。

時間単位の有給休暇の賃金

次の3つのうちいずれか
A．平均賃金
B．所定労働時間労働した場合に　　　　　時間単位の年次有給休
　　通常支払われる賃金の額　　　÷　暇を取得した日の所定
C．標準報酬日額（協定が必要）　　　　　労働時間数

　ただし、A、B、Cのうち、日単位の場合と同じものを採用しなければなりません。なお、時間単位の年次有給休暇は、労働者が請求した日に与えることとされており、計画的付与をおこなうことはできません。

時間単位の年次有給休暇を付与する場合の規定（例）　　**Download** 8-099

（時間単位の年次有給休暇）

第○条　労使協定に基づき、社員は、年次有給休暇を時間単位（以下「時間単位年休」という）で使用することができる。

　2．　時間単位で使用できるのは、1年について5日を限度とする。この5日には、前年の時間単位年休にかかる繰り越し分を含める。

　3．　1日の年次有給休暇に相当する時間数は、社員ごと、所定労働時間の1時間未満を1時間に切り上げた時間とする。

　4．　時間単位年休は、1時間単位で取得するものとする。

　5．　時間単位年休を取得した時間については、通常の勤務をしたものとして賃金を支給する。

　6．　その他の事項については、第○条から第○条まで、1日単位の年次有給休暇と同じ取り扱いとする。

130

労使協定で定める事項

①対象労働者の範囲

　一斉に作業を行う事業場（例えば工場のラインなど）では、1人が数時間だけ抜けてしまうと代替要員の都合がつかない場合もあるため、そのような労働者は対象外にするなど労働者の範囲を定めることが可能です。「通院や育児に限る」などと利用目的の範囲を定めることはできません。

②上限日数

　時間単位で取得できる上限は5日以内で労使協定に定める必要があります。前年からの繰越分も含めて5日の範囲内となります。この日数は、あくまで上限であり、時間単位で取るか、すべて日単位で取るかは労働者の自由です。

③1日を何時間分とするか

　1日が何時間分の年次有給休暇に相当するかについては、所定労働時間をもとに定めます。1時間に満たない時間がある場合は、時間単位に切り上げます。

> （例）　1日の所定労働時間が7時間30分で5日分の時間単位の年次有給休暇
> 　　→7時間30分を切り上げて1日8時間とする。
> 　　→8時間×5日＝40時間分の時間単位年休
> 　　（7時間30分×5日＝37時間30分を切り上げて38時間ではない。）

　日によって所定労働時間が異なる場合は、1年間における1日の平均所定労働時間数をもとに定めます。これが決まっていない場合は、例えば1ヵ月など所定労働時間数が決まっている期間における1日の平均を出します。

④何時間単位で与えるか

　1時間単位に限らず、2時間や3時間単位で与えると定めることもできます。1時間以外の時間を単位とする場合はその時間数も定めます。

131

⑤使用者側からの時季指定

　平成31年４月１日より「働き方改革関連法」によって使用者は、年次有給休暇の日数が10日以上の労働者に対し、そのうち５日について、付与日から１年以内の期間に労働者ごとに時季を定めることにより取得させなければなりません（労基法39条７項）。労働基準法は労働者には何ら義務を負わせるものではありませんから、就業規則に指定日に年休を取得するよう定めることで、労働契約上のルールにしておく必要があります。　▶ モデル規程　第56条

　なお、今回の改正では「年次有給休暇管理簿」 ダウンロード 1－025 の作成と３年間の保存が義務付けられました。

◆産前産後休業

　６週間（多胎妊娠の場合は14週間）以内に出産する予定の女性社員が請求した場合、および産後８週間を経過しない女性社員には、産前産後休業を与えなければなりません（労基法65条）。会社は、この休業の取得を理由に、女性社員に退職を迫ることは許されません。

　また、休業を有給とするか無給とするかは法律に定めがありませんから、就業規則で明確にしておく必要があります。本書では、賃金規程にその規定をしています（181ページ参照）。

　なお、労働者が健康保険法の被保険者である場合、①産前産後休業の期間について、②労務に服さず、③賃金を受けなかった場合、健康保険から１日当たり標準報酬月額÷30×2/3の額が「出産手当金」として支給されます。

▶ モデル規程　第58条

◆法定外休暇

　法定外休暇の代表的なものは慶弔休暇です。慶弔休暇は結婚、出産、忌引などの事由によって、それぞれ日数を定めます。一般的には、本人結婚の場合は５日、配偶者死亡の場合は７日などというところが多いようです。賃金については、一般的に有給とされます。

▶ モデル規程　第60条

◆休暇の請求

社員の休暇の請求は、給与の支払いを誤らないなどのため、所定の用紙（ ダウンロード 1－027 「休暇届」参照）により、請求事由、日数等を明らかにして行わせます。

 ここを検討 ・・
・年次有給休暇はいつ付与しますか。それは何日ですか。

13. 賃金

賃金については、就業規則の中に規定してもよいのですが、条文が多いため、一般に別規程とします。本書では、180ページ以降を参考にして下さい。

14. 退職金

退職金についても、一般に別規程とします。本書では、241ページ以降を参考にして下さい。

15. 安全衛生

◆安全配慮義務

会社には、労働契約に伴い、労働者がその生命、身体等の安全を確保しつつ労働することができるよう、必要な配慮をする義務（契約法5条）、さらに、快適な職場環境の実現と、社員の安全と健康を確保する義務が課せられています（安衛法3条）。

これは、会社は、労働者の就業場所を指定し、設備や器具等を与えて労働させるのであるから、当然に、労働者に対する「安全配慮義務」を負っているものと考えられるためです。このことは、判例でも認められているところです（陸上自衛隊八戸車両整備工場事件：最高裁判決昭和50.2.25）。災害が発生した場合、この安全配慮義務に対する債務不履行（民法415条）によって、社員に故意または重大な過失があることが明ら

かな場合を除き、会社は損害賠償責任を逃れることはできません。

「安全衛生」とは、社員の労働災害を防止し、健康を確保するための活動や、その人命を尊重する理念などを意味する言葉です。

これらは、経営上の損失（信用失墜、人命損失、賠償金、作業遅延など）を防止することが大きな目的ではありますが、ともすると利益を重視する経営活動において、あくまでも人命尊重の立場に立たなければ、安全で衛生的な職場の実現はあり得ません。

しかし、いかに会社が人命を大切に思っても、社員の「うっかりミス」や「作業標準を守らない」といった行動が災害を生むことから、この安全衛生について就業規則に定める際は、社員の理解と協力を促すため、安全作業に必要な事項を示すとともに、現場での指示に従うなどの事項を規定します。　▶ モデル規程　第63、64条

◆健康診断

会社は、社員を新たに雇い入れる際および毎年定期的に健康診断を実施するよう義務付けられています（安衛法66条）。また、有害業務や海外派遣など、別途健康診断が必要な場合もあります。

▶ モデル規程　第65条

◆病者の就業禁止

健康診断で一定の疾病が発見されたときなど、会社は、社員の就業を禁止しなければなりません（安衛法68条、安衛則61条）。

▶ モデル規程　第66条

> ⚠ ここを検討
> ・会社独自に安全衛生について規定すべきことはありませんか。
> ・健康診断は法律どおり規定できていますか。

16. 災害補償
◆災害補償とは

業務上の災害によって社員が怪我をしたり病気になったとき、会社は、

一定の補償をするよう義務付けられています（労基法75〜80条）。

この災害補償を担保するために定められているものが、「労災保険（労働者災害補償保険法）」であり、会社に代わってこの保険制度が給付を行います。

一般的な会社では、災害補償は労災保険で給付される範囲に留めているようですが、大企業などでは法律の補償範囲を超えて支給する場合もあります。就業規則では、社員に災害時の補償範囲と労災保険制度との関係を明示します。

労災保険では、社員が故意に事故を起こしたようなときは支給されないことがありますので、このような場合は支給しない旨を災害補償の例外として設ける必要もあります。　▶モデル規程　第67〜70条

> **ここを検討**
> ・災害の補償は労災保険の範囲としますか。

17. 表彰・制裁
◆表彰

社員の会社への貢献を讃えて、更なる貢献を引き出すことは有意義なことです。そのため、一般には、長期勤続や社会的偉業など、何らかの貢献があったときに、表彰する旨の規定を設けておきます（別規程とする場合、 ダウンロード 5−073 「表彰規程」参照）。

▶モデル規程　第71条

◆制裁の種類

制裁とは、集団の秩序を保つため、定められたルールに反した社員を処分することで、懲戒ともいいます。

会社の懲戒権について、判例では「労働者は、労働契約を締結して雇用されることによって、使用者に対して労務提供義務を負うとともに、企業秩序を遵守すべき義務を負い、使用者は、広く企業秩序を維持し、もって企業の円滑な運営を図るために、その雇用する労働者の企業秩序違

反行為を理由として、当該労働者に対し、一種の制裁罰である懲戒を課することができる」と示して、その正当性を認めています（関西電力事件：最高裁判決昭和58.9.8）。ただし、あらかじめどのような行為をするとどのような罰を受けるかを就業規則に明記しておかなければ、制裁を課すことは許されません。また、その懲戒が、懲戒の対象となった「労働者の行為の性質および態様その他の事情に照らして、客観的に合理的な理由を欠き、社会通念上相当であると認められない場合」は、権利濫用として無効となります（契約法15条）。　▶ モデル規程　第72〜75条

制裁の種類を、処分が軽いものから順に挙げると、次のようになります。

①譴責

始末書を提出させて将来を戒める処分で、制裁の種類の中では一番軽い注意程度のものです。ただし、度々同様の行為を繰り返した場合、態度が改まらないということで、次はもっと重い処分にすることにもなります。

②減給

始末書を提出させた上で、賃金から一定額を減額して支給するという処分です。ただし、労働基準法では、「その減給は、1回の額が平均賃金の1日分の半額を超え、総額が1賃金支払期における賃金の総額の10分の1を超えてはならない」と定めているため（労基法91条）、この制限内で行わなければなりません。

なお、遅刻、早退などについて「1分の遅刻を30分の遅刻として賃金カットをする」という定めをする場合も、この減給に含まれます。このような処分は、実際に労働の提供がされなかった部分について賃金を支払わないことは適法ですが、1分を超える部分については、「全額払いの原則」に反することとなります。しかし、実際労働が提供されなかった部分を超えた額を控除することは、就業規則に制裁として「減給」を規定することによって一定額を控除するときに限って、賃金の「全額払いの原則」に反しないとされています（昭和63.3.14基発150号）。

③出勤停止

始末書を提出させた上で、その者の就業を一定期間停止し、その間の

賃金を支給しないという処分です。なお、出勤停止中の賃金を支払わないことは、減給制裁の規定には関係しません（昭和23.7.3基収2177号）。

　ただし、出勤停止期間があまり長期になると、社員の生活に大きな影響があることから、行政指導（厚生労働省監修図書など）としては一応の目安を7日間としています。

④懲戒解雇・諭旨解雇

　懲戒解雇は、最も重い制裁であり、一般的に即時解雇とします。なお、解雇については労働基準法が定める手続きを守らなくてはなりません（62ページ参照）。また、懲戒解雇は本人の重要な賞罰経歴とみなされており、退職金についても全部または一部が支給されないことが多いので、本人の弁解を求め十分な調査の上決定して下さい。

　本来、懲戒解雇とするべき行為について、その後本人の反省が見られる、または情状酌量の余地があるなどの場合には、懲戒解雇を猶予して自主的な退職願の提出を勧告します。これを諭旨解雇といい、本人が勧告に応じないときには、懲戒解雇とします。

◆制裁の対象となる行為

　具体的に制裁の対象となる行為は、社会通念上妥当な範囲でなくてはなりません。また、どの制裁を適用するのかは、軽い制裁から検討し、行為と制裁が均衡するものを適用しなければなりません。

　なお、組合活動に積極的であるなどの理由で処分をすると、不当労働行為（労組法7条）になる場合もあります。

参考資料「懲戒処分の指針（人事院）－免職となる行為－」（抜粋）

　制裁となる行為については、人事院が作成した指針が参考になります。ただし、国家公務員に対する処分の指針であるため、その旨を量るようにして下さい（詳細は ダウンロード 8－100 参照）。

（一般服務関係）
①欠勤
・正当な理由なく21日以上の間勤務を欠いた職員
②秘密漏えい

- 職務上知ることのできた秘密を漏らし、公務の運営に重大な支障を生じさせた職員

（公務外非行関係）

①横領
- 自己の占有する他人の物（公金および官物を除く。）を横領した職員

②窃盗・強盗
- 他人の財物を窃取した職員
- 暴行または脅迫を用いて他人の財物を強取した職員

③詐欺・恐喝
- 人を欺いて財物を交付させ、または人を恐喝して財物を交付させた職員

（交通事故・交通法規違反関係）

①飲酒運転での交通事故（人身事故を伴うもの）
- 酒酔い運転で人を死亡させ、または重篤な傷害を負わせた職員

◆その他の定め

　制裁に関する規定では、以上の他、実際生じた損害が社員の故意または重大な過失による場合、会社は社員にその損害の賠償を求めることもできます。

　また、制裁の対象となった行為について、その者の上司にも監督責任を求める旨を定める場合もあります。

 ここを検討
- どのようなことを表彰しますか。
- 制裁すべき行為と、それぞれに対する制裁の種類は適切ですか。

モデル規程　パートタイマー就業規則

Download
1-028 →

パートタイマー 就業規則

第1章　総則

（目　的）

第1条　この規則は、○○○○株式会社（以下「会社」といいます）のパートタイマーの労働条件と、勤務に関するルールを定めたものです。

（パートタイマーの定義）

第2条　この規則においてパートタイマーとは、第6条に定める手続きを経て会社に採用された者であって、1日または週の所定労働時間が正社員よりも短く補助的業務に従事する者をいいます。ただし、このパートタイマーには、嘱託社員は含みません。

2.　会社とパートタイマーは、原則として期間の定めのある労働契約（以下「有期労働契約」という）を結びます。ただし、第10条の申し込みによって期間の定めのない労働契約（以下「無期労働契約」という）に転換した者を「シニアパート」と呼びます。

（遵守の義務）

第3条　会社およびパートタイマーは、この規則を遵守し、その職務を誠実に遂行しなければなりません。

139

第2章　人事

(採用選考)

第4条　会社は、入社希望者のうちから選考してパートタイマーを採用します。

　2.　入社希望者は、自筆による履歴書（3ヵ月以内の写真貼付）、その他会社が提出を求めた書類を事前に会社宛に提出しなければなりません。ただし、会社が指示した場合は、その一部を省略することができます。

(労働条件の明示)

第5条　会社は、パートタイマーの採用に際し、採用時の賃金、労働時間、その他の労働条件が明らかとなる書面を交付します。

(採用決定者の提出書類)

第6条　パートタイマーとして採用された者は、採用日までに次の書類を提出しなければなりません。ただし、会社が指示した場合は、その一部を省略することができます。

①住民票記載事項証明書

②誓約書

③扶養家族届

④源泉徴収票（採用された年に他から給与所得を受けていた場合）

⑤マイナンバー（個人番号）カードの写し、または通知カード等の写しと身元確認書類

⑥その他会社が提出を求めた書類

(変更届)

第7条　前条に掲げる提出書類の記載事項に変更があった場合は、1ヵ月以内に届け出なければなりません。

(契約期間)

第8条　パートタイマーと結ぶ有期労働契約の期間は、原則として1年以内とし、各人ごとに定めます。

(契約更新)

第9条　会社は、必要と認めたパートタイマーに有期労働契約の更新

を求めることがあります。この場合、本人と協議の上、あらためて労働条件を定め契約を更新します。

2. 有期労働契約の更新を行う場合は、原則として全労働契約期間を合計して5年を超えないものとします。ただし、職能等級が〇等級以上であって会社から懲戒処分を受けたことがない者については、次のいずれかの事情がない場合に限り、5年を超えて契約更新を行うものとします。

① 経営の都合により人員削減が必要であるとき

② 事業分野の変更などにより従事する業務が廃止されるとき

③ その他前各号に準ずるやむを得ない事情があるとき

（無期労働契約への転換）

第10条 前条第2項の定めにより、有期労働契約の更新によって通算契約期間が5年を超えることとなるパートタイマーは、現在の雇用契約の初日から満了日までの間に、無期労働契約への転換を申し込むことができます。

2. 前項の申し込みにより無期労働契約に転換したシニアパートの労働条件は、原則として一般のパートタイマーのときと同じですが、第10章に定める事項が変わります。

（正社員への登用）

第11条 職能等級が〇等級以上のパートタイマーおよびシニアパートであって、正社員の労働条件で勤務することを希望する者は、会社の実施する正社員登用試験に合格した場合、正社員になることができます。

2. 前項の試験は、会社が募集する時期に所属長の推薦を受けた者について、筆記試験、実務試験および面接試験により実施します。

（異　動）

第12条 会社は、業務上の必要がある場合、パートタイマーに職場の変更（シニアパート以外は同じ勤務地内に限る）、職種の変更および役職の任免などの人事異動を命じます。

2. パートタイマーは、正当な理由のない限り、この命令に従わ

141

なくてはなりません。

（雇止めの通知）

第13条 労働契約に期間の定めがあり、労働契約書にその契約を更新する場合がある旨をあらかじめ明示していたパートタイマーの労働契約を更新しない場合には、少なくとも契約が満了する日の30日前までに予告します。

（退　職）

第14条 パートタイマーが次のいずれかに該当するに至った場合は、その日を退職の日とし翌日にパートタイマーとしての身分を失います。

①自己都合により退職を願い出て会社の承認があったとき

②死亡したとき

③雇用契約の期間が満了したとき

④パートタイマーが行方不明となり、その期間が継続して30日に達したとき

（自己都合退職）

第15条 第14条１号により退職しようとする者は、少なくともその14日前までには退職願を提出しなければなりません。

２． 前項の場合、会社が承認した退職日までは現在の職務について後任者への引継ぎを完了し、業務に支障をきたさぬよう専念しなければなりません。

（貸付金等の返還）

第16条 退職または解雇の場合、社章、身分証明書、貸与被服、その他会社からの貸付金品、債務を退職日までに全て返納しなければなりません。

（退職証明）

第17条 会社は、退職または解雇された者が、退職証明書の交付を願い出た場合は、すみやかにこれを交付します。

２． 前項の証明事項は、使用期間、業務の種類、会社における地位、賃金および退職の理由とし、本人からの請求事項のみを証明します。

3. 解雇の場合であって、そのパートタイマーから解雇理由について請求があったときは、解雇予告から退職日までの期間であっても1項の証明書を交付します。

（解　雇）

第18条 次の各号のいずれかに該当する場合は、パートタイマーを解雇します。

①会社の事業の継続が不可能になり、事業の縮小、廃止をするとき

②パートタイマーが精神または身体の障害により、医師の診断に基づき、業務に堪えられないと認められるとき

③パートタイマーが勤務成績または業務能率が著しく不良で、他に配置転換しても就業に適しないと認められるとき

④その他前各号に準ずるやむを得ない事由があるとき

（解雇予告）

第19条 会社は、前条により解雇する場合は、次に掲げる者を除き30日前に本人に予告し、または平均賃金の30日分に相当する予告手当を支給して行います。

①日々雇用する者

②2ヵ月以内の期間を定めて雇用した者

③本人の責に帰すべき事由により解雇する場合で、労働基準監督署長の承認を受けた者

2. 前項の予告の日数は、平均賃金を支払った日数分だけ短縮することができます。

（解雇制限）

第20条 次の各号のいずれかに該当する期間は解雇しません。ただし、1項1号の場合において、療養開始から3年を経過しても傷病が治らず、平均賃金の1,200日分の打切補償を支払った場合はこの限りではありません。

①業務上の傷病にかかり療養のため休業する期間およびその後30日間

②産前産後の休業期間およびその後30日間

2. 天災事変その他やむを得ない事由のために事業の継続が不可能となった場合で、行政官庁の認定を受けたときは、前項の規定は適用しません。

第3章　服務規律

（服務の基本）

第21条 パートタイマーは、この規則および業務上の指揮命令を遵守し、自己の業務に専念し、作業能率の向上に努め、互いに協力して、職場の秩序を維持しなければなりません。

（服務規律）

第22条 パートタイマーは、次の事項を守って職務に精励しなければなりません。

①常に健康に留意すること

②会社の名誉と信用を傷つけないこと

③会社の備品、設備を大切に扱うこと

④許可なく職務以外の目的で会社の設備、車両、機械器具等を使用しないこと

⑤職場の整理整頓に努めること

⑥勤務時間中は職務に専念し、みだりに職場を離れないこと

⑦会社構内において、許可なく業務に関係ない印刷物等の配布または掲示をしないこと

⑧休憩時間および定められた場所以外では喫煙しないこと

⑨勤務中は所定の作業服、作業帽を着用すること

⑩担当の業務および指示された業務は責任を持って完遂すること

⑪酒気をおびて就業しないこと

⑫社員証を携帯し、名札を着用すること

⑬職務に関連しまたは職場において、性的言動等（セクシュアル・ハラスメント）他人に迷惑となることを行わないこと

⑭その他前各号に準ずる不都合な行為をしないこと

144

（守秘義務）

第23条　パートタイマーは、在職中はもちろん退職後であっても、職務上知り得た会社の業務上の秘密（会社が保有する技術上または営業上の有用な情報であって、会社が秘密として管理しているもの）および個人情報（特定の個人を識別することができる情報）を、他に漏らし、または会社の業務以外に自ら使用してはなりません。

（出退勤）

第24条　パートタイマーの出勤および退勤については、次の事項を守らなければなりません。

①始業時刻前に出勤し、就業の準備をし、始業時刻とともに業務を開始すること

②出勤および退勤は、必ず所定の通用口から行うこと

③出勤および退勤の際は、タイムカードに自ら打刻すること

④退勤するときは、機械工具、書類等を整理整頓すること

2.　業務終了後はすみやかに退勤するものとし、業務上の必要なく社内に居残ってはなりません。

（入場禁止）

第25条　次の各号のいずれかに該当する者に対しては、出勤を禁止し、または退勤を命じることがあります。

①風紀をみだす者

②衛生上有害であると認められる者

③火器、凶器その他の危険物を携帯する者

④業務を妨害する者、またはそのおそれのある者

⑤その他会社が必要があると認めた者

（持込禁止）

第26条　パートタイマーの出勤および退勤の場合において、日常携帯品以外の品物を持ち込みまたは持ちだそうとするときは所属長の許可を受けなければなりません。

（欠　勤）

第27条　パートタイマーが欠勤する場合は、所定の手続きにより、事

前に所属長に届け出なければなりません。ただし、やむを得ない事由により事前に届け出ることができなかったときは、直ちに電話で連絡を取り、出勤後すみやかに所定の手続きを取らなければなりません。

2．正当な理由なく、事前の届出をせず、当日の始業時刻から3時間以内に連絡せずに欠勤した場合は、無断欠勤とします。

3．傷病による欠勤が引き続き4日以上（断続的欠勤が続き会社が求めたときを含む）に及ぶ場合、病状に関する医師の証明書を提出しなければなりません。

（遅刻、早退）

第28条 パートタイマーが、私傷病その他やむを得ない私用により遅刻または早退しようとする場合は、所定の手続きにより事前に所属長の許可を受けなければなりません。ただし、やむを得ない事由により事前に届け出ることができなかったときは、出勤後すみやかに所定の手続きを取らなければなりません。

2．パートタイマーの遅刻は、制裁扱いとして1回について半日分の賃金を控除します。ただし、1計算期間について3回を限度とします。なお、会社が認めたときは、事後に有給休暇に代えることができます。

（外　出）

第29条 業務上または私用により、就業時間中に外出する場合は、所定の手続きを行い所属長に許可を得なければなりません。

（面　会）

第30条 業務外の面会は所属長の許可を受けた場合を除き、所定の場所において休憩時間中にしなければなりません。

第4章　勤務

（所定労働時間）

第31条　所定労働時間は、休憩時間を除き1日について6時間以内、1週30時間以内とし、始業、終業および休憩の時刻は、次のうち、各人ごとに定める時間とします。

勤務	始業時刻	終業時刻	休憩時間	所定労働時間
A勤	午前8:00	午後2:45	午前12:00〜午前12:45	6時間
B勤	午前10:00	午後4:45	午後1:00〜午後1:45	6時間
C勤	午前12:00	午後6:45	午後2:00〜午後2:45	6時間

2.　前項の始業、終業の時刻は、業務の都合または交通機関のストライキなどにより、全部または一部のパートタイマーに対し、変更することができます。ただし、この場合においても、1日の勤務時間が前項の時間を超えないものとします。

（母性の保護）

第32条　妊娠中の女性パートタイマーが次の請求をしたときは、その時間の勤務を免除します。

　　①母子保健法による保健指導等を受けるために必要な時間を取ること

　　　イ）妊娠23週まで　　　　　　　4週間に1回

　　　ロ）妊娠24週から35週まで　　　2週間に1回

　　　ハ）妊娠36週以後出産まで　　　1週間に1回

　　②通勤時の混雑が母体に負担となる者について、それぞれ30分の範囲で出社時刻を遅らせ退社時刻を早めること

　　③長時間継続勤務することが身体に負担となる者について、適宜休憩をとること

2.　前項の他、妊娠中または産後1年以内の女性パートタイマーについて、「母性健康管理指導事項連絡カード」により医師等から指示があった場合は、その指示に基づく業務負担の軽減等の必要な措置を与えます。

3.　1項、2項により勤務しなかった時間は、無給とします。

（育児時間）

第33条 生後1年に達しない生児を育てる女性パートタイマーが、あらかじめ申し出た場合は、所定休憩時間のほか、1日について2回、1回について30分の育児時間を与えます。

2．前項の育児時間は、無給とします。

（公民権行使の時間）

第34条 パートタイマーが、選挙その他の公務に参加するために必要な時間を請求したときは、その時間の労働を免除します。ただし選挙等に支障のない範囲で、請求された時刻を変更することがあります。

2．前項の労働を免除した時間は、無給とします。

（休　日）

第35条 休日は次のとおりとします。

①毎週、日曜日・土曜日

②国民の祝日に関する法律に定める休日

③年末年始（12月〇日から1月〇日）

④夏季（8月〇日から8月〇日）

⑤その他会社が定める休日

（休日の振替え）

第36条 電力事情、交通機関のストライキその他やむを得ない事由がある場合は前条の休日を1週間以内の他の日に振り替えることがあります。この場合は、前日までに対象者を定め、振り替える日を指定し、対象者に通知します。

（時間外および休日労働）

第37条 業務の都合により、所定時間外および休日に勤務させることがあります。

2．前項の時間外および休日労働を命じる場合で、それが法定労働時間を超え、あるいは法定休日に及ぶときは、労働者代表と締結し、労働基準監督署長に届け出た「時間外および休日労働に関する協定」の範囲内とします。

（妊産婦の時間外労働）

第38条 会社は、妊娠中の女性および産後1年を経過しない女性が請求したときは、法定労働時間を超え、または法定休日もしくは深夜に勤務を命じることはしません。

（非常時災害の特例）

第39条 災害その他避けられない事由により臨時の必要がある場合は、労働基準監督署長の許可を受け、または事後届出により、この章の規定にかかわらず、労働時間の変更、延長または休日勤務をさせることがあります。

（年次有給休暇）

第40条 6ヵ月間を超えて継続勤務しその間の所定労働日数の8割以上を出勤した者、およびその後1年ごとに区分した各期間（これを「年休対象期間」という）を継続勤務し所定労働日数の8割以上を出勤した者には、勤続年数の区分および週の所定労働日数ごとに次のとおり年次有給休暇を与えます。

週所定労働日数	勤続年数（年）						
	0.5	1.5	2.5	3.5	4.5	5.5	6.5
4日	7日	8日	9日	10日	12日	13日	15日
3日	5日	6日	6日	8日	9日	10日	11日
2日	3日	4日	4日	5日	6日	6日	7日
1日	1日	2日	2日	2日	3日	3日	3日

2. 前項の出勤率の算定上、次の期間は出勤したものとみなします。

①業務上の傷病による休業期間

②年次有給休暇の取得期間

③産前産後休業の取得期間

④育児休業、介護休業の取得期間のうち、法定の期間

3. 年次有給休暇の取得日に支払う賃金は、所定労働時間労働した場合に支払われる通常の賃金とします。

4. 年次有給休暇を請求しようとする者は、前日（連続5日以上請求する者は2週間前）までに所属長に届け出なければなり

149

ません。ただし、事業の正常な運営を妨げるときは、他の時季に変更することがあります。

5. 付与された年次有給休暇のうち次の付与日までに取得しなかった日数は、1年に限り繰り越すことができます。

6. 会社は、第1項により付与する年次有給休暇（その日数が10日以上の労働者の場合に限る）の日数のうち5日については、パートタイマーごとに、年休対象期間に取得する時季を指定するものとする。ただし、パートタイマーが自ら時季を指定し取得した日があるときは、その日数について、会社が指定する時季を取り消すものとする。なおパートタイマーは、会社の指定した第1項の時季に取得することを拒むことはできない。

（生理休暇）

第41条 生理日の就業が著しく困難な女性パートタイマーが請求した場合は、休暇を与えます。

2. 前項の休暇は、無給とします。

（産前産後休業）

第42条 会社は、6週間（多胎妊娠の場合にあっては14週間）以内に出産する女性パートタイマーから請求があった場合は、本人の希望する日から産前休業を与えます。

2. 会社は、女性パートタイマーが出産したときは、8週間の産後休業を与えます。ただし、産後6週間を経過し本人が就業を申し出た場合は、医師が支障ないと認めた業務に限り就業させます。

3. 前各項の休業は、無給とします。

（育児・介護休業）

第43条 「育児・介護休業規程」に定める対象者が申し出た場合は、その規定に基づき育児または介護休業、もしくは短時間勤務制度等を利用することができます。

2. 前項の場合の賃金その他の取り扱いは「育児・介護休業規程」の定めによります。

第5章　賃金

(賃金の体系)

第44条　賃金体系は、次のとおりとします。

①月例賃金

②臨時の賃金　　賞与

(計算期間および支払日)

第45条　賃金の計算期間は、前月21日から当月20日とし、当月25日に支払います。ただし、支払日が会社の休日に当たるときはその直前の日とします。

(非常時払い)

第46条　前条の規定にかかわらず、次のいずれかに該当する場合であって、パートタイマー（パートタイマーが死亡したときはその遺族）の請求があったときは、賃金支払日の前であっても既往の労働に対する賃金を支払います。

①パートタイマーまたはその収入によって生計を維持する者が結婚、出産し、疾病にかかり、災害を受け、または死亡したとき

②パートタイマーまたはその収入によって生計を維持する者が、やむを得ない事由によって1週間以上にわたり帰郷するとき

(支払方法)

第47条　賃金は、原則として本人の指定する本人名義の預貯金口座へ、その全額を振込みにより支給します。ただし、所得税その他法令に定めがあるものは支給額より控除します。

2．口座振込みを希望するパートタイマーは、所定の用紙により、本人名義の預貯金口座を会社に届け出なければなりません。

（端数処理）

第48条 賃金の計算上、円未満の端数が生じたときは、パートタイマーにとって有利になるよう切り捨てまたは切り上げるものとします。

（基本給）

第49条 基本給は、時間給とし、各人の能力、経験、その他を総合的に勘案して決定します。

（通勤手当）

第50条 電車、バス等の公的交通機関を利用して通勤する者について、会社が認める最短順路により計算した実費を通勤手当として支給します。ただし、非課税限度額をもって支給限度とします。

（精皆勤手当）

第51条 1ヵ月間の出勤成績に応じて、次の区分に従い精皆勤手当を支給します。

①欠勤、遅刻、早退、私用外出がゼロの者 　　　5,000円

②遅刻、早退、私用外出があわせて2回以下の者 2,000円

（時間外・休日手当）

第52条 会社は、所属長の指示により法定労働時間を超えて（深夜を含む）または法定休日に労働させた場合、次の割増率によって計算した時間外・休日手当を支給します。

	時間外労働	深夜労働	休日労働
割増率	25%	25%	35%

2. 時間外勤務または休日勤務が深夜に及んだ場合は、深夜勤務の手当を併給します。

（休業手当）

第53条 パートタイマーが会社の責に帰すべき事由により休業した場合は、休業1日につき、平均賃金の6割を支給します。

（昇　給）

第54条 雇用契約を更新する場合、勤務成績、出勤率等を勘案し、時

間給を昇給することがあります。

（賞　与）

第55条　賞与は、支給対象期間全てに在籍した者について、毎年7月および12月の2回、会社の業績により支給することができます。

２．　支給対象者は支給日現在在籍している者とし、次の者には支給しません。

①賞与支給対象期間中に、出勤停止以上の処分を受けた者

②その他会社が賞与を支給することについて適当でないと認めた者

３．　賞与の支給期日はその都度定めます。

（退職金）

第56条　退職金は支給しません。

（不正受給の返還）

第57条　この規程に定める額を不正に受給した場合、会社はその全額の返還を求めるものとします。この場合、パートタイマーはこれを返還しなければなりません。

第6章　福利厚生等

（福利厚生）

第58条　福利厚生施設の利用等については、正社員と同等の取り扱いをします。

（教育訓練の実施）

第59条　正社員に実施する教育訓練で、その正社員が従事する職務の遂行に必要な能力を付与するものについては、職務内容が同一のパートタイマーに対して、正社員と同様に実施します。

第7章　安全衛生

（安全衛生の基本）

第60条　パートタイマーは、安全衛生に関し定められた事項を遵守し、

災害の未然防止に努めなければなりません。

（安全衛生）

第61条 パートタイマーは、危険防止および保健衛生のため、次の事項を厳守しなければなりません。

①安全管理者の命令指示に従うこと

②常に職場の整理整頓に努めること

③通路、非常用出入口および消火設備のある箇所には物を置かないこと

④原動機、動力伝導装置その他これに類する機械設備の始動または停止の操作は、担当者または責任者以外の者は行わないこと

⑤ガス、電気、有害物、爆発物等の取り扱いは、所定の方法に従い慎重に行うこと

⑥危険防止のために使用または着用を命ぜられた保護具、帽子、作業服および履物を使用または着用すること

⑦作業の前後には、使用する装置、機械器具の点検を行うこと

⑧作業中は定められた作業動作、手順、方法を厳守すること

⑨定められた場所以外で許可なく火気を使用し、または喫煙しないこと

⑩前各号の他、安全衛生上必要な事項として会社が定めた事項に従うこと

（安全衛生教育）

第62条 パートタイマーに対し、採用の際および配置替え等により作業内容を変更した際には、必要な安全衛生教育を行います。

（健康診断）

第63条 会社は、所定労働時間が週30時間以上、または継続して1年以上勤務しているパートタイマーについて、入社の際および毎年1回、健康診断を行います。パートタイマーは、正当な理由なく、会社の実施する健康診断を拒否することはできません。

2．有害業務に従事するパートタイマーについては、前項の他、

法令の定めに従い定期健康診断を行います。

3. 健康診断の結果により必要がある場合は、医師の指示に従って就業を一定期間禁止し、または職場を換えることがあります。パートタイマーは、この命令に従わなければなりません。

（就業制限）

第64条 パートタイマーが次のいずれかに該当する場合は、会社の指定する医師に診断させ、その意見を聴いた上で就業を禁止することがあります。この場合、パートタイマーはこれに従わなければなりません。

①病毒伝播のおそれのある伝染病にかかったとき

②精神障害のため、現に自身を傷つけ、または他人に害を及ぼすおそれのあるとき

③心臓、腎臓、肺等の疾病で労働のため病勢が著しく増悪するおそれのあるとき

④前各号の他、これらに準ずる疾病にかかったとき

2. 前項の就業制限については、会社に責がないことが明らかな場合、無給とします。

第8章　災害補償

（災害補償）

第65条 パートタイマーが業務上負傷しまたは疾病にかかったときは、労働基準法の規定に従って療養補償、休業補償、障害補償を行います。また、パートタイマーが業務上負傷し、または疾病にかかり死亡したときは、労働基準法の規定に従い遺族補償および葬祭料を支払います。

2. 補償を受けるべき者が、同一の事由について労働者災害補償保険法から前項の災害補償に相当する保険給付を受けることができる場合、その価額の限度において前項の規定を適用しません。

（打切補償）

第66条 業務上の傷病が療養開始後３年を経過しても治らないときは、平均賃金の1,200日分の打切補償を行い、その後は補償を打ち切ることができます。

  ２． 前項の定めは、労働者災害補償保険法が支給する傷病補償年金に代えることができます。

（災害補償の例外）

第67条 パートタイマーが故意または重大な過失によって負った傷病等について、労働者災害補償保険法から不支給の決定が出た場合、会社も災害補償を行いません。

（民事上損害との相殺）

第68条 会社は、パートタイマーから業務上災害により民事上の損害賠償を求められた場合、その事故を理由にすでに会社から見舞金その他の名目で支給された額があるときは、その額を損害賠償額より控除します。

第９章　表彰および制裁

（表　彰）

第69条 パートタイマーに、会社の名誉を高める社会的善行、または功労があったときは、その都度審査の上表彰します。

  ２． 表彰は、賞状のほか、賞品または賞金を授与してこれを行います。

（制裁の種類）

第70条 パートタイマーが本規則および付随する諸規程に違反した場合は、次に定める種類に応じて懲戒処分を行います。ただし、情状酌量の余地があるか、改悛の情が顕著であると認められるときは、懲戒の程度を軽減することがあります。

  ①譴責（始末書を提出させ、将来を戒めます）

  ②減給（始末書を提出させ、１回の額が平均賃金の１日分の半額、総額が一賃金支払期における賃金総額の１割を超え

ない範囲で行います)

③出勤停止（始末書を提出させ、7日以内の期間を定め出勤を停止します。なお、その期間中の賃金は支払いません）

④諭旨解雇（退職願の提出を勧告します。ただし、これに応じないときは懲戒解雇します）

⑤懲戒解雇（予告期間を設けることなく即時に解雇します。この場合において労働基準監督署長の認定を受けたときは、解雇予告手当も支給しません）

（制裁となる行為）

第71条 パートタイマーが次の各号のいずれかに該当する行為をした場合は、前条の規定に基づき制裁を行います。

①正当な理由なく、遅刻、早退、欠勤したとき

②就業規則その他会社の諸規程に定める服務規律に違反したとき

③勤務時間中に許可なく職場を離れ、または外来者と面談したとき

④許可なく立入禁止の場所に入ったとき

⑤本人の不注意により業務に支障をきたしたとき

⑥会社において営利を目的とする物品の販売を行ったとき

⑦会社の金品を盗難、横領し、または背任等の不正行為をしたとき

⑧会社の建物、施設、備品、商品、金銭等の管理を怠ったとき

⑨職場の安全および健康に危険または有害な行為をしたとき

⑩会社の内外において刑罰法令に触れる行為をし、社名を著しく汚し信用を失墜させたとき

⑪職務上知り得た業務上の重要機密を外部に漏らし、または漏らそうとしたとき

⑫他の社員に対して、暴行、脅迫、監禁、その他社内の秩序を乱す行為をしたとき

⑬その他前各号に準ずる程度の行為があったとき

1章 就業規則のモデルとつくり方

157

（損害賠償）

第72条　パートタイマーが故意または重大な過失により会社に損害を
　　　　　与えた場合は、損害の一部または全部を賠償させることがあ
　　　　　ります。

第10章　シニアパートの労働条件

（定　年）

第73条　シニアパートは、60歳の誕生日をもって定年とします。

　2.　定年退職するシニアパートは、別に定める「嘱託規程」に基
　　　　　づき、引き続き再雇用により勤務することができます。

（転　勤）

第74条　会社は、事業所の閉鎖、人員の削減、その他やむを得ない事
　　　　　由が生じたときは、シニアパートに転勤を命じることがあり
　　　　　ます。

付　則

　1.　この規則は、令和○年○月○日から実施します。

◆関連規程◆

「パートタイマー就業規則」への委任規定…「就業規則」（3条—適用範囲）
／パートタイマーに退職金を支給する場合…「退職金規程」

趣 旨

パートタイマー（法律用語では「短時間労働者」といいます）の定義は、法律によって、それぞれ若干異なりますが、パートタイマーの労働環境の改善を目的とした「パート有期労働法」（正しくは「短時間労働者及び有期契約労働者の雇用管理の改善等に関する法律」といいます）では、1週間の所定労働時間が、同じ事業所に雇用される通常の労働者に比べ短い労働者とされています（パート有期労働法2条）。また一般的に、①短期契約を更新して継続雇用すること、②時間給であること、などの特徴があります。

このパートタイマーの多くは、子育てにひと段落ついた女性達ですが、最近では、学歴も高く、仕事の改善や開発に役立つアイデアなどを持っている人も少なくありません。しかし、従来型の経営感覚を捨て切れない経営者には、パートタイマーを補助的労働力としか考えられず、その能力を十分に使い切っていない人が多いように思われます。

また、ときどき、パートタイマーを雇用していながら、このパートタイマーに適用する就業規則を整備していない会社がありますが、100ページでも説明したとおり、パートタイマーも労働基準法上の労働者であることに変わりはないのですから、会社には、パートタイマーに適用する就業規則の作成義務があります。そして、会社の労働契約は就業規則の労働条件を下回ることが禁止されているため、パートタイマーの就業規則のない会社では、パートタイマーも正社員と同じ労働条件であるとみなされ、意に反して賞与の支給義務などが生じる可能性もあります。このようなことにならないように、またパートタイマーを正しくかつ有効に取り扱うために、パートタイマーのための就業規則をしっかり整備することが重要です。

短時間労働者には、パートタイマーの他に、嘱託、アルバイトなどいくつかの種類があります。嘱託とは主に定年後の再雇用者などを指し、アルバイトとは主に学業を本業とする学生労働者を指しますが、これら

1章 就業規則のモデルとつくり方

は社内的な取り扱いが違うだけで、若年者や高齢者にのみ適用される法律を除けば、基本的な法律の適用はパートタイマーと同じです。

なお、本書では基本的に「である調」でモデル規程を作っていますが、パートタイマーの規則だけは「ですます調」で作成しました。学生アルバイトの多い職場など、読み手によって文のスタイルを変えたり、図やイラストを盛り込んだりして、大いに工夫するべきです。

なお、近年、非正規労働者が増加しており、これを受け、パート労働者の保護について法律が強化されています。令和2年4月1日（中小企業は令和3年4月1日）からは、「働き方改革関連法」により「同一労働同一賃金」のルールについて法律の改正が実施されます（173ページ参照）。

ポイント

1. 就業規則と労働契約

◆正社員就業規則とパートタイマー就業規則の関係

就業規則は全ての労働者について必要であり、多くの場合、正社員とパートタイマーは別々の規程となっています。ただし、一般に次ページのような作り方のパターンが見受けられます。

本来、全て独自に作っていくパターンAが好ましいと考えますが、作成の手間を省略するのであればパターンBでもよいでしょう。ただし、この場合は、パートタイマーが自分の労働条件を確認するために正社員の規則と見比べながら読まなければなりません。また最も簡略化されたものとして、その他を準用するパターンCでは、独自に規定しなければならない事項をうっかりもらすと、自動的に正社員と同じ条件が適用されるため、規程作成に不慣れな方には、お薦めできません。

◆パートタイマー就業規則と個別労働契約の関係

パートタイマーの場合、家庭の都合等により勤務時間が他の人と異なるなど、例外的な取り扱いをすることがあります。労働条件が少しずつ

パートタイマー就業規則の作り方のパターン

パターンA	パターンB	パターンC
正社員の就業規則を作ったときと同様に、パートタイマーの労働条件を1つひとつ独自に規定する方法	多くは独自に規定していくが正社員と同じ部分は「正社員就業規則を準用する」とする方法	異なる部分のみ規定して「この規則に定めのない事項は正社員の就業規則を準用する」とする方法
全て独自	一部準用／多くを独自	一部独自／その他準用

違う場合、口頭での約束は後々のトラブルとなるため、しっかり文書で取り交わしましょう。そういった場合の就業規則への記載方法は、2つあります。所定労働時間を例にすれば、就業規則に想定される時間帯シフトを複数用意しておき、Aシフト、Bシフトなどと該当する時間帯を示して取り扱う方法と、原則的な時間枠だけを就業規則に記載し、それ以外にも個別労働契約で定めることができる旨を規定する方法です。

特に問題となるのが、「所定労働時間が他の人より短いから交通費を出さない」などという場合です。労働契約は就業規則の条件を下回ってはならないという法律の規定により、もし就業規則で交通費を支給すると規定していながら1人だけ支給しないことにした場合、その不利益な条件は無効となり、就業規則の条件に引き上げられてしまいます。そこで、そのような措置が必要であれば、必ず「所定労働時間4時間未満の場合は交通費を支給しない」といった特別な取り扱いがある旨を、パートタイマーの就業規則に明記しなければなりません。

ここを検討

・どのパターン（パターンA～C）で規則を作りますか。

◆**労働条件の文書交付違反は罰金**

　雇い入れ時の労働条件の明示については、そもそも労働基準法で義務づけられており、特に「契約期間」「仕事をする場所と内容」「始業・終業時刻や残業の有無、休日・休暇」「賃金」などについては、文書で明示することになっています（違反すると30万円以下の罰金）。

　パート有期労働法では、これらに加えて「昇給の有無」「退職手当の有無」「賞与の有無」の３つの事項を文書（パートタイマーが希望すれば電子メール、ＦＡＸも可）で明示することが「義務化」されています。これに違反した場合、行政指導によってもなお改善されなければ10万円以下の過料が課せられることになりました。

◆**待遇決定の理由を説明する**

　どうして正社員と待遇に差があるのか理由がわからず不満をもつパートタイマーが少なくありません。そこでパート有期労働法では、待遇について納得して働けるよう、パートタイマーからの求めに応じて説明するよう義務づけられています。ただし、本人が納得するまで説明するよう求めているわけではありません。

2. パートタイマーの定義

　会社に、アルバイト、嘱託など、臨時社員が複数いる場合は、どの社員をパートタイマーと称しているのか曖昧にならないよう就業規則で明確な定義を定め、どの規程が適用されるのか明確にして下さい。

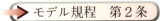
モデル規程　第２条

ここを検討
・嘱託、契約社員などは適用範囲から除き、別規程を設けますか。

3. 社会保険制度の取り扱い

　健康保険・厚生年金・雇用保険は、一定基準を満たしていれば、正社員、パートタイマーの区別なく加入することになります。加入するかど

うかの基準は次のとおりです。

短時間労働者の社会保険等の加入基準

①厚生年金・健康保険

「1日または1週の所定労働時間および1ヵ月の所定労働日数が、当該事業所において同種の業務に従事する通常の就労者の所定労働時間および所定労働日数のおおむね4分の3以上である者」※は加入しなければなりません。

※被保険者が常時501人以上は週20時間以上等

②雇用保険

「1週間の所定労働時間が20時間以上」で、「31日以上引き続き雇用されることが見込まれる場合」は加入しなければなりません。

③労災保険

原則全ての労働者が強制適用となります。

ここを検討
・社会保険や雇用保険に加入するパートタイマーはいませんか。

4. 契約期間と更新

わが国では、景気変動による経営の悪化が、正社員の雇用にまで影響を及ぼさないように、パートタイマーに調整弁の役割を担わせてきました。つまり、パートタイマーとの契約は有期労働契約とし、受注が減少したときには、雇用調整手段として契約更新を行わない（これを「雇い止め」といいます）ことにより、経営の健全化を図ってきたのです。

ただし、パートタイマーだからといって、必ず有期労働契約にしなければならないわけではありません。会社の実状によって、どのような労働契約を締結するのかを決めて下さい。　▶モデル規程　第8、9条

次に、この労働契約の期間の定めの有無による留意点を説明しましょう。

◆期間の定めのない労働契約とする場合

　期間を定めずにパートタイマーを雇用した場合、退職・解雇については、基本的に正社員と変わりません。

◆期間の定めのある労働契約とする場合

（1）契約期間中の解雇

　期間を定める労働契約の場合は、労働契約法の規定により期間内の解雇が制限されます（契約法17条）。契約期間の途中で使用者が解雇を行った場合、解雇事由として労働者に責任があるなど会社にやむを得ない事情がある場合を除き、労働者は、残りの期間の賃金に相当する金額の損害賠償を求めることができます（民法628条）。

　逆に、労働者が契約期間の途中で退職を申し出た場合、使用者は提供されなかった労働について損害賠償を求めることができます。ただし、実際には労働意欲を失くした者を無理に働かせるわけにもいかず、損害賠償を支払う経済的能力も乏しいことから、パートタイマーに損害賠償を求める会社は見当たりません。

（2）契約期間の上限

　このように、原則として中途解約のできない有期労働契約が本人の意思に反して労働者を拘束するといった弊害を排除するため、労働基準法では、有期労働契約を締結する場合の上限期間を一部の例外を除き3年と定めています（労基法14条）（41ページ参照）。

　ですから、パートタイマーとの労働契約を締結する場合、契約期間は3年以内でなくてはなりません。

　契約期間の上限は、平成16年1月の法改正により1年から3年に延長されています。ただし暫定措置として、1年を超える労働契約を締結した労働者（3年を超えて労働契約が許される一定の場合（42ページ図表①③④）を除く）は、1年経過後において会社に申し出て、いつでも退職することができることになっています（労基法137条）。

（3）有期労働契約の締結・更新および雇い止めのルール

　パートタイマーの労働契約については争いとなることが多く、問題視

164

されているものの、実際には裁判で争う以外、その雇い止めが解雇であるかどうかは不明確なことが多いということです。

そこで、労働基準法では、パートタイマーなどの有期契約の雇用においては、少なくとも次のように取り扱うよう定めています（労基法14条2項、平成15.10.22告示357号）。

有期労働契約の締結、更新および雇い止めに関する基準

①労働契約の締結に際し、契約期間の満了後における更新の有無を明示すること（たとえば、「自動的に更新する」「更新することがある」「契約の更新はしない」）

②①で契約を更新するとしたときは、契約を更新「する場合」または「しない場合」の判断基準を明示すること（たとえば、「勤務成績、態度により判断する」「経営状況により判断する」）

③①②の事項に関して変更した場合、労働者に対して、すみやかにその内容を明示すること

④有期労働契約（1年を超えて継続勤務している者に限り、あらかじめ更新しない旨を明示されている者を除く）を更新しない場合は、少なくとも期間満了の30日前までに予告をすること

⑤④の場合に、労働者が雇い止めの理由について証明書を請求したときは、遅滞なく交付すること

⑥1回以上契約を更新し、かつ1年を超えて継続勤務している者の有期労働契約を更新しようとする場合は、契約期間をできるだけ長くするように努めること

なお、労働契約法では、必要以上に短い期間を定めることにより、その労働契約を反復して更新することがないよう配慮しなければならないと規定しています（契約法17条2）。

（4）無期労働契約への転換

①通算5年を超えると申し込める

有期契約を繰り返し更新して雇用される労働者は、いつ雇用関係が終了するか分からない不安定な状態が続くことになるため、平成25年4月1日に法律が改正され、同じ使用者との間で、有期労働契約を通算5年を超えて反復更新した場合、労働者の申し込みにより、無期労働契約に転換されることになりました（契約法18条1項）。

　無期転換を申し込むことができるのは、「2つ以上の有期労働契約」が通算5年を超えた場合です。つまり、当初から1つの契約期間が5年を超えるものであって、1回も更新されない場合などは、無期転換を申し込むことはできません。

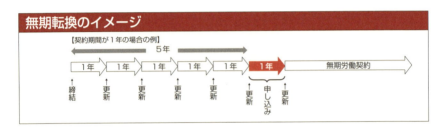

無期転換のイメージ

　無期転換の申し込みは、有期労働契約の満了日が通算5年を超える場合に、その契約期間の初日から末日までの間にすることができます。申し込むかどうかは労働者の自由です。

　ちょうど5年を超える有期労働契約の期間中に申し込みをしなくても、有期契約を更新した場合、それ以降の契約期間中に申し込むこともできます。申し込みは、口頭でも有効ですが、後で争いにならないよう書面を残しておくとよいでしょう。

　なお、無期転換を申し込まないことを契約更新の条件とするなど、あらかじめ労働者に無期転換申込権を放棄させることは、法律の趣旨から無効と解されています（H24.8.10　基発0810第2号）。

　労働者が無期転換の申し込みをすると、使用者が申し込みを承諾したものとみなされ、そのまま無期労働契約が成立します。無期労働契約に転換されるのは、申し込みをしたときの有期労働契約が終了した日の翌日からです。　▶ モデル規程　第10条

②無期転換後の労働条件

無期労働契約の労働条件は、別段の定めがない限り、直前の有期労働契約と同じです。無期転換するに当たり、職務の内容などが変更されないにもかかわらず、無期転換後の労働条件を低下させることは、望ましいものではないからです。

ただし、無期転換後の労働条件に、あらかじめ「別段の定め」を設けることは許されています。行政の資料でも例示として「定年制」を設けることをあげています。短期雇用を前提とする有期労働契約の者の労働条件を、そのまま無期労働契約の者に適用することは支障があるはずです。就業規則や個々の労働契約に、あらかじめ無期転換後の労働条件として一定の事項を設けておかなければなりません。

▶ モデル規程　第73、74条

③クーリング

有期労働契約とその次の有期労働契約の間に、契約がない期間が6ヵ月以上あるときは、その空白期間より前の有期労働契約は通算契約期間に含めません。この空白期間の次の契約から改めて5年間をカウントすることになります。これをクーリングといいます。

6ヵ月以上の空白期間がなくても、通算対象の契約期間が1年未満の場合は、その契約期間（2つ以上の有期労働契約があるときは通算した期間）の2分の1以上の空白期間があれば、クーリングされます（「早見表」参照）。

早見表

カウントの対象となる 有期労働契約の契約期間	契約がない期間
2ヵ月以下	1ヵ月以上
2ヵ月超～4ヵ月以下	2ヵ月以上
4ヵ月超～6ヵ月以下	3ヵ月以上
6ヵ月超～8ヵ月以下	4ヵ月以上
8ヵ月超～10ヵ月以下	5ヵ月以上
10ヵ月超～	6ヵ月以上

1章　就業規則のモデルとつくり方

167

（5）雇止めが無効となる場合

　有期労働契約は、本来、使用者が更新しないときに、契約期間の満了によって雇用関係が終了します（これを「雇止め」といいます）。ただし労働者保護の観点から、過去の最高裁判例により一定の場合は、形式的に有期労働契約であっても無期労働契約とみなし、雇止めを無効とする判例上のルールが確立しています。これを「雇止め法理」といいます。さらにこのルールは、法改正により平成24年8月10日から労働契約法に明文化されています（契約法19条）。

　ただし、すべての有期労働契約の雇止めが無効になるわけではありません。無効となるのは、次のいずれかに該当する場合です。

「雇止め法理」の明文化

①過去に反復更新された有期労働契約で、その雇止めが無期労働契約の解雇と社会通念上同視できると認められるもの（代表的な判例「東芝柳町工場事件」最高裁第一小法廷判決S49.7.22）

②労働者において、有期労働契約の契約期間の満了時にその有期労働契約が更新されるものと期待することについて合理的な理由があると認められるもの（代表的な判例「日立メディコ事件」最高裁第一小法廷判決S61.12.4）

　雇止めが無効となった場合は、従前の労働条件により契約更新されることになります。いったん無期契約とみなされた労働者はどのような場合であれば解雇できるかというと、通常の無期雇用の労働者を解雇する場合と同程度の理由が求められることになります。

　雇止めを無効とするには、労働者から有期労働契約の更新の申し込みが必要です。この申し込みは、使用者に対して「嫌だ」「困る」などの何らかの反対の意思表示で足りると解されています。

　なお、契約期間の満了前に申し込んだ場合でなくとも、契約期間満了後に遅滞なく申し込んだものは有効だとされています。

◆法定の契約期間の上限を超える契約

　期間を定める労働契約については、契約期間の上限が決められており（労基法14条）、本来、この上限までの範囲で契約を締結しなければなりません。この法律に反した場合は次のような取り扱いとなります（労働法コンメンタール）。

①契約期間の上限を超える契約

　労働基準法で禁止する契約期間の上限を超える労働契約は、その契約全体が無効となるのではなく、違反する部分のみ修正され、法律の上限の期間（３年）で契約されたものとみなされます。

②契約期間を超えて雇用したとき

　契約は期間の上限の範囲で締結されていても、実際にはその契約期間を超えており、使用者も知っていながら引き続き雇用した場合、「黙示の更新」といって、本来の契約期間の満了以降は、期間の定めのない契約として更新されたものとみなされます（読売日本交響楽団事件：東京地裁判決平成2.5.18）。

③契約期間の上限を超えた期間はいつでも解約できる契約

　契約期間全体は、法定の契約期間の上限を超えていても、この上限期間を超えた後は、労働者がいつでも解約ができ、労働者の身分を保障した期間であることが明示されている場合は、違法とはなりません（関西学院大学事件：神戸地裁判決昭和49.7.19）。

> **！ ここを検討**
> ・期間を定めた契約としますか。その期間はどの程度としますか。
> ・有期契約の更新の上限を設けますか？
> ・有期契約から無期転換する場合は、変更する労働条件をあらかじめ定めますか？

1章
就業規則のモデルとつくり方

169

5. 異動

　パートタイマーは、職場の近くに住んでいる者を採用するケースが多く、転勤、出向など職場を変更するような人事異動はなじみません。

　したがって、「勤務内容の変更を命じることがある」程度の規定があればよいでしょう。　　▶ モデル規程　第12条

6. 正社員への転換

　パート有期労働法では、パートタイマーに正社員登用のチャンスを与えることを事業主に義務づけています。具体的には、次のいずれかの措置を講じなければなりません。　▶ モデル規程　第11条

パートタイマーの正社員登用のための措置

①正社員を募集する際、すでに雇っているパートタイマーにも募集内容を知らせる

②正社員のポストを社内公募する場合、パートタイマーにも応募機会を与える

③正社員へ転換するための試験制度を設けるなど、正社員登用制度を導入する

　なお、正社員へ転換するために必要以上に厳しい要件を課している場合や、特定のパートタイマーにだけ声をかけるなど不公平な制度の場合は、法律上の義務を履行しているとは言えません。

7. 解雇予告の適用除外

　パートタイマーであっても、原則として解雇予告の規定が適用されます。ただし、日々労働契約を結ぶ者や、2ヵ月以内の短期限定の臨時の者については、一定の期間継続雇用しない限り解雇予告の規定については適用されません（63ページ参照）。　▶ モデル規程　第19条

170

8. 労働時間

◆所定労働時間

　パートタイマーの労働時間については、家庭の事情を考慮して、各人まちまちな時間帯に勤務させる会社もあります。しかし、就業規則の絶対的必要記載事項として始業・終業の時刻を定める必要があるため、少なくとも基本となる所定労働時間を明示し、具体的には個別の労働契約等で定める旨の委任規定を設けることが望ましいとされています（昭和63.3.14基発150号）。

個別労働契約で所定労働時間を定める場合の規定（例）　**Download 8-099**

（所定労働時間）

第31条　所定労働時間は、休憩時間を除き1日について6時間以内、1週30時間以内とし、始業、終業および休憩の時刻は、原則として次のとおりとします。ただし、各人ごとの労働契約書に別の時間を定めたときは、その時間によります。

始業時刻	終業時刻	休憩時間
午前8：00	午後2：45	午前12：00～午前12：45

◆休憩時間

　休憩時間は、必ず1時間与えるという決まりではなく、少なくとも、6時間を超える場合には45分、8時間を超える場合には1時間、労働時間の途中に与えなければならないとされています。

　パートタイマーの多くは、社会保険に加入しないよう6時間を限度に働いていますが、実際の勤務が6時間ぴったりということはありませんから、現実的には休憩時間45分以上、正社員と勤務の開始をあわせるならば1時間とするべきでしょう。　**▶ モデル規程　第31条**

171

> ここを検討
> ・所定労働時間は定められていますか。そのパターンをいくつか設ける場合は、全て規定しましたか。
> ・所定労働時間に例外的な時間帯を決められる旨、規定しましたか。

9. 年次有給休暇

　パートタイマーのように、所定労働時間が短い者であっても、年次有給休暇は与えなくてはなりません。労働基準法では、週の所定労働時間が30時間未満で、かつ1週間の所定労働日数が4日以下（週以外の期間によって所定労働日数が定められているときは、1年間の所定労働日数216日以下）の労働者について、「比例付与」という方法で年次有給休暇を適用することになっています（56ページ参照）。

　「比例付与」の対象労働者であっても、継続勤務するうち10日以上付与することになった者には、使用者側からの時季指定義務が生じます。

比例付与の日数と時季指定義務

週所定労働日数	1年間の所定労働日数		継続勤務日数						
			6か月	1年6か月	2年6か月	3年6か月	4年6か月	5年6か月	6年6か月以上
4日	169日～216日	付与日数	7日	8日	9日	10日	12日	13日	15日
3日	121日～168日		5日	6日	6日	8日	9日	10日	11日
2日	73日～120日		3日	4日	4日	5日	6日	6日	7日
1日	48日～72日		1日	2日	2日	2日	3日	3日	3日

※太枠内が時季指定の対象

　なお、年次有給休暇を取得した日の賃金は、一般に「所定労働時間を労働した場合に支払われる通常の賃金」としますが、時間給のパートタイマーの場合、1日当たり「所定労働時間×時間単価」で支払うことになります。　▶ モデル規程　第40条

10. 賃金

◆基本給と諸手当

パートタイマーの賃金は、多くの場合「時間給」を用いています。補助的労働力としての位置付けから、実際に勤務した時間が労働の価値であるとする賃金形態です。

ただし、諸手当として、営業成績など一定の業績に対して支給するものや、職場リーダーの職務手当などを支給する場合もあります。自社の実状で最も効果的な賃金の内容を検討して下さい。

◆不合理な格差をなくす

「働き方改革関連法」により、いわゆる「同一労働同一賃金」に関する法律が見直されました。非正規労働者が増加するなか、正社員と非正規労働者との「賃金格差」が社会問題となっているからです。ここでいう非正規労働者とは、パートタイマー、有期契約労働者、派遣労働者です。

もともと、パートタイマーについては「パート労働法（正しくは「短時間労働者の雇用の改善等に関する法律」）」（8条～10条ほか）により、有期契約労働者については「労働契約法」（20条）により、正社員との「不合理な格差」が禁止されています。

パート労働法と、労働契約法は、性質が大きく異なります。それは、パート労働法が罰則や行政指導などの強制力があり、調停によるADR（裁判外紛争解決手続）の対象にもなっているのに対し、労働契約法は労使の自主的話し合いを前提としていて、最終的には民事裁判により解決するべきものです。

しかし、非正規労働者の増加によって、特に有期契約労働者が正社員との待遇差をめぐり裁判で争う事件が増えてきています。たとえば、平成30年には重要な判決もありました。「ハマキョウレックス事件」（最高裁/平成30.6.1）「長澤運輸事件」（最高裁/平成30.6.1）です。これらは、まさに「働き方改革関連法」が国会で審議されている最中、最高裁が6月1日の同日、「同一労働同一賃金」にまつわる判決を行ったものです。

このように労使の争いが増えていることなどから、今回の改正では、

各法律で規制してきた体系を整理しています。施行日は、令和2年4月1日（派遣事業を除く中小企業は令和3年4月1日）です。

　今回の改正では、これまで「パート労働法」「労働契約法」によって規制されていた「同一労働同一賃金」について、労働契約法（20条）の規定を削除し、有期契約労働者が「パート労働法」の対象に組み込まれました。裁判で争うことを視野に入れる「労働契約法」より、行政指導等により解決の可能性がある「パート労働法」の方が、多くの労使紛争を行政の介入で解決しやすくなるからです。

　あわせて、どのような場合が不合理なのかを、ガイドライン（短時間・有期雇用労働者及び派遣労働者に対する不合理な待遇の禁止等に関する指針）を作成するなどして明確にするよう改正されています。名称も変更され、「パート有期労働法（正しくは「短時間労働者及び有期雇用労働者の雇用管理の改善等に関する法律」）」に改められました。

　なお、派遣労働者については、労働者派遣法（正しくは「労働者派遣事業の適切な運営の確保及び派遣労働者の保護等に関する法律」）を改正し、同様のルールが盛り込まれています。

どう「不合理」を判断するのか

　労働条件の相違が不合理かどうかは、裁判例などでは、次の3つの要素を考慮して判断しています。なお、格差が禁止されているのは、賃金だけではなく、福利厚生、教育訓練などあらゆる待遇です。

> **不合理かどうかの判断要素**
> ① 「職務の内容（労働者の業務の内容と業務に伴う責任の程度）」
> ② 「職務変更、配置転換（職務の内容および配置の変更）の範囲」
> ③ 「その他の事情」

　たとえば、前述の「ハマキョウレックス事件」では、正社員にのみ支払われる「住宅手当」について不合理ではないと判断しています。

これは、正社員には全国転勤（②の配置転換）がある一方、契約社員には転勤がないため、住宅への負担に配慮した住宅手当の有無は不合理ではない（ちゃんと理屈がとおる）といっているのです。

まず、正社員と非正規労働者との賃金等の相違が不合理かどうかを判断するに当たっては、両者の賃金の総額を比較することのみによるのではなく、「賃金項目の趣旨を個別に考慮すべき」とされています。禁止しているのは、「不合理」であって、「合理的」や「完全に一致している」ことまで求められているのではありません。では、少額な相違であればよいかというと、裁判例などではそうとはいえません。正社員と非正規労働者で僅かな違いを設けるくらいなら、同じ額にしたほうが安全でしょう。たとえば、「通勤交通費」の支給上限が異なるなども不合理と判断している裁判例が出てきています。

◆昇給

昇給については、就業規則を作成する場合に必ず規定しなければならない絶対的必要記載事項であるため、定期昇給がなくとも、「契約の更新時に見直す」あるいは「作業の熟練度を審査して実施する」などの記載が必要です。　　▶ モデル規程　第54条

◆最低賃金

賃金は、最低賃金法によって地域・産業ごとに定められた「最低賃金」以上の額でなくてはなりません（　ダウンロード 8−100　参照）。「地域別最低賃金」と「特定（産業別）最低賃金」の両方が同時に適用される場合には、いずれか高い方の最低賃金額をクリアする必要があります。また、次のものは最低賃金の計算に含まれないので、これらを除いた賃金が最低賃金額以上でなければなりません。

1章 就業規則のモデルとつくり方

175

最低賃金に含まれないもの

①結婚祝金などの臨時に支払われる賃金

②賞与などの1ヵ月を超える期間ごとに支払われる賃金

③時間外労働、休日労働、深夜労働に対して支払われる割増賃金

④精皆勤手当、通勤手当、家族手当

ただし、例外的に最低賃金の減額特例が認められる労働者がいます。

最低賃金の減額特例が適用される労働者

次の労働者について、都道府県労働局長の許可を受けたとき。

①精神または身体の障害により著しく労働能力の低い者

②試みの使用期間中の者

③職業訓練を受けている者

④軽易な業務に従事する者、断続的労働に従事する者

これらの人は、都道府県労働局長の許可を受ければ最低賃金を適用しないとされていましたが、最低賃金法の改正（平成20年7月1日施行）により、最低賃金の適用そのものを除外するのではなく、許可を受けて減額した最低賃金を適用することになりました。

また、地域別最低賃金を支払わない企業への罰金上限額が労働者1人あたり「2万円」から「50万円」に引き上げられました。産業別最低賃金は「特定最低賃金」という名称に変わり、罰金は労働基準法を適用して上限30万円となっています。

最低賃金額は年1回改定されます。パートタイマーの時給額が最低賃金を下回らないよう毎年確認しましょう。

ここを検討
・賃金は、働きや貢献に応じて決定する仕組みになっていますか。
・最低賃金額をクリアしていますか。
・昇給はいつですか。

11. 健康診断

健康診断は、「常時使用する者」について、採用時および毎年定期に実施するよう義務付けられていますが（安衛則43、44条）、正社員以外のパートタイマーであっても、次の基準のいずれにも該当する場合、必ず実施しなければなりません（平成5.12.1基発663号）。

▶ モデル規程　第63条

パートタイマーの健康診断の実施基準

①次のいずれかに該当する場合
イ）期間の定めのない労働契約により使用される者であること
ロ）期間の定めのある労働契約で1年（有害業務の場合6ヵ月）以上引き続き使用される予定、または使用されている者であること
②1週間の労働時間数がその事業場において同種の業務に従事する通常の労働者の1週間の所定労働時間数の4分の3以上であること

---

12. 制裁

制裁の規定については、基本的に正社員と変わりません。正社員のモデル就業規則では制裁の種類ごとに具体的な制裁の対象となる行為を列挙したタイプを紹介していますが、パートタイマーのモデル規程では、全ての制裁の対象行為をまとめて列挙したものを載せています。後者のタイプでも必ずしも通用しないということではありません。

 モデル規程　第70、71条

ここを検討
・制裁の種類、その対象となる行為は十分かつ適切ですか。

2章

賃金・退職金に関する規程のモデルとつくり方

モデル規程　賃金規程

賃金規程

第1章　総則

（目　的）
第1条　この規程は、就業規則第〇条の定めるところにより、社員の賃金に関する事項を定めたものである。
　2．　嘱託、臨時社員、パートタイマーの賃金については、この規程を適用せず、別に定める。

（賃金の体系）
第2条　賃金の体系は、次のとおりとする。
　　　　①月例賃金

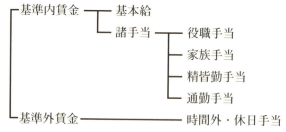

　　　　②臨時の賃金　　賞与

（賃金の支払形態）
第3条　賃金は月給制とする。ただし、社員が次のいずれかに該当する場合は、不就労となる日の賃金を控除する。
　　　　①賃金計算期間の途中における入社、退社により不就労日があるとき
　　　　②賃金計算期間の途中における休職の開始または復職により

不就労日があるとき

③業務上の負傷もしくは私傷病により欠勤し、社会保険等か
ら補償されるとき

④賃金計算期間の途中における産前産後休業、または育児・
介護休業の開始または復職により不就労日があるとき

⑤就業規則第○条に定める出勤停止の処分を受けているとき

⑥欠勤の手続きによらず無断欠勤をしたとき

2. 社員が、遅刻、早退、欠勤などにより所定労働時間の全部ま
たは一部を勤務しなかったときは、不就労となる時間の賃金
を15分単位で計算し控除する。なお、実際に不就労となる時
間相当額を超える控除額は、制裁扱いとする。

（計算期間および支払日）

第4条 賃金の計算期間は、前月21日から当月20日とし、当月25日に
支給する。ただし、支給日が会社の休日に当たるときはその
直前の日とする。

（非常時払い）

第5条 前条の規定にかかわらず、次のいずれかに該当する場合であ
って、社員（社員が死亡したときはその遺族）の請求があっ
たときは、賃金支払日の前であっても既往の労働に対する賃
金を支払うものとする。

①社員またはその収入によって生計を維持する者が結婚、出
産し、疾病にかかり、災害を受け、または死亡したとき

②社員またはその収入によって生計を維持する者が、やむを
得ない事由によって1週間以上にわたり帰郷するとき

（支払方法）

第6条 賃金は、原則として本人の指定する本人名義の預貯金口座へ、
その全額を振込みにより支給する。ただし、次に掲げるもの
は支給額より控除する。

①所得税

②住民税

181

③健康保険料、厚生年金保険料、雇用保険料

④社員代表と書面により協定を締結したときは、その協定で
控除することとしたもの

2．口座振込みを希望する社員は、所定の用紙により、本人名義
の預貯金口座を会社に届け出なければならない。

（日額および時間額の計算）

第7条 この規程において、賃金の日額および時間額を用いる際は、
次の計算による。

$$時間額 = \frac{基準内賃金 - （通勤手当 + 精皆勤手当）}{1ヵ月平均所定労働時間}$$

日　額 = 時間額 × 1日の所定労働時間数

2．1ヵ月の平均所定労働時間は、毎年、前年12月21日から本年
12月20日までの1年間を単位として、所定労働日のカレンダ
ーで算出する（以下、本規程において同じ）。

（端数処理）

第8条 賃金の計算上、円未満の端数が生じたときは、社員にとって
有利になるよう切り捨てまたは切り上げるものとする。

第2章　基本給

（基本給）

第9条 基本給は、本人の年齢、勤続年数、職務経験、職務遂行能力
等を勘案して各人ごとに決定する。

第3章　諸手当

（役職手当）

第10条 役職者には次の区分により役職手当を支給する。

①部長　　70,000円

②課長　　45,000円

③係長　　　30,000円

（家族手当）

第11条　所得税法において控除対象となる配偶者および23歳未満で就学中の子を扶養する社員に対して、次の区分により家族手当を支給する。ただし、子については3人を限度とする。

①配偶者　　　　　　　　月15,000円

②子（1人につき）　　　月　5,000円

2.　会社は、対象家族の扶養関係または所得を確認するため、必要最低限の証明を求めることがある。

3.　家族手当は、本人から届出がなかったために支給しなかったとしても、原則として遡及して支給することはない。また、支給事由が消滅したにもかかわらず、本人から届出がなかったために支給したときは、その額の返還を命じるものとする。

（通勤手当）

第12条　電車、バス等の公的交通機関を利用して通勤する者について、会社が認める最短順路により計算した定期券代の実費（原則として3ヵ月定期とし、特急料金、座席指定料金を除く）を通勤手当として支給する。ただし、非課税限度額をもって支給限度とする。

2.　会社の許可を得て、私有車で通勤する者については、片道の通勤距離によって、毎月、次の金額を通勤手当として支給する。

会社までの距離	支給額
2km以上10km未満	4,100円
10km以上15km未満	6,500円
15km以上25km未満	11,300円
25km以上35km未満	16,100円
35km以上45km未満	20,900円
45km以上	24,500円

（精皆勤手当）

第13条 課長以上の役職者以外の者には、1ヵ月間の出勤実績に応じて、次の区分により精皆勤手当を支給する。

①欠勤、遅刻、早退、私用外出がゼロの者　　　　10,000円

②遅刻、早退、私用外出があわせて2回以下の者　5,000円

（時間外・休日手当）

第14条 社員が、法定労働時間を超え、または法定休日に、もしくは午後10時から午前5時までの深夜に勤務した場合、次の区分により時間外・休日手当を支給する。

①時間外勤務

$$\frac{基準内賃金-（家族手当＋通勤手当）}{1ヵ月の平均所定労働時間}×1.25×時間外勤務時間数$$

②休日勤務

$$\frac{基準内賃金-（家族手当＋通勤手当）}{1ヵ月の平均所定労働時間}×1.35×休日勤務時間数$$

③深夜勤務

$$\frac{基準内賃金-（家族手当＋通勤手当）}{1ヵ月の平均所定労働時間}×0.25×深夜勤務時間数$$

2. 時間外勤務または休日勤務が深夜に及んだ場合は、深夜勤務の手当を併給する。

3. 1項1号の割増率は、時間外勤務（法定休日以外の休日勤務の時間を含む）が1ヵ月45時間を超えた部分について30%、1年360時間を超えた部分について30%、1ヵ月60時間を超えた部分については50%とする。なお、この場合の1ヵ月は毎月21日、1年は毎年4月21日を起算日とする。

> 努力義務

> 令和5年4月1日まで中小企業猶予

（諸手当の変更時期）

第15条 諸手当（通勤手当を除く）の支給は、賃金計算期間において、事由の発生した月から支給し、事由の消滅した月の前月までを対象とする。

第4章　昇給

（昇給の時期）

第16条　社員の昇給は、各人の勤務態度、勤務成績などを総合的に勘
案し、定期昇給および臨時昇給により実施する。

2.　定期昇給は、原則として毎年4月1日付けをもって実施する。
ただし、次に掲げる者については、昇給から除外する。
①当年1月1日以降に採用された者
②昇給時期において休職または産前産後もしくは育児・介護
休業中の者

3.　臨時昇給は、会社が特に必要があると認めた場合に随時実施
する。

4.　昇給の決定が遅延した場合、支給日前に退職した者に差額は
支給しない。

第5章　賞与

（支給時期）

第17条　賞与は、次の支給対象期間全てに在籍した者について、毎年7
月および12月の2回、会社の業績により支給することができる。

支給月	支給対象期間
7月	前年9月16日から当年3月15日
12月	当年3月16日から9月15日

2.　支給対象者は支給日現在在籍している者とし、次の者には支
給しない。
①賞与支給対象期間中に、出勤停止以上の処分を受けた者
②その他会社が賞与を支給することについて適当でないと認
めた者

3.　支給対象期間の2割以上を勤務しなかった者は、所定勤務日
数における出勤日数の割合によって減額した賞与を支給する。

（支給基準）

第18条　賞与原資は会社の業績を考慮した上で決定するが、社員個々の配分額は支給対象期間の勤務成績、勤務態度等を審査して決定する。

第6章　雑則

（休業手当）

第19条　社員が、会社の責任となる事由により休業した場合は、休業１日につき、平均賃金の６割を支給する。

（平均賃金）

第20条　労働基準法の定めにより、休業補償や解雇予告手当などを算定する際に用いる平均賃金は、次の算式によって計算する。

$$平均賃金＝\frac{直近の賃金締切日より起算した前３ヵ月間の賃金総額}{３ヵ月間の総日数}$$

２．前項の賃金総額には、臨時に支給した賃金および３ヵ月を超える期間ごとに支給した賃金は算入しない。

（不正受給の返還）

第21条　この規程に定める額を不正に受給した場合、会社はその全額の返還を求めるものとする。

２．この場合、社員は誠実にこれを返還しなければならない。

付　則

１．この規程は、令和○年○月○日から実施する。

◆関連規程◆

「賃金規程」への委任規定…「就業規則」（賃金）／退職金を別規程に定める場合…「退職金規程」／出張や旅費の支払いを別規程に定める場合…「出張旅費規程」

趣旨

「賃金規程」とは、社員に、どのような内容の賃金を、どれくらい、いつ支払うのかといったルールを定めたものです。賃金は、「賃金」「給与」「給料」など、いくつかの呼び方があり、契約に厳格な欧米においては、若干、意味が異なりますが、日本では欧米ほど違いが明確ではないため、同じものと考えてよいでしょう。

退職金についても、就業規則等で支給条件が明確にされているときは、労働基準法上の賃金となりますが、他とは性質が異なることから、一般に別規程として定めます（241ページ参照）。

会社にとっての賃金とは労働力を購入する費用であり、労働者にとっての賃金とは労務を提供したことの代償として得る生活の糧です。そのため、会社はできるだけ少なく支払うことが望ましく、労働者はできるだけ多くもらうことが望ましいというように、両者の利益は相反する関係に立っています。

しかし、優秀な社員を獲得し、高いモチベーションを持って働いてもらうためには、他社との比較において、ある程度の賃金水準を確保する必要があり、しかも、努力や貢献が大きいほど多くの賃金を得られる仕組みにしておくことが必要です。

そこで会社は、限られた賃金の原資を、最大限の効果が得られる方法により配分していくことになります。

このような賃金の仕組みを「賃金制度」といい、この制度を構築する際は、次の3つの分野について検討する必要があります。

賃金制度構築における検討分野

①賃金の水準（総額人件費管理）

②賃金の配分（個別賃金管理）

③賃金の形態（計算方法）

それでは、会社は自社の賃金制度をまったく自由に構築できるのかといえば、そうではありません。賃金については、多くの制約があるのです。

たとえば、労働基準法には、「賃金の支払い5原則」（66ページ参照）があり、賃金はこのルールに従って支払う必要があります。

また、就業規則の絶対的および相対的必要記載事項（29ページ参照）のうち賃金に関する事項についても、就業規則の一部である賃金規程に記載漏れがあってはいけません。

最後に、賃金は、しばしば労使紛争に発展する重要な労働条件であることから、会社が最も注意して取り扱うべき問題といえます。

就業規則の必要記載事項のうち「賃金」に関する事項	
絶対的必要記載事項	・月例賃金に関する事項 ①賃金の決定および計算の方法 ②賃金の支払いの方法 ③賃金の締切りおよび支払いの時期 ④昇給に関する事項
相対的必要記載事項	・賞与、その他臨時の賃金に関する事項 ※臨時の賃金とは、1ヵ月を超える期間について支給される「精勤手当」「勤続手当」「奨励加給」など ・最低賃金額に関する事項
※退職金に関する事項を除く。	

ポイント

1. 適用範囲

賃金は、社員の身分の違いによって大きく内容が異なる労働条件です。パートタイマーなども含めて1つの賃金規程に定めても、各々の支払条件が区分され明確になっていれば、何ら問題はありませんが、別の身分

の社員の条件と比較されたくないなどの理由から、別にすることが多いようです。

別規程とする場合、正社員に適用される規程なのか、パートタイマーのものなのかなど、明確にしておく必要があります。

 モデル規程　第1条

ここを検討 ……………………………………………………
・パートタイマー、契約社員などは適用範囲から除き、別規程を設けますか。

2. 賃金の計算と支払い
◆賃金体系

賃金体系とは、賃金を構成する基本給、諸手当などの構成を表したものです。

賃金は、本来、会社が得られる労働の価値に見合うだけ支払えばよいので、個々の労働の価値を評価して1つの賃金を決めればよいのですが、我が国では、年功序列、終身雇用という慣習から、仕事とはまったく無関係に基本給が支払われてきたため、この基本給と仕事の調整を別途図る必要があったのです。

さらに戦後の急激な物価の上昇を補うことなどから、「家族手当」「住宅手当」「物価手当」など、様々な手当が生まれてきました。

代表的な賃金の体系を示すと、次ページの図のようになります。

基準内賃金（「所定内賃金」ともいいます）とは、通常の勤務に対して支払われる賃金のことで、基準外賃金（「所定外賃金」ともいいます）とは、残業など通常の勤務以外について支払われる賃金のことです。

個々の社員には、会社が定めた賃金体系のうちから、該当する賃金要素を組み合わせて支払います。　　モデル規程　第2条

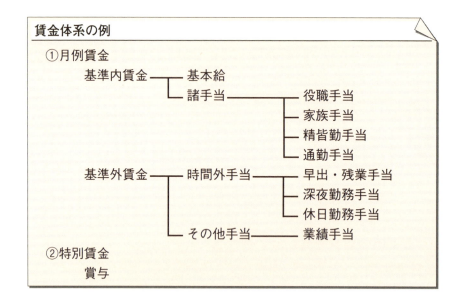

 ここを検討
・基本給、諸手当は、どのような構成にしますか。また、社員の
　職種や職位などにより違いを設けますか。

◆支払形態

　賃金の支払形態とは、1時間、1日、1ヵ月などの計算単位を定めたもので、次ページに挙げるような種類があります。

　いずれの支払形態を選ぶかは会社の自由であるため、社員の雇用形態などに最も適しているものを検討し、決めて下さい。

　一般的には、パートタイマーなど比較的単純作業に従事し欠勤などが多い者の場合、何時間働いたのかが労働の価値であることから時給制が合理的です。正社員のように一定の業務の完了ごとに評価され、なおかつ長期的に安定した生活を保障する必要がある場合には、月給制の方が望ましいといえます。重要な業務を任せ高い成果を要求する場合は、年俸制のように具体的な成果を量るために必要な期間を単位とします。

賃金の支払形態

①完全月給制

賃金を1ヵ月いくらと月単位で決める場合で、原則として、支給対象期間に不就労日があっても賃金は全額支給されます。

特定の事由について、賃金を控除する場合は、控除する事由を明らかにして、あらかじめ定めておかなければなりません。また、入退社の月など、計算期間が1月に満たない月がある場合に、日割計算によって支払うならば、その旨明記しておかなければなりません。

②月給日給制

基本的には月を単位として賃金を定め、不就労日があれば、月額から不就労日分の賃金を日割計算して控除する制度です。

③日給月給制

1日を計算単位として賃金が定められ、その支払いは、各日ではなく、毎月1回まとめて支払う制度です。

④時給制

1時間を単位として賃金を定め、一般的に1ヵ月の勤務時間によって支払う制度です。アルバイトやパートタイマーなどに多く用いられる支払形態です。

⑤年俸制

1年間を賃金の計算単位とする制度ですが、賃金は毎月支払う必要があるため、年額を12等分、または賞与を含め15等分などして月々支払います。この制度の特徴は、年間の業務の成果によって賃金を増減させる成果主義賃金に用いることです。

なお、賃金は、実際に労働が提供された範囲で使用者に支払義務が生じるのであって、労働者が出勤すべき日に欠勤したり、遅刻・早退などによって労働を提供しなければ、賃金の請求権が生じないというのが大原則です（これを「ノーワーク・ノーペイの原則」といいます）。

ただし、完全月給制のように、所定労働日に欠勤しても賃金を控除しない旨の定めをすることは、労働者が有利になることから何ら問題はありませんが、就業規則にそのように定めた以上は支払義務が生じます。

 モデル規程　第3条

❗ここを検討
- 賃金の支払形態は、時給、日給、月給、または年俸制、いずれにしますか。
- 月給者の場合、欠勤控除、日割支給するのは、どのようなケースですか。

◆計算期間および支払日

　労働基準法の「毎月1回以上払いの原則」「一定期日払いの原則」（69ページ参照）の定めにより、会社は賃金計算の開始日と締日（これを「計算期間」といいます）を定めなければなりません（労基法24条）。一般的には計算期間を1ヵ月としますから、たとえば、21日を開始日とすれば、翌月20日が締日となります。

　支払日について、行政では、不当に長い期間でない限り、ある程度の期間を経てから支払うことは差し支えない（労働法コンメンタール）としているので、必ずしも締日から数日中に支払わなくともよいのですが、「翌々月払い」などとあまり遅くならない方が望ましいといえます。

 モデル規程　第4条

❗ここを検討
- 賃金の計算期間は何日から何日までとしますか。また支払日は何日ですか。

◆非常時払い

「一定期日払いの原則」の例外として、社員が家族の病気などにより賃金の支払いを請求した場合、会社は既往の労働に対する賃金を支払わなければなりません（労基法25条）（70ページ参照）。

▶ モデル規程　第5条

◆支払方法等

「通貨払いの原則」により、賃金は、原則として現金で支払う必要がありますが、例外として「確実な支払いの方法」である銀行等への振込みが認められています（労基法24条、労基則7条の2）（67ページ参照）。

近年の犯罪発生状況を考えると、圧倒的に銀行振込みによる支払いが増え、現金による支払いが原則であるということは事実上形骸化してきているともいえるでしょう。法律では、振込みによる方法を取る場合、次のような労使協定の締結（行政の指導事項であるため）と、社員本人の同意を必要としていますが、行政解釈では、この同意について「本人名義の口座の指定で足りる」としているので、次ページ（下）のような書類の提出があれば、適法な取り扱いであるといえます。

就業規則には、会社の支払方法、口座振込みを希望する社員の手続きなどを定めます。

また、「全額払いの原則」により、会社は、所得税など法律で定められたもの以外を控除して支払うことは原則としてできません。労働組合の組合費や社宅費用などを控除したいときは、195ページのような協定を締結することが必要です（労基法24条）（68ページ参照）。

▶ モデル規程　第6条

> ❗ **ここを検討**
> ・賃金は現金で支払いますか、振込みにしますか。
> ・支払いの際に控除するものがありますか。その方法は適法ですか。

賃金の口座振込みに関する協定

賃金の口座振込みに関する協定

　株式会社○○○○と社員代表○○○○は、社員の賃金の口座払いに関し、次のとおり協定する。
第1条　会社は社員各人の同意を得て、本人の口座に賃金を振り込むことができる。
第2条　口座払いの対象は全ての社員とする。
第3条　口座払いの対象とする賃金は、月例賃金（諸手当・会社経費立替金の精算を含む）、賞与、退職金、その他の臨時の賃金とし、その金額は、各人の申し出た額の範囲とする。
第4条　口座払いは、令和○年○月○日から実施する。
第5条　口座払いを行う金融機関の範囲は、○○銀行本支店、○○銀行本支店とする。
第6条　本協定の有効期間は、成立の日から1年間とする。ただし、有効期間満了の1ヵ月前までに、当事者いずれからも申出がないときには、1年間延長するものとし、以後同様に更新する。

　令和○年○月○日

　　　　　　　　　　　株式会社○○○○
　　　　　　　　　　　使用者職氏名　代表取締役　○○○○　㊞
　　　　　　　　　　　　　　　　　　社員代表　　○○○○　㊞

賃金振込先口座申出書

賃金振込先口座申出書

株式会社○○○○
総務部長　　○○○○　殿

　　　　　　　　　　　　　　　　　　　　　　　　令和○年○月○日
　　　　　　　　　　　　　　　　　　　　　　　　○○○○　㊞

　私は、賃金の口座振込みを行うことに同意し、その取り扱いは下記のとおりとするよう申し出ます。

記

1．口座振込みを希望する賃金の範囲およびその金額（希望するものに○をする）
　（・支払われる賃金の全て）
　　・支払われる賃金のうち、次のもの（月例賃金・賞与・退職金）
2．指定金融機関

金融機関店名	○○銀行　／　本店・○○支店
預金の種類	普通
口座番号	No. ○○○○○○○
名義人	○○○○

3．口座振込開始希望時期
　　○年○月分定期賃金の支払以降

　　　　　　　　　　　　　　　　　　　　　　　　　　　　　　以上

賃金控除に関する協定

Download 2-032

```
              賃金控除に関する協定

　株式会社○○○○と社員代表○○○○は、就業規則第○条に基づき、賃金控除
に関し、次のとおり協定する。

（賃金控除）
第1条　会社は、毎月の賃金支払いの際、次に掲げるものを控除して支払うこと
　　　ができる。
　　　① 旅行積立金
　　　② 労働組合費
（有効期間）
第2条　この協定の有効期間は、令和○年○月○日から1年間とする。ただし、
　　　有効期間満了の1ヵ月前までに、当事者いずれからも申出がないときに
　　　は、1年間延長するものとし、以後同様に更新する。
　　令和○年○月○日
　　　　　　　　　　　　　　株式会社○○○○
　　　　　　　　　　　　　　使用者職氏名　代表取締役　○○○○　㊞
　　　　　　　　　　　　　　　　　　　　　社員代表　　○○○○　㊞
```

◆端数処理

　賃金計算に伴う1円未満などの端数処理は、「全額払いの原則」により安易に切り捨てることはできません（ただし、一定の方法により切り上げ、切り捨てなどが認められています）（69ページ参照）。

　そこで、計算過程では、労働者が有利になるように、支払う場合に端数を切り上げ、控除する場合に端数を切り捨てれば問題ありません。

▶ モデル規程　第8条

> **ここを検討**
> ・賃金の計算過程の端数処理は、いずれの段階においても適法ですか。

3. 基本給と諸手当

◆基本給

「基本給」とは、賃金を構成する上で中心となる部分です。社内では必ずしも基本給と称する必要はありませんが、「諸手当」との比較において、そう呼ばれます。

一般的に、基本給には次のような要素がありますが、いくつかの要素を組み合わせて支給されることもあります。

①年齢給

本人の年齢に基づき額を決定する賃金です。一般的に40～50歳程度に上限を設け昇給をストップします。

②勤続給

本人の勤続年数に基づき額を決定する賃金です。一般には、勤続給単独では用いず、他の基本給と併給します。

③職務給

経理職、ドライバーなど、職務ごとに額を定める賃金です。職務の熟練によって一定の範囲で昇給することもありますが、基本的には1つの職務に1つの額とします。

④職能給

仕事に求められる能力の保有程度によって額を決定する賃金です。一般に職能資格制度という仕組みに基づき本人の等級を決め、人事考課の結果により昇給額に差を設けます（213ページ参照）。

⑤業績給

主に営業職のように月々の業績が明確な職務の者について、その業績に基づき額を決定する賃金です。一般に、業績に対し段階的な定額または率を設定します。

⑥総合決定給

賃金表のような明確な支給基準を持たない場合に、年齢、能力、経験などの要素を総合的に勘案し額を決定する賃金です。ただし、経営者が感覚的に決めるため、根拠は曖昧です。　　➡ モデル規程　第9条

196

◆諸手当

　「諸手当」とは、一定の条件で見ると基本給だけでは不公平となる場合に、それを補うために支給する賃金です。たとえば「家族手当」は、家族を扶養する社員について、独身の社員と比べて生活費負担が高いことから、これを軽減するように支払われるものです。

　しかし、我が国は世界的にも豊かな社会となり、扶養家族まで会社が考慮せずとも、十分暮らしていける賃金水準にあります。また、バブル崩壊後の不況下で会社は厳しい競争にさらされ、競争を勝ち抜くためには、優秀な社員に少しでも多く支払う仕組みにしなければなりません。

　そこで、これからの諸手当は、労働に直接関係しない部分に賃金を支払うことを見直し、基本給にその原資を組み入れ、評価による各人の支給格差を大きくする必要があるといえます。

　以下は、主な諸手当と、その規定例です。

①家族手当

　扶養家族の有無による生活費負担の違いを補うための手当です。被扶養者の判断は、年収が所得税の非課税基準（年収103万円）以下か、健康保険の扶養基準（おおむね年収130万円）以下とする場合が多く、規定にも明記します。なお、この手当は、割増賃金の計算の基礎に含める必要はありません（203ページ参照）。　▶ モデル規程　第11条

②役職手当（役付手当）

　管理職になると相応の責任が掛かってくるだけではなく、一般的に、部下との親睦を深めるための出費が増え、逆に時間外手当などは支払われなくなるため、これらを補完する意味を含めた手当です。

　▶ モデル規程　第10条

③特殊勤務手当

　警備員、秘書、宿日直など、原則的な労働時間制の適用を除外する場合に、あるいは、交替制の夜間勤務、放射線作業、高温職場作業など、一般勤務と比較し、精神的、肉体的な負担が多い勤務に就く場合に、支給する手当です。

特殊勤務手当を支払う場合の規定（例）

Download
8-099 ➡

（宿直手当）

第○条　社員が当番制の宿直を行った場合は、1日について4,000円を
　　　　支給する。

（参考）宿日直手当

　労働時間の適用除外(50ページ参照)となる宿日直の場合、1回についての最低額は、事業場において宿日直に就く同種の労働者の賃金（割増賃金の対象となる賃金に限る）の1人1日平均額の3分の1を下回ってはならないとされています（昭和22.9.13基発17号）。

　また、1回の宿日直について支給される金額のうち、4,000円(勤務に伴い支給される食事がある場合その額を控除した額)までは課税されません(所基通28-1)。

---

④住宅手当

　住宅費用への援助があることは社員にとって非常に大きな魅力であるため、多くの会社が導入しています。

　なお、この手当は、一定の要件で支給される場合には、割増賃金の計算の基礎に含める必要はありません（203ページ参照）。

住宅手当を支払う場合の規定（例）

Download
8-099 ➡

（住宅手当）

第○条　社員のうち、住居を賃借している者(社宅入居者を除く)および
　　　　購入資金の借入残高がある者については、次の表のとおり、賃
　　　　借の家賃または資金の月々の返済額により住宅手当を支給す
　　　　る。支給額は毎年4月1日の家賃または返済の額を基準とする。

家賃または返済の額	支給額
30,000円未満	0円
30,000円以上	10,000円
50,000円以上	20,000円
70,000円以上	30,000円

⑤地域手当

　国内にいくつもの支店を持つ会社が、地域間の物価などの違いによる生活水準の格差を是正するために支払う手当です。

　大きくは、都市部と地方の物価の格差を調整する目的によるものと、寒冷地の冬季の光熱費負担を期間限定で補うものの２種類があります。

地域手当の規定（例）　　　　　　　　　　**Download** 8-099 ➡️ 🖥️

（地域手当）

第○条　次のいずれかの営業所に勤務する社員には、光熱費補助として、10月から３月の各月に地域手当を5,000円支給する。
　　　　①札幌営業所
　　　　②青森営業所
　　　　③金沢営業所

---

⑥精皆勤手当

　家庭の事情で遅刻や欠勤の多いパートタイマーなどの出勤率の向上を目的に、休まず働くことを奨励する手当です。

　一般に、まったく休まずに勤務した場合の「皆勤」と、数回程度の遅刻や欠勤で勤務した場合の「精勤」を、１つの手当として支給します。

➤ モデル規程　第13条

⑦資格手当

　建設業など資格がなければ従事できない業務がある場合に、その資格の取得を奨励したり、資格を持つことで労働の価値が高まった分を基本給に加算したりするために支給します。

⑧業績手当

　営業職などに、一定期間の業績により歩合などで加算される手当です。

業績手当を支払う場合の規定（例）	Download 8-099 →

（業績手当）

第○条　営業職については、その月の賃金計算期間における個人の売上高に基づき、次のとおり業績手当を支給する。

$$業績手当＝A＋売上高×B$$

売上高	A	B
300万円未満	―	0％
300万円以上 450万円未満	―	2.0％
450万円以上 600万円未満	5万円	2.5％
600万円以上 800万円未満	10万円	3.5％
800万円以上	15万円	4.5％

⑨食事手当

　特に中小企業では、日々の食事代を補助するため、手当を支給したり、弁当などの現物を提供したり、または現物を提供し一部代金を徴収することがあります。

⑩通勤手当

　通勤交通費の実費弁償的手当です。ただし、次ページのとおり所得税では非課税となっていますが、労働基準法や社会保険関係では、賃金として「支払い5原則」を適用し、保険料の対象としています。なお、この手当は割増賃金の計算の基礎に含める必要はありません（203ページ参照）。　→ モデル規程　第12条

！ ここを検討 ＝＝＝＝＝＝＝＝＝＝＝＝＝＝＝＝＝＝＝＝＝＝＝

・基本給、諸手当の支給対象、支給要件は明確ですか。
・基本給、諸手当の計算方法、支給額は明確ですか。

通勤手当に関する所得税の非課税限度額

　通常の賃金に加算して支給する通勤手当や通勤定期券などは、次のとおり、一定の限度額まで非課税となります。

●電車・バス通勤者の通勤手当

　電車やバスだけを利用して通勤している場合、通勤手当や通勤定期券などの金額のうち、1ヵ月当たり10万円までの金額を限度として、非課税となります。

　この限度額は、経済的で最も合理的な経路で通勤した場合の金額であり、新幹線を利用した場合などの特急料金は含まれますが、座席指定料金は除かれます。

●マイカー・自転車通勤者の通勤手当

　マイカーなどで通勤している人の非課税となる1ヵ月当たりの限度額は、片道の通勤距離のキロ数によって、次のように決まっています。

通勤距離	限度額／1ヵ月
2km以上10km未満	4,100円
10km以上15km未満	6,500円
15km以上25km未満	11,300円
25km以上35km未満	16,100円
35km以上45km未満	20,900円
45km以上	24,500円

　ただし、電車やバスなどの交通機関を利用する場合の1ヵ月間の通勤定期券などの金額と、マイカーや自転車などを使って通勤する片道の距離で決まっている1ヵ月当たりの非課税となる限度額をあわせて利用する場合の限度額は、両者を合計した金額が、1ヵ月当たり10万円となります。

4. 割増賃金

◆割増賃金の率

　労働基準法では、法定労働時間を超えて、または深夜もしくは休日に労働者を使用した場合、少なくとも次の割増率以上の割増賃金を支払うことを義務付けています（労基法37条）（70ページ参照）。

▶ モデル規程　第14条

割増賃金の率

	時間外労働	深夜労働	休日労働
割増率	25％（※）	25％	35％

※長時間労働の場合の割増率について法改正あり（204ページ参照）

　交替制勤務のように所定労働時間に深夜勤務があるときは25％の割増率ですが、時間外労働が深夜に及んだときは、時間外の25％と深夜の25％を足して50％の割増率となります。同様に休日労働が深夜に及んだときも60％（35％＋25％）となります。

　たとえば、次の図のように、時給1,000円で9時から18時までが所定労働時間のAさんは、18時を超えてからの1時間当たりの賃金が25％割増の1,250円となり、22時を超えてからの1時間当たりの賃金が50％（25％＋25％）割増の1,500円となります。

割増賃金の支払いの例

				割増25％
			割増25％	
所定内労働100％	休憩		法定時間外労働100％	
9:00	12:00　13:00		18:00	22:00

Aさん：時給　1,000円の場合

9:00〜18:00　1,000円 ➡ 18:00〜 1,250円 ➡ 22:00〜 1,500円

202

◆計算から除外する賃金

　割増賃金の計算の基礎には、除外することを認められている賃金が次のとおり定められています。これらは計算上含めなくてもかまいません。

割増賃金の計算の基礎から除外できる賃金

①家族手当

②通勤手当

③別居手当

④子女教育手当

⑤住宅手当　※

⑥臨時に支払われた賃金

⑦１ヵ月を超える期間ごとに支払われる賃金

※「住宅手当」のうち割増賃金の計算の基礎から除外されるものは、家賃の一定割合、ローンの一定割合など、「住宅に要する費用に応じて算定される手当」のみに限られます。費用によって段階的に支給することはかまいませんが、一律定額で支給するものは該当しません。

　また、法律では「通常の労働時間または労働日の賃金」を基礎として計算するよう定めているので、残業をしたときにのみ支給される「夜間手当」のような賃金は、割増賃金の計算に算入する必要はありません（昭和41.4.2基収1262号）。

　さらに、所定内の勤務についてのみ支払われた特殊な業務への手当で、残業時間に従事した業務にかかわりがないときには、計算に算入する必要がない（たとえば、所定労働時間中は本来の危険な作業を行っているため支給されている危険手当は、日報の記録など軽易な事務作業しかしない残業時間には計算に入れない）ものもあります（昭和23.5.25基発811号）。

◆具体的な規定方法

　社内においては、「残業手当」「時間外労働手当」など自由に呼んでかまいませんが、税金、社会保険の手続きなどで行政の確認を受けることも多いですから、法定の割増賃金であることが分かるようにして下さい。

　また、会社によっては所定労働時間が７時間など法定労働時間の８時

間よりも短い場合もあります。この場合、残業1時間までは法定内労働であるため、1時間当たりの賃金を支払う必要はありますが、割増賃金を加算する必要はありません。

なお、日給制、月給制の者などの割増賃金は、それぞれ平均的な1時間の額を算出して、その額に対して計算します（71ページ参照）。

▶ モデル規程　第7条

◆長時間残業の割増賃金

平成22年4月から労働基準法が改正され、法定労働時間を超える労働が長時間に及ぶ場合に限り、割増賃金の率が引き上げられました。

時間外労働については、従来、何時間を働かせたかにかかわらず、一律に25％以上の割増賃金率が定められていました。改正後は、残業が長時間になるほど高い割増賃金率になるよう、図のとおり3段階で規定されました。

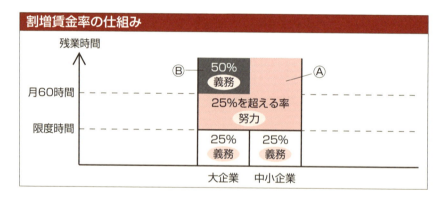

①限度時間を超える時間外労働は25％超の割増賃金率（努力義務）

通常の時間外労働については25％以上の率で計算した割増賃金を支払わなければなりません。法定労働時間を超えて残業をさせる場合、労使協定を締結する必要があり、原則として法令で定められた「限度時間」を超えて働かせることはできません。

ただし、労使協定に「特別条項」を設け、臨時的な特別の事情がある場合に、さらにこの限度時間を超えて労働させることができます（419

ページ参照)。前ページ図の④の部分です。

　そこで、特別条項を設けるときは、限度時間を超えて働かせる一定時間の区分ごとに割増賃金率を定めるものとし、その率は25％を超えるよう努めることとされています。

　つまり、限度時間を超えるような長時間残業をしない場合は、通常どおりです。

②月60時間を超える時間外労働は50％の割増賃金率（中小企業は猶予）

　月60時間を超える時間外労働については、法定の割増賃金率が現行の25％から50％に引き上げられています(前ページ図の⑧の部分)。ただし、中小企業については当分の間猶予されていました。

　今回、「働き方改革関連法」により、この月60時間超の場合の割増賃金率について、中小企業の猶予措置が廃止され、令和5年4月1日からは大企業と同じになります。

猶予される中小企業

	資本の額または出資の総額		常時使用する労働者
小　売　業	5,000万円以下	または	50人以下
サービス業	5,000万円以下		100人以下
卸　売　業	1億円以下		100人以下
上 記 以 外	3億円以下		300人以下

※事業場単位ではなく、企業単位で判断します。

　1ヵ月の起算日は特に定めがなければ、賃金計算期間の初日となります。起算日を「毎月1日」「労使協定の期間の初日」などと就業規則に定めることも可能です。

　法定休日に労働した場合は、休日割増の対象となり、時間外労働としてはカウントしません。しかし、法定外休日（例えば土日休みのうちの土曜日）に労働した場合は、休日割増の対象ではなく、時間外割増の対象となり、時間外労働としてカウントします。つまり、法定外休日に労働した時間分もあわせて月60時間を超えると、超えた分は50％の割増賃

金率で支払わなければならなくなるのです。

　以上、①②の改正事項は賃金の支払いに関する事項として必ず就業規則に定めなければなりません。　➤ モデル規程　第14条３項

③割増賃金率の引き上げに代えて代替休暇を付与できる

　月60時間超の時間外労働については、割増賃金率の引き上げの代わりに有給休暇（「代替休暇」という）を付与してもよいことになりました（労基法37条）。ただしそのためには労使協定の締結が必要です。なお、有給休暇にできるのは、月60時間を超えた時間分について支払う割増賃金のうち、法改正によって引き上げられた割増賃金率の部分だけです。代替休暇は次のように計算した時間を与えることができます。

代替休暇の計算の例

月60時間までの割増賃金率が25％、月60時間を超える割増賃金率が50％として、月76時間の残業をすると、次のように４時間の代替休暇を与えることとなります。

（76時間—60時間）×（50％—25％）＝４時間

　代替休暇は１日または半日単位で取らなければならないとされています。１日または半日に満たない分は、時間単位の年次有給休暇などと組み合わせて取得することになります（ ダウンロード 2−033 「代替休暇に関する協定」、 ダウンロード 8−099 「代替休暇の規定（例）」参照）。

◆**出来高払制**

　出来高払制や請負制などの一定期間の出来高によって支払われる賃金の場合も、203ページで説明した割増賃金の計算の基礎から除外される賃金ではないため、時間外労働等があれば、当然に割増賃金の支払義務が生じます。

　ただし、一般的な日給制や月給制などの時間を単位とする支払形態の場合、定められた賃金は、所定労働時間を勤務したときの賃金であるため、残業などで超過した労働については、超過時間分の賃金を支払った

上で、法定の割増賃金も支払う必要があります。

　一方、出来高払制の場合、その賃金は所定労働時間と残業時間をあわせた賃金計算期間の全体の労働を通して達成されたものですから、既に超過労働時間に対する部分も計算されているため、割増賃金だけ支払えばよいことになります（昭和23.11.25基収3052号）。

　分かりやすくするため、１日の賃金で説明しましょう。

　たとえば、日給8,000円のAさんの場合、この8,000円は所定労働時間（法定労働時間）８時間について決められている額（図の網のかかった部分）ですから、１時間当たり1,000円ということになります。

　そこで、１時間残業をしたときは、1,000円に対し１時間分の100％と割増率25％を足した125％の時間外手当1,250円を支払う必要があります。

　一方、出来高払制のBさんが１日の勤務で１時間残業し9,000円を稼いだ（図の網のかかった部分）とします。

　このときの9,000円は９時間労働の結果ですから、１時間当たり1,000円と、ちょうどAさんと同じ額になりました。

　ただし、この出来高払いの額には既に残業１時間によって得た額も含まれていますから、時間外手当は、１時間当たりの1,000円に割増率25％だけを掛けた250円を支払えばよいことになります。

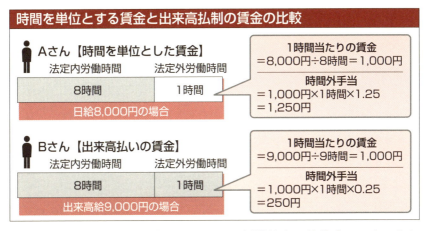

　そこで、一定の賃金計算期間における割増賃金の計算式は、次のよう

に、分子が「出来高払制等の賃金」となり、分母が、残業時間を含めた「賃金算定期間の総労働時間」となります（労基則19条6号）。

出来高払制の割増賃金の計算

$$割増賃金＝\frac{出来高払制等の賃金}{賃金算定期間の総労働時間}×超過労働時間×割増率$$

◆その他のルール

①所定労働時間の変更による終業時刻後の勤務

停電などのため、本来の所定労働時間に勤務せず、労働時間を変更したような場合、本来の終業時刻を超えて勤務しても、実際に勤務した労働時間の合計が法定の1日8時間、週40時間を超えていなければ、割増賃金の支払義務はありません（昭和22.12.26基発573号）。

②時間外労働が翌日まで継続したとき

所定労働時間を超えた時間外労働が継続して翌日まで及んだ場合であっても、その日の時間外労働となるのは翌日の始業時刻までの時間です（昭和26.2.26基収3406号）。

！ ここを検討
- 時間外、深夜、休日の各勤務状況は適切に把握していますか。
- 割増賃金の計算の基礎とする賃金に漏れはありませんか。
- 割増賃金の計算方法に誤りはありませんか。

---

5. 昇給

人件費の自動的な上昇をきらって、昇給について厳格に定めていない会社もあるようですが、昇給の時期、方法、対象者などを定めることは、法律上の記載義務であるからというだけではなく、社員のモチベーションを高めることから、有意義なことです。ただし、休職中の者など、昇給の対象から除外する社員をしっかり明記し、争いとならないようにし

ておく必要があります。　▶ モデル規程　第16条

ここを検討
・昇給の時期、対象者、方法は明確ですか。

6. 賞与

　賞与は、法律上の支払義務はなく、会社が任意に規定できるものです。ただし、就業規則の相対的記載事項であって、「毎年○月に支給する」などと賞与に関して定めた場合、使用者はその規定に従って支給しなければなりません。

　会社の業績によっては支給しない場合もある、または支給対象者から除外する者を設ける場合などは、必ず明記して下さい。

　比較的トラブルとなるのは、支給対象期間に在籍した者が支払日に退職していたというような場合です。支払日に在籍していない社員に賞与を支払わない旨を定めることは可能ですから、このようなトラブルを避けるためにも、その旨（支給するのかしないのか）をしっかりと定めておかなければなりません。

　また、賞与の支給要件を支給対象期間の出勤率90％以上と定めた規定の有効性が争われた判例では、労働者の出勤率向上の目的があり、一応の経済的合理性が認められながらも、本件原告の場合、本来法律で保障された産前産後休暇などの取得を理由に支給されなかったことから、この件については公序良俗に反し無効とされています（学校法人東朋学園・高宮学園事件：東京地裁判決平成10.3.25）。

　産前産後休業や休職などにより、支給対象期間の一定期間、長期にわたり勤務しなかった社員に対しては、極端な減額を避け、通常勤務していれば支払う金額から、欠勤期間分を按分控除し、支給するなどの措置を取るべきでしょう。　▶ モデル規程　第17条

ここを検討
- 賞与は必ず支払わなければならない文章となっていませんか。
- 賞与はいつごろ、どのような基準で支払いますか。
- 賞与の支給対象から除外する者はいませんか。

7. 不正受給の返還

　賃金は、契約に基づき正しく支払われなくてはなりません。会社が裁量で支払額を減らしてしまうことも許されませんが、社員が虚偽の申告をして家族手当などを不正に受け取ることも許されません。

　そこで、家族手当などの支給要件が終了しているにもかかわらず会社へ連絡せずに受給した場合など、社員に返還を命じる旨を明記しておきます。　▶ モデル規程　第21条

ここを検討
- 不正な受給がないように社員に注意していますか。
- 万一の不正受給に対し、返還する旨の定めはしましたか。

賃金関係の統計資料 ■参考資料■

1. 賃金の水準

企業規模、性、年齢階級別賃金、対前年増減率、企業規模間賃金格差および年齢階級間賃金格差

性、年齢階級		大企業			中企業				小企業			
		賃金(千円)	対前年増減率(%)	年齢階級間賃金格差(20~24歳=100)	賃金(千円)	対前年増減率(%)	賃金格差 企業規模間賃金格差(大企業=100)	賃金格差 年齢階級間賃金格差(20~24歳=100)	賃金(千円)	対前年増減率(%)	賃金格差 企業規模間賃金格差(大企業=100)	賃金格差 年齢階級間賃金格差(20~24歳=100)
男	年齢計	387.0	1.0	175.0	321.5	1.0	83.1	154.1	292.0	△0.5	75.5	142.8
	~19歳	184.1	0.4	83.2	177.6	1.0	96.5	85.1	180.7	0.7	98.2	88.4
	20~24	221.2	0.5	100.0	208.6	1.4	94.3	100.0	204.5	0.4	92.5	100.0
	25~29	263.9	△0.7	119.3	239.9	0.9	90.9	115.0	230.9	△1.1	87.5	112.9
	30~34	319.1	0.2	144.3	276.3	0.8	86.6	132.5	262.2	△1.2	82.2	128.2
	35~39	366.6	0.7	165.7	310.2	0.8	84.6	148.7	290.3	△0.9	79.2	142.0
	40~44	408.9	0.0	184.9	344.1	0.8	84.2	165.0	313.9	△1.0	76.8	153.5
	45~49	460.4	0.5	208.1	374.8	0.7	81.4	179.7	329.8	△0.4	71.6	161.3
	50~54	506.6	1.2	229.0	396.6	△0.4	78.3	190.1	337.5	0.2	66.6	165.0
	55~59	497.9	3.4	225.1	401.2	1.3	80.6	192.3	330.3	△2.6	66.3	161.5
	60~64	325.4	3.2	147.1	297.3	3.9	91.4	142.5	282.5	△0.2	86.8	138.1
	65~69	288.2	△5.3	130.3	259.1	△0.1	89.9	124.2	247.9	0.3	86.0	121.2
	70~	282.4	△14.3	127.7	282.8	△11.0	100.1	135.6	233.5	△1.5	82.7	114.2
	年齢(歳)	42.7			43.2				45.4			
	勤続年数(年)	15.9			13.1				11.7			
女	年齢計	270.7	0.0	123.9	244.4	1.2	90.3	119.6	223.7	0.3	82.6	116.8
	~19歳	179.9	3.3	82.3	171.7	1.8	95.4	84.0	165.3	0.4	91.9	86.3
	20~24	218.5	1.2	100.0	204.3	2.1	93.5	100.0	191.6	1.7	87.7	100.0
	25~29	245.5	0.8	112.4	224.8	1.6	91.6	110.0	210.5	1.6	85.7	109.9
	30~34	263.5	0.6	120.6	239.1	0.7	90.7	117.0	219.3	0.7	83.2	114.5
	35~39	276.7	△1.4	126.6	249.6	0.8	90.2	122.2	229.0	0.1	82.8	119.5
	40~44	292.0	0.4	133.6	261.0	1.0	89.4	127.8	235.3	1.3	80.6	122.8
	45~49	298.2	△0.5	136.5	265.5	0.7	89.0	130.0	237.9	1.1	79.8	124.2
	50~54	304.5	0.2	139.4	266.7	1.0	87.6	130.5	239.5	△0.6	78.7	125.0
	55~59	304.0	2.9	139.1	261.1	1.2	85.9	127.8	237.9	△0.9	78.3	124.2
	60~64	237.3	△2.1	108.6	221.4	0.7	93.3	108.4	212.8	△1.4	89.7	111.1
	65~69	242.9	△2.7	111.2	209.0	△0.5	86.0	102.3	193.4	△9.9	79.6	100.9
	70~	259.8	△8.6	118.9	223.9	4.3	86.2	109.6	200.2	△9.8	77.1	104.5
	年齢(歳)	39.9			41.7				42.9			
	勤続年数(年)	10.4			9.6				9.2			

資料：平成30年　賃金構造基本統計調査（厚生労働省）

賃金関係の統計資料 ■参考資料■

2. 諸手当の水準
役付手当の支給金額

(単位:円)

	同一役職につき同一金額を支給			同一役職でも支給額が異なる		
	部長	課長	係長	部長	課長	係長
調査産業計	80,121	48,893	24,181	128,424	100,656	53,709
10〜49人	84,028	49,902	20,876	83,655	58,156	25,759
50〜99人	79,125	50,868	24,505	154,787	97,561	74,865
100〜299人	76,285	46,481	27,740	163,531	142,320	64,595

資料：平成30年　中小企業の賃金・退職金事情（東京都）

住宅手当の支給金額

(単位:円)

	一律支給		住宅の形態別支給			
	扶養家族あり	扶養家族なし	扶養家族あり		扶養家族なし	
			賃貸	持家	賃貸	持家
調査産業計	17,601	14,963	25,352	17,475	21,025	13,865
10〜49人	17,293	15,047	19,729	18,372	16,833	13,208
50〜99人	18,447	16,553	26,684	18,000	23,158	15,462
100〜299人	17,215	11,991	30,571	16,139	23,286	13,147

資料：平成30年　中小企業の賃金・退職金事情（東京都）

家族手当の支給金額

(単位:円)

	一律支給	家族により異なる（家族別支給）			
		配偶者	第一子	第二子	第三子
調査産業計	10,623	10,733	5,624	5,242	5,349
10〜49人	10,368	10,645	5,255	4,735	4,701
50〜99人	11,545	10,216	5,526	5,322	5,371
100〜299人	x	11,705	6,680	6,366	6,810

資料：平成30年　中小企業の賃金・退職金事情（東京都）
その他の参考資料
…「賃金構造基本統計調査（概要）」厚生労働省　ダウンロード 8−100
…「中小企業の賃金・退職金事情（抜粋）」東京都　ダウンロード 8−100

モデル規程 賃金規程（職能給）

賃金規程

第1章　総則

（目　的）
第1条　この規程は、就業規則第○条の定めるところにより、社員の賃金に関する事項を定めたものである。
　２．　嘱託、臨時社員、パートタイマーの賃金については、この規程を適用せず、別に定める。

（賃金の体系）
第2条　賃金の体系は、次のとおりとする。
　　　①月例賃金

　　　②臨時の賃金　　賞与

（賃金の支払形態）
第3条　賃金は月給制とする。ただし、社員が次のいずれかに該当する場合は、不就労となる日の賃金を控除する。
　　　①賃金計算期間の途中における入社、退社により不就労日があるとき
　　　②賃金計算期間の途中における休職の開始または復職により不就労日があるとき

③業務上の負傷もしくは私傷病により欠勤し、社会保険等から補償されるとき

④賃金計算期間の途中における産前産後休業、または育児・介護休業の開始または復職により不就労日があるとき

⑤就業規則第○条に定める出勤停止の処分を受けているとき

⑥欠勤の手続きによらず無断欠勤をしたとき

2. 社員が、遅刻、早退、欠勤などにより所定労働時間の全部または一部を勤務しなかったときは、不就労となる時間の賃金を15分単位で計算し控除する。なお、実際に不就労となる時間相当額を超える控除額は、制裁扱いとする。

（計算期間および支払日）

第4条 賃金の計算期間は、前月21日から当月20日とし、当月25日に支給する。ただし、支給日が会社の休日に当たるときはその直前の日とする。

（非常時払い）

第5条 前条の規定にかかわらず、次のいずれかに該当する場合であって、社員（社員が死亡したときはその遺族）の請求があったときは、賃金支払日の前であっても既往の労働に対する賃金を支払うものとする。

①社員またはその収入によって生計を維持する者が結婚、出産し、疾病にかかり、災害を受け、または死亡したとき

②社員またはその収入によって生計を維持する者が、やむを得ない事由によって1週間以上にわたり帰郷するとき

（支払方法）

第6条 賃金は、原則として本人の指定する本人名義の預貯金口座へ、その全額を振込みにより支給する。ただし、次に掲げるものは支給額より控除する。

①所得税

②住民税

③健康保険料、厚生年金保険料、雇用保険料

④社員代表と書面により協定を締結したときは、その協定で
控除することとしたもの

2. 口座振込みを希望する社員は、所定の用紙により、本人名義
の預貯金口座を会社に届け出なければならない。

（日額および時間額の計算）

第7条 この規程において、賃金の日額および時間額を用いる際は、
次の計算による。

$$時間額＝\frac{その者の基準内賃金}{1ヵ月平均所定労働時間}$$

日　額＝時間額×1日の所定労働時間数

2. 1ヵ月の平均所定労働時間は、毎年、前年12月21日から本年
12月20日までの1年間を単位として、所定労働日のカレンダ
ーで算出する（以下、本規程において同じ）。

（端数処理）

第8条 賃金の計算上、円未満の端数が生じたときは、社員にとって
有利になるよう切り捨てまたは切り上げるものとする。

第2章　基本給

（基本給）

第9条 基本給は、職能給、年齢給、勤続給により構成する。

（職能給）

第10条 職能給は、社員の職務遂行能力を評価し、別表1のとおり、
職能等級の最低保障額（下限額）である本給に第4章の昇給
額の累積額である加給を加算して支給する。

（年齢給）

第11条 年齢給は、毎年4月1日における社員の満年齢に応じて、別
表3のとおり支給する。

（勤続給）

第12条 勤続給は、毎年4月1日における社員の勤続年数に応じて、

別表4のとおり支給する。なお、勤続年数の1年未満の端数は切り上げる。

第3章　諸手当

（通勤手当）

第13条　電車、バス等の公的交通機関を利用して通勤する者について、会社が認める最短順路により計算した定期券代の実費（原則として3ヵ月定期とし、特急料金、座席指定料金を除く）を通勤手当として支給する。ただし、非課税限度額をもって支給限度とする。

2.　会社の許可を得て、私有車で通勤する者については、片道の通勤距離によって、毎月、次の金額を通勤手当として支給する。

会社までの距離	支給額
2km以上 10km未満	4,100円
10km以上 15km未満	6,500円
15km以上 25km未満	11,300円
25km以上 35km未満	16,100円
35km以上 45km未満	20,900円
45km以上	24,500円

（時間外・休日手当）

第14条　社員が、法定労働時間を超え、または法定休日に、もしくは午後10時から午前5時までの深夜に勤務した場合、次の区分により時間外・休日手当を支給する。

①時間外勤務

$$\frac{基準内賃金－通勤手当}{1ヵ月の平均所定労働時間} \times 1.25 \times 時間外勤務時間数$$

②休日勤務

$$\frac{基準内賃金－通勤手当}{1ヵ月の平均所定労働時間} \times 1.35 \times 休日勤務時間数$$

③深夜勤務

$$\frac{基準内賃金－通勤手当}{1ヵ月の平均所定労働時間} \times 0.25 \times 深夜勤務時間数$$

2. 時間外勤務または休日勤務が深夜に及んだ場合は、深夜勤務の手当を併給する。

3. 1項1号の割増率は、時間外労働（法定休日以外の休日勤務の時間を含む）が1ヵ月45時間を超えた部分について30%、1年360時間を超えた部分について30%、1ヵ月60時間を超えた部分については50%とする。なお、この場合の1ヵ月は毎月21日、1年は毎年4月21日を起算日とする。

> 努力義務

> 令和5年4月1日まで中小企業猶予

（諸手当の変更時期）

第15条 諸手当（通勤手当を除く）の支給は、賃金計算期間において、事由の発生した月から支給し、事由の消滅した月の前月までを対象とする。

第4章　昇給・降給

（定期昇給の時期）

第16条 定期昇給は、職能給、年齢給、勤続給のそれぞれについて、原則として毎年4月1日に実施する。ただし、次に掲げる者については除外する。

①当年1月1日以降に採用された者

②昇給時期において休職または産前産後もしくは育児・介護休業中の者

2. 昇給の決定が遅延した場合、支給日前に退職した者に差額は支給しない。

（職能給の定期昇給）

第17条 職能給の定期昇給は、人事評価結果に基づき、各人の職能等級ごとに別表2のとおり実施する。ただし、昇給後の本給と加給の合計額（以下「職能給の総額」という）が別表1の上限額を超える場合は、上限を限度とする。

　2．昇格する場合の定期昇給は、昇格前の職能等級において実施する。

（はりだし昇給）

第18条 別表1に、はりだし昇給が設けられている職能等級の者には、上限に達した後も、通常の評価による2分の1の額で、はりだし昇給の限度額まで昇給することができる。

（年齢給の定期昇給）

第19条 年齢給の定期昇給は、毎年4月1日における社員の年齢に応じて、別表3のとおり実施する。ただし、満40歳以降は年齢給について昇給しない。

（勤続給の定期昇給）

第20条 勤続給の定期昇給は、毎年4月1日における社員の勤続年数に応じて、別表4のとおり実施する。なお、勤続年数の1年未満の端数は切り上げる。

（昇格昇給）

第21条 職能等級が昇格した社員の職能給は、昇格前の職能給の総額を昇格後の本給と加給に読み換える。ただし、職能給の総額が昇格後の職能等級の最低保障額に満たない場合は、その額まで昇給する。

（降格降給）

第22条 職能等級が降格した社員の職能給は、降格前の職能給の総額を降格後の本給と加給に読み換える。ただし、職能給の総額が降格後の上限額（はりだし昇給のある等級では、その限度額）を超えている場合は、その額まで降給する。

（特別昇給）

第23条 特別昇給は、第17条および別表2の規定にかかわらず、会社が特に必要があると認めた場合に、随時実施する。

第5章　賞与

（支給時期）

第24条 賞与は、次の支給対象期間全てに在籍した者について、毎年7月および12月の2回、会社の業績により支給することができる。

名称	支給時期	対象期間
夏季賞与	7月	10月1日から3月31日まで
冬季賞与	12月	4月1日から9月30日まで

2. 支給対象者は支給日現在在籍している者とし、次の者には支給しない。

①賞与支給対象期間中に、出勤停止以上の処分を受けた者

②その他会社が賞与を支給することについて適当でないと認めた者

3. 支給対象期間の2割以上を勤務しなかった者は、所定勤務日数における出勤日数の割合によって減額した賞与を支給する。

（支給基準）

第25条 各人の賞与の額は、別に定める「人事評価制度規程」の評価結果に基づき、次のとおり支給する。

①賞与＝基本賞与＋成果賞与

②基本賞与＝職能給×支給係数

③成果賞与＝成果賞与単価×評価ポイント

$$④成果賞与単価＝\frac{成果賞与支給総額}{支給対象者全員の評価ポイントの合計}$$

※支給係数は、その年の会社業績に基づき、その都度定める。

※職能給は、各人の対象期間末日の額とする。

※評価ポイントは、各人の評価結果に基づき、別表5のポイントとする。

第6章　雑則

（休業手当）

第26条　社員が、会社の責任となる事由により休業した場合は、休業
　　　　　１日につき、平均賃金の６割を支給する。

（平均賃金）

第27条　労働基準法の定めにより、休業補償や解雇予告手当などを算
　　　　　定する際に用いる平均賃金は、次の算式によって計算する。

$$平均賃金＝\frac{直近の賃金締切日より起算した前３ヵ月間の賃金総額}{３ヵ月間の総日数}$$

　　2．　前項の賃金総額には、臨時に支給した賃金および３ヵ月を超
　　　　　える期間ごとに支給した賃金は算入しない。

（職種転換の特例）

第28条　会社都合により職種転換した者であって、転換前の職能等級
　　　　　より降格したために降給する場合は、その降給額相当の額を
　　　　　調整給として、２年を限度に支給する。

　　2．　前項の調整給を支給する者が昇格した場合、昇格前と昇格後
　　　　　の職能給の総額の差額を限度に調整給を消去する。

（不正受給の返還）

第29条　この規程に定める額を不正に受給した場合、会社はその全額
　　　　　の返還を求めるものとする。

　　2．　この場合、社員は誠実にこれを返還しなければならない。

付　則

　　1．　この規程は、令和○年○月○日から実施する。

範囲給表（別表1）

(円)

支給範囲	1等級	2等級	3等級	4等級	5等級	6等級	7等級	8等級
下限額	23,810	35,210	48,860	66,560	88,460	125,060	179,810	269,810
上限額	32,360	57,960	78,360	103,060	152,510	233,610	344,810	509,810
はりだし昇給	－	62,510	87,210	114,010	170,810	250,985	359,810	－

昇給表（別表2）

(円)

評価	1等級	2等級	3等級	4等級	5等級	6等級	7等級	8等級
S	3,990	6,370	8,260	10,220	12,810	15,330	21,000	28,000
A	3,420	5,460	7,080	8,760	10,980	13,140	18,000	24,000
B	2,850	4,550	5,900	7,300	9,150	10,950	15,000	20,000
C	2,280	3,640	4,720	5,840	7,320	8,760	12,000	16,000
D	1,710	2,730	3,540	4,380	5,490	6,570	9,000	12,000

年齢給表（別表3）

年齢（歳）	年齢給（円）
18	135,150
19	136,560
20	137,970
21	139,380
22	140,790
23	143,730
24	146,670
25	149,610
26	152,550
27	155,490
28	158,430
29	161,370
30	164,310
31	167,250
32	169,210
33	171,170
34	173,130
35	175,090
36	176,070
37	177,050
38	178,030
39	179,010
40以降	179,990

勤続給表（別表4）

勤続（年）	勤続給（円）
1	1,000
2	2,000
3	3,000
4	4,000
5	5,000
6	6,000
7	7,000
8	8,000
9	9,000
10	10,000
11	11,000
12	12,000
13	13,000
14	14,000
15	15,000
16	16,000
17	17,000
18	18,000
19	19,000
20以降	20,000

評価ポイント（別表5）

評価	1等級	2等級	3等級	4等級	5等級	6等級	7等級	8等級
S	5	6	7	8	9	10	11	12
A	4	5	6	7	8	9	10	11
B	3	4	5	6	7	8	9	10
C	2	3	4	5	6	7	－	－
D	1	2	3	4	5	6	－	－

◆関連規程◆

「賃金規程」への委任規定…「就業規則」（賃金）／資格等級に関する事項を定める場合…「職能資格制度規程」／昇給等に関する評価規程を定める場合…「人事評価制度規程」

趣 旨

　最初にご紹介した賃金規程（180ページ）は、会社側の一方的かつ総合的な判断によって各人の賃金が昇給していくタイプのものでした。この賃金規程でも法律的には問題ありませんが、基本給の具体的な金額について、まったく明示していないため、努力すればどれくらいもらえるのか、または自分が将来いくらもらえるか、社員にはまったく計り知ることができません。しかし、このようなタイプが現在多くの中小企業で使われているものなのです。

　ここで新たに紹介する賃金規程は、年齢、勤続年数などの条件によって具体的にいくらの賃金を支払うのかを一覧表にした「賃金表」を使っているタイプのものです。

　著者が賃金表の作成を依頼されるとき、経営者からよく言われるのは「社員からなぜ自分の賃金は○万円なのかと聞かれても答えられない」ということです。まさに、理論的に構築した賃金表があれば、このような社員の疑問への回答となるばかりか、努力することによってどれほどの賃金を獲得することができるのかが明確になり、社員は仕事へのモチベーションが高まり、将来設計もしやすくなります。

　中でも、この規程は「職能給」を用いるタイプです。職能給とは、第4章でご紹介している「職能資格制度」に基づき、各人の職務遂行能力に対応した職能等級（326ページ参照）を決定し、この等級ごとに定められた額の賃金を支給するものです。

　たとえば、日商簿記検定には、3級、2級、1級という難易度の段階がありますが、経理の社員について、この3級を取得すれば18万円、2級は20万円、1級は22万円と賃金を決めれば、能力に対応した賃金の仕組みとなります。そして、より多くの賃金を望む者は上位の検定試験に合格すればよいのですから、本人も明確な目標を得て、努力のしがいがでてくるのです。

　実際にはもう少し複雑ではありますが、社内の全ての職務に必要な能

力を洗い出し、等級を与える仕組みが「職能資格制度」であり、その職能等級を使って、対応する賃金の支払い方を規定していくのが賃金規程です。つまり、年功賃金では、年齢という絶対的なモノサシがありましたが、職能給では、年齢に代わるモノサシを職能資格制度によって構築し、その仕組みを使って職能給を支給するのです。

ただし、このような賃金表を作成するためには、ある程度の制度設計の知識が必要であり、また一度社員へ明示した賃金表は、それ自体が労働契約の一部となるため、後で金額が高すぎたからなどといって安易に引き下げることは許されません。よって、十分な検討が望まれるところです。

更に、賃金制度は、首尾一貫した方針の下で構築されなければなりません。この賃金規程では、能力主義という方針に則って、月々の賃金の決定方法だけを能力主義とするのではなく、特別賃金である賞与の決定方法も、「ポイント制賞与」という能力の評価により支給格差を設けた方法をご紹介しています。

ポイント

1. 基本設計

◆賃金体系

職能給を用いる賃金制度は、一般的に、同一年齢では同一賃金という、年功序列の人事制度を改革するため、同一年齢であっても各人の能力による賃金格差を設けることを目的としています。しかし、あまりにも大きな変化を与えすぎると、社内が環境変化になじめず、かえって悪い影響をもたらすこともあるので、実際には、部分的に年功序列の精神を残したものが多いといえます。つまり、基本給に職能給だけではなく、年齢給や勤続給といった仕事にかかわりのない本人の属人的要素によって支払われる賃金を併設するのです。

しかし、今日の経営環境においては、このような属人的賃金は極力排

除していくべきです。

　本規程では、設計と規定方法の例示として年齢給と勤続給を用いていますが、年齢にはこだわらない、または勤続にはこだわらないという会社方針によって、少なくとも、どちらか1つは外していただければと思います。

　更に諸手当についても、現在は、けっして賃金水準が低くないため、家族手当などの生活補助的な手当を設ける意味がなくなってきています。また、家族の有無によって、会社への貢献が異なるものではありません。役職手当なども、職能給によって職能の格差を反映した賃金格差を設けているため、支給目的が重複するのであれば、取り除いてかまわないのです（ただし、残業手当が支払われない場合、一定の配慮は必要です）。

　諸手当の種類を削減することは、その分だけ基本給へ支払原資を回すことができ、基本給の支給の意味を強めることになるのです。

　このように、年功序列から能力主義へ改革する際は、諸手当の整理から始める必要があります。　　▶ モデル規程　第2条

 ここを検討
- 基本給の構成はどうしますか。
- 諸手当に意味の不明なもの、または意味を失いつつあるものはありませんか。

◆モデル賃金

　賃金は、本来、感覚的に支払うものではないので、その仕組みを構築する作業を「設計」といい、文字どおり、数字を足したり掛けたりして組み立てていきます。

　まず、賃金制度を検討したり設計したりするとき、その取り扱う賃金には次のような種類があります。

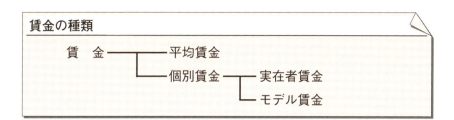

賃金の種類

　「平均賃金」とは、全員または特定社員の基本給や所定内賃金などの平均値で、人件費コストを分析する場合などに用いるものです。

　「個別賃金」とは、個々の社員の賃金を意味しますが、その中でも、実在者賃金とモデル賃金に分かれます。まず実在者賃金とは、文字どおり実在する社員の賃金ですが、特定の実在する社員の賃金を指すというよりも、次の図のように実在する社員の賃金を集めて、現状の支給水準のバラツキを分析する場合などに用います。

　そして、モデル賃金は、実在者の有無にかかわらず、特定のモデルとなる社員を想定し、どのような賃金を支払うべきか、次の図のような支給カーブを描いたものです。賃金の設計には、このモデル賃金が使われます。なお、モデル賃金は、主に標準的な社員像を対象としますが、想定される優等生や劣等生についても検証のために用いる場合があります。

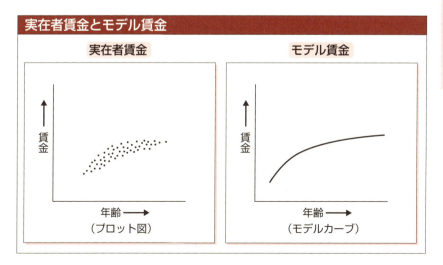

2章　賃金・退職金に関する規程のモデルとつくり方

◆賃金水準

　モデル賃金を作る際には、年齢ごとに賃金の水準を決めていきますが、ここでは、次の東京都の統計数字（平成30年「中小企業の賃金・退職金事情」）から検討しましょう。

賃金水準の設計

統計値（東京都）		(円)		設計値	(円)
年齢区分	男性	女性		年齢	モデル賃金
				18歳	160,000
22〜24歳	221,248	210,817		22歳	180,000
25〜29歳	246,614	230,634			
30〜34歳	290,893	251,794			
35〜39歳	343,998	277,742			
40〜44歳	374,792	300,940		40歳	380,000
45〜49歳	399,027	324,629			
50〜54歳	444,962	315,919			
55〜59歳	439,102	332,440			
60歳以上	336,620	274,908			

資料：平成30年中小企業の賃金・退職金事情（東京都）

　上の表は、年齢別の月の所定内賃金（産業計・実在者）を表しています。女性の数値は、いまだ男性より格差があるため、男性の数値を使い女性は参考値とします。

　この他、残業代を含めた総額を検討するときは所定外賃金、賞与などを含めた年間の額を検討するときは年間収入などの統計を参考にして下さい。

　そして、モデル賃金では、このような統計値などから、会社の方針によりポイントとなる年齢の額を決めていきます。

　まず、高卒、大卒の初任給は、各社あまり違いはありませんので、高卒（18歳）で16万円、大卒（22歳）で18万円とします。そして、40歳で

課長となる標準者については38万円と設定しました。

ここを検討
- 賃金の支払水準は、業界、地域など、何を参考に決めますか。

◆モデル昇格年数

職能給の場合は、何歳または勤続何年で何等級に達するかというモデル昇格年数も決めておきます。ただし、標準者は最高等級までは達しないため、一般に、標準的に昇格、昇進した課長程度までを想定します。

なお、昇格とは、上位の職能等級に上がることをいいます。係長から課長へなど職制上の役職が上がることを昇進といいますが、これらは区別して下さい。

モデル昇格

年齢(歳)	18	19	20	21	22	23	24	25	26	27	28
勤続(年)	1	2	3	4	5	6	7	8	9	10	11
職能等級	1				2			3			4

29	30	31	32	33	34	35	36	37	38	39
12	13	14	15	16	17	18	19	20	21	22
4		5				6				

ここを検討
- モデル昇格年数は何歳から何歳まで決めますか。
- 自社の社員として何年ぐらいで一人前になりますか。

◆ピッチとその構成

　設計上の出発点の年齢から終着点の年齢まで、モデルとなる1年当たりの賃金の昇給幅（これを「ピッチ」といいます）を決めていきます。

　まずは、毎年同じ額で昇給していくとすると、出発点と終着点の金額の差を期間で割ると、図のように1年当たりの平均的な昇給幅が求められます。この額があまり大きすぎたり、小さすぎたりしてはいけません。

　設計上、40歳を終着点（とりあえずの目標点）とするのは、幹部となるような一部の優秀な社員は除いておき、標準的な社員のモデルとして賃金を設計することに、この段階での目的があるからです。

　40歳以降も同様に設計することはできますが、課長以上の役職者については、実状に応じてそれぞれ決めていってよいでしょう。たとえば、業績によっては青天井に昇給してもよいのです。

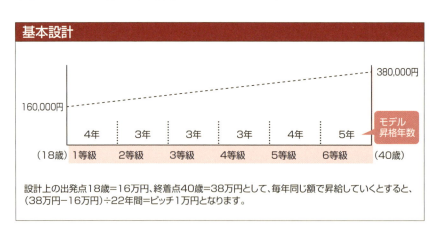

ただし、基本給の構成は、職能給、年齢給、勤続給とするため、基本給は次ページの図のように分割され、年間の昇給のピッチは、3つの合計ということになります。

　なお、実際のモデル賃金のカーブは、子どもが生まれて生活費がかさみ始める30歳台に立ち上げ、子が学生生活を終える50歳台に向かって徐々に傾斜を抑えていく政策的配慮から、やや弓なりのカーブを描くようにします。

ピッチとその構成

[全体の水準]

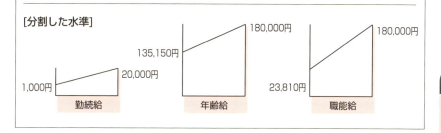

まず、勤続給を1,000円から、最大20,000円まで取ります。
次に、18歳160,000円から勤続給1,000円を引いた残りを、年齢給＝約85％（135,150円）、職能給＝約15％（23,810円）とします。
そして、40歳380,000円から勤続給20,000円を引き、残りを年齢給＝約50％（180,000円）と職能給＝約50％（180,000円）とします。

[分割した水準]

 ここを検討

- モデル年齢の最初と最後の金額はいくらに設定しますか。
- 基本給の構成要素それぞれに、どれぐらいずつ金額を設定しますか。

2．詳細設計

◆勤続給

　勤続給は勤続年数ごとに積み上げていく賃金です。ただし、このような賃金は、勤続年数による習熟度の違いを賃金に盛り込んだものですから、生涯増えていくという方法よりも、一定年数を経過すれば頭打ちにするべきでしょう。　▶モデル規程　第12条

勤続給

毎年1,000円ずつ、20年で20,000円まで昇給する。

勤続(年)	勤続給(円)
1	1,000
2	2,000
3	3,000
4	4,000
5	5,000
6	6,000
7	7,000
8	8,000
9	9,000
10	10,000

勤続(年)	勤続給(円)
11	11,000
12	12,000
13	13,000
14	14,000
15	15,000
16	16,000
17	17,000
18	18,000
19	19,000
20以降	20,000

@1,000円

 ここを検討
- 勤続給は必要ですか。
- 毎年いくらずつ昇給し、いくらまで支払いますか。

◆年齢給

　年齢給は、社員の結婚、出産、子の大学入学などといった生涯の生活を考慮した最低保障額といえます。能力や勤続年数などの条件にかかわらず、社員の年齢ごとに一律に与えるものです。

　また、職能給だけでは少々モデル賃金のカーブがいびつになるため、年齢給など他の基本給とあわせることによって、理想的なカーブを描くこともできます。　▶ モデル規程　第11条

年齢給

具体的には、年齢を18～21歳、22～30歳、31～34歳、35～40歳に区分し、それぞれの区間の昇給額を決めてから、その区間の年数で割れば、年齢給のピッチができます。

年齢(歳)	年齢給(円)
18	135,150
19	136,560
20	137,970
21	139,380
22	140,790
23	143,730
24	146,670
25	149,610
26	152,550
27	155,490
28	158,430
29	161,370

年齢(歳)	年齢給(円)
30	164,310
31	167,250
32	169,210
33	171,170
34	173,130
35	175,090
36	176,070
37	177,050
38	178,030
39	179,010
40以降	179,990

@1,410円　@1,960円　@2,940円　@980円

ここを検討

・年齢給は必要ですか。
・毎年いくらずつ昇給し、何歳まで昇給しますか。

◆職能給の昇格・降格、昇給・降給

職能給の設計に関する説明の前に、まず、職能給の仕組みを説明しておきましょう。

賃金の額の決め方には、同じ条件に対し1つの金額のみが決められている「単一給（シングルレート）」と、同じ条件に対し一定の範囲で金額が決められている「範囲給（レンジレート）」があり、職能給は、一般に等級ごとに一定の範囲を持つ範囲給となります。次ページの図で等級ごとのハコが、この範囲給を示しています。

社員は、等級ごとの上限と下限の範囲で、毎年昇給を繰り返しますが、一般に、評価結果が高い者ほど昇給幅が大きくなります。ただし、上限を超えては昇給できません。

そこで、次の上限額の高いハコに昇格することで続けて昇給すること

ができるようになります。また、一般に、同じ評価結果の場合では、上位の等級の方が昇給幅が大きくなっていきます。つまり、等級が上に行くほど速いエスカレーターに乗り換えていくようなものです。

　昇格する際の職能給が昇格後の等級の下限額より下にあるときは、この下限の額に達するまで昇給します。これを昇格昇給といいます。なお、定期昇給で昇格を伴う場合、一般には、旧等級で昇給した後、昇格します。その際に、昇格後の等級の下限に満たない額を昇格昇給するわけです。

　逆に、職能等級が下がる場合を降格といいます。降格する場合に、職能給が降格後の等級の上限を超えている場合は、その超えている分だけ職能給が下がります。これを降格降給といいます。

▶ モデル規程　第16～23条

職能給の仕組み

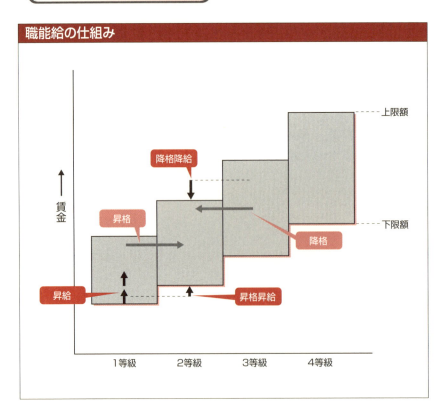

等級ごとのハコは、一般に前ページの図のように一部重なって設計しますが、このようなタイプを「重複型」といいます。その他にも、職種などの特徴によって、ハコの上限と下限が一致する「接合型」、上限と下限が離れている「離散型」のタイプも使われることがあります（辞令（賃金） ダウンロード 2-035 参照）。

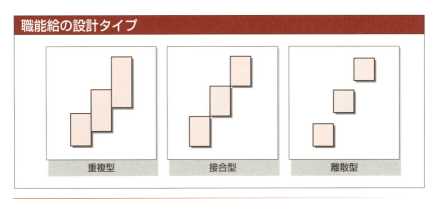

職能給の設計タイプ

重複型　接合型　離散型

 ここを検討

・職能給のタイプは、「重複型」「接合型」「離散型」のどれですか。

◆職能給のモデル（範囲給の下限額）

　それでは、職能給の具体的な設計方法の説明に入っていきます。

　等級ごとのピッチの設定には、いろいろな方法がありますが、乱暴に言ってしまえば、18歳から40歳までの職能給の総昇給額を、1等級から順に額が大きくなるようピッチを割り振ってみて、何度か調整して追い込んでいくということです。

　ある程度は、計算で求めることもできますが、実務的にも何度か修正して適当な額に納めます。

　額が決まったら235ページ図表（上）の等級ごとの職能ピッチと見比べてみて下さい。

　1等級では2,850円と平均のピッチ7,099円の半額以下です。逆に6等

級では10,950円と1.5倍ほどです。それを、職能給の18歳の額23,810円へ225ページで設定したモデル昇格年数ごとに積み上げていきます。

（1等級のピッチ）×4年＋（2等級のピッチ）×3年…と合計し、結果的に、職能給の総昇給額と一致すれば正解です。

このように作ったピッチの積み上げがモデル賃金であり、等級ごとの範囲給の下限額でもあります。

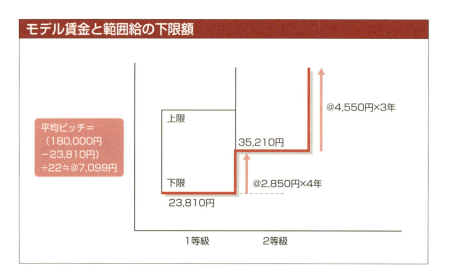

ここを検討

・各等級ごとの昇給ピッチは等級が上になるほど大きくなっていますか。
・各等級の昇給ピッチをモデル昇格年数で掛けて合計すると、ほぼ総昇給額と一致しますか（端数処理の関係で数百円程度はズレます）。

◆表、設計をグラフにして確認する

年齢給、勤続給とあわせた年間の合計ピッチが、年齢として高すぎたり、一部でっぱったりしないよう、ここで、次のページの図表のような一覧を作って確認して下さい。

モデル賃金検討表

モデル賃金（基本給＝職能給＋年齢給＋勤続給）

勤続	年齢	等級	勤続給	(勤続ピッチ)	年齢給	(年齢ピッチ)	職能給	(職能ピッチ)	(合計ピッチ)	合計
1	18	1	1,000	1,000	135,150	1,410	23,810	2,850	5,260	159,960
2	19	1	2,000	1,000	136,560	1,410	26,660	2,850	5,260	165,220
3	20	1	3,000	1,000	137,970	1,410	29,510	2,850	5,260	170,480
4	21	1	4,000	1,000	139,380	1,410	32,360	2,850	5,260	175,740
5	22	2	5,000	1,000	140,790	2,940	35,210	4,550	8,490	181,000
6	23	2	6,000	1,000	143,730	2,940	39,760	4,550	8,490	189,490
7	24	2	7,000	1,000	146,670	2,940	44,310	4,550	8,490	197,980
8	25	3	8,000	1,000	149,610	2,940	48,860	5,900	9,840	206,470
9	26	3	9,000	1,000	152,550	2,940	54,760	5,900	9,840	216,310
10	27	3	10,000	1,000	155,490	2,940	60,660	5,900	9,840	226,150
11	28	4	11,000	1,000	158,430	2,940	66,560	7,300	11,240	235,990
12	29	4	12,000	1,000	161,370	2,940	73,860	7,300	11,240	247,230
13	30	4	13,000	1,000	164,310	2,940	81,160	7,300	11,240	258,470
14	31	5	14,000	1,000	167,250	1,960	88,460	9,150	12,110	269,710
15	32	5	15,000	1,000	169,210	1,960	97,610	9,150	12,110	281,820
16	33	5	16,000	1,000	171,170	1,960	106,760	9,150	12,110	293,930
17	34	5	17,000	1,000	173,130	1,960	115,910	9,150	12,110	306,040
18	35	6	18,000	1,000	175,090	980	125,060	10,950	12,930	318,150
19	36	6	19,000	1,000	176,070	980	136,010	10,950	12,930	331,080
20	37	6	20,000	0	177,050	980	146,960	10,950	11,930	344,010
21	38	6	20,000	0	178,030	980	157,910	10,950	11,930	355,940
22	39	6	20,000	0	179,010	980	168,860	10,950	11,930	367,870
23	40	7	20,000	0	179,990	0	179,810	15,000	15,000	379,800

モデル賃金（基本給＝職能給＋年齢給＋勤続給）

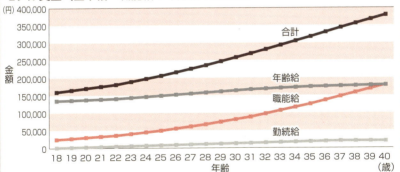

> **ここを検討**
> ・各年齢のモデル賃金の額は、226ページの統計と比較して、ほぼ同水準ですか。
> ・各年の合計ピッチは、一部だけでっぱったり、全体に多すぎたりしませんか。

◆職能給の範囲給（上限額）

　規程例における職能給の上限額は、モデル昇格年数の2倍の年数を標準昇給した場合の額としました。

　この等級ごとの上限に到達する者は、モデル昇格年数の倍以上同じ等級に留まるのですから、比較的劣等生が集まることになります。このような者は、長期昇給がかなわないこともあり、よけいにモチベーションの低下が心配されるところです。そこで、上限に到達後、一定の額まで、標準の2分の1の額で昇給する特例を設けることがあります。これを「はりだし昇給」といいます。

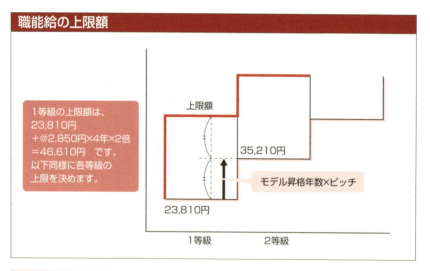

ここを検討
・上限額は、モデル昇給年数などを基準に、どれほどの額にしますか。
・はりだし昇給は設けますか。

◆職能給の賃金表

　職能給の賃金表には、いろいろなタイプがあり、どれも一長一短があります。

次にそれぞれの取り扱いによる違いを説明しますが、例示した数値は、どのタイプのものも同じモデル賃金の設計結果を、それぞれの方法で賃金表に表したものです。

①昇給表

昇給表は、評価による昇給額のみを明示し、毎年の昇給額を累積させていくものです。

この場合、上限と下限を設けずに運用する例もありますが、別途、範囲給表を設けることで、青天井とならずに運用できます。モデル規程はこの「昇給表」（221ページ参照）を用いるタイプです。

②号俸表（固定昇給方式）

等級ごとの下限額を1号の金額とし、毎年1号ずつ昇給するタイプです。昇給のための評価はなく、昇格しない限り同じ号の者と差が開くこともありません。公務員の号俸表に使われるタイプで、年功序列的な運用になるため、あまりお勧めできません。

号俸表（固定昇給方式）

Download 2-037

号	1等級	2等級	3等級	4等級	5等級	6等級	7等級	8等級
（単価）	2,850	4,550	5,900	7,300	9,150	10,950	15,000	20,000
1	23,810	35,210	48,860	66,560	88,460	125,060	179,810	269,810
2	26,660	39,760	54,760	73,860	97,610	136,010	194,810	289,810
3	29,510	44,310	60,660	81,160	106,760	146,960	209,810	309,810
4	32,360	48,860	66,560	88,460	115,910	157,910	224,810	329,810
5		53,410	72,460	95,760	125,060	168,860	239,810	349,810
6		57,960	78,360	103,060	134,210	179,810	254,810	369,810
7		60,235	81,310	106,710	143,360	190,760	269,810	389,810
8		62,510	84,260	110,360	152,510	201,710	284,810	409,810
9			87,210	114,010	157,085	212,660	299,810	429,810
10					161,660	223,610	314,810	449,810
11					166,235	229,085	329,810	469,810
12					170,810	234,560	344,810	489,810
13						240,035	352,310	509,810
14						245,510	359,810	
15						250,985		

上限の線
以降は「はりだし昇給」

2章 賃金・退職金に関する規程のモデルとつくり方

237

③段階号俸表（評価別昇給方式）

評価結果（S＝非常に良い　A＝やや良い　B＝普通　C＝やや悪い　D＝非常に悪い）によって、アップする号数に差を設けるタイプです。たとえば「S＝7号、A＝6号、B＝5号、C＝4号、D＝3号」というように昇給するものです。

②のタイプでは、1号ずつ毎年の昇給ピッチを設定していますが、こちらは、昇給差を設けるために、更に細かい段階を設定します。ここでは、標準的なB評価で5号アップとしているので、「1年当たりのモデル昇給ピッチ÷5」で各号のピッチを求めます。

段階号俸表（評価別昇給方式）

Download 2-038

号 （単価）	1等級 570	2等級 910	3等級 1,180	4等級 1,460	5等級 1,830	6等級 2,190	7等級 3,000	8等級 4,000
1	23,810	35,210	48,860	66,560	88,460	125,060	179,810	269,810
2	24,380	36,120	50,040	68,020	90,290	127,250	182,810	273,810
3	24,950	37,030	51,220	69,480	92,120	129,440	185,810	277,810
4	25,520	37,940	52,400	70,940	93,950	131,630	188,810	281,810
5	26,090	38,850	53,580	72,400	95,780	133,820	191,810	285,810
6	26,660	39,760	54,760	73,860	97,610	136,010	194,810	289,810
7	27,230	40,670	55,940	75,320	99,440	138,200	197,810	293,810
8	27,800	41,580	57,120	76,780	101,270	140,390	200,810	297,810
9	28,370	42,490	58,300	78,240	103,100	142,580	203,810	301,810
10	28,940	43,400	59,480	79,700	104,930	144,770	206,810	305,810
11	29,510	44,310	60,660	81,160	106,760	146,960	209,810	309,810
12	30,080	45,220	61,840	82,620	108,590	149,150	212,810	313,810
13	30,650	46,130	63,020	84,080	110,420	151,340	215,810	317,810
14	31,220	47,040	64,200	85,540	112,250	153,530	218,810	321,810
15	31,790	47,950	65,380	87,000	114,080	155,720	221,810	325,810
16	32,360	48,860	66,560	88,460	115,910	157,910	224,810	329,810
17		49,770	67,740	89,920	117,740	160,100	227,810	333,810
18		50,680	68,920	91,380	119,570	162,290	230,810	337,810
19		51,590	70,100	92,840	121,400	164,480	233,810	341,810
20		52,500	71,280	94,300	123,230	166,670	236,810	345,810
21		53,410	72,460	95,760	125,060	168,860	239,810	349,810
22		54,320	73,640	97,220	126,890	171,050	242,810	353,810
23		55,230	74,820	98,680	128,720	173,240	245,810	357,810
24		56,140	76,000	100,140	130,550	175,430	248,810	361,810
25		57,050	77,180	101,600	132,380	177,620	251,810	365,810
26		57,960	78,360	103,060	134,210	179,810	254,810	369,810
27		58,415	78,950	103,790	136,040	182,000	257,810	373,810
28		58,870	79,540	104,520	137,870	184,190	260,810	377,810
29		59,325	80,130	105,250	139,700	186,380	263,810	381,810
30		59,780	80,720	105,980	141,530	188,570	266,810	385,810
31		60,235	81,310	106,710	143,360	190,760	269,810	389,810
32		60,690	81,900	107,440	145,190	192,950	272,810	393,810
33		61,145	82,490	108,170	147,020	195,140	275,810	397,810
34		61,600	83,080	108,900	148,850	197,330	278,810	401,810
35		62,055	83,670	109,630	150,680	199,520	281,810	405,810
36		62,510	84,260	110,360	152,510	201,710	284,810	409,810
37			84,850	111,090	153,425	203,900	287,810	413,810

238

④複数賃率表

複数賃率表とは、号俸表（固定昇給方式）のような昇給額を標準評価（B）として、そこから評価（S、A、B、C、D）ごとの昇給額を展開したものです。

複数賃率表

Download 2-039

4等級

号	S	A	B	C	D
（単価）			7,300		
1	69,480	68,020	66,560	65,100	63,640
2	76,780	75,320	73,860	72,400	70,940
3	84,080	82,620	81,160	79,700	78,240
4	91,380	89,920	88,460	87,000	85,540
5	98,680	97,220	95,760	94,300	92,840
6	105,980	104,520	103,060	101,600	100,140
7	109,630	108,170	106,710	105,250	103,790
8	113,280	111,820	110,360	108,900	107,440
9	116,930	115,470	114,010	112,550	111,090

ここを検討

・賃金表はどのタイプを使いますか。

◆社員全員に当てはめてみる

全ての設計が終わったら、必ず、社員全員に職能等級を格付けし、現行の賃金から新賃金に置き換えてみて下さい。

これまで年功序列の賃金を使ってきた会社では、制度の移行に際し、優秀な社員ほど昇給させる場合が多く、困った社員ほどハコの上限を超えている場合が多いでしょう。

制度移行の際、降給については、労働条件の不利益変更の問題もあるので、少なくとも3年程度の間、調整給を支給するなどにより降給を保留する経過措置も必要です。

ここを検討
・賃金制度を大きく変える場合、移行後の賃金は適正ですか。
・不利益変更など法律上の問題はありませんか。

3. 賞与

　賞与の支給方法も様々です。一般には、基本給に支給乗率を掛けるタイプが多いようですが、社員の評価をして支払う場合、何を評価し、どの程度の支給格差を設けるかが問題となります。

　更に現在の経営は、賞与が社員の既得権とならないように、適正利益を確保した上で適正人件費総額を求め、その人件費の総額から月々の賃金を差し引き、残余がある場合にのみ賞与が支給されるよう管理するべきです。このような管理方法を「総額人件費管理」といいます。

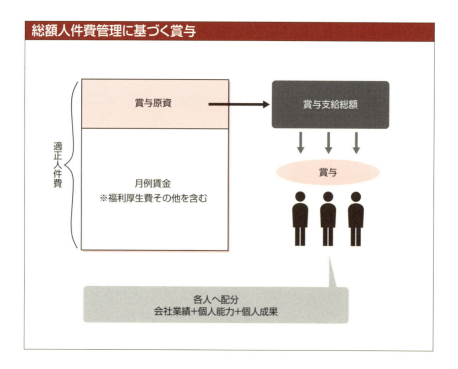

モデル規程 退職金規程（定額制）

退職金規程

第1章　総則

（目　的）
第1条　この規程は、就業規則第○条の定めるところにより、社員の退職金に関する事項を定めたものである。

（支給対象者）
第2条　次の者を除き、退職し、または解雇される社員には、本規程に基づき退職金を支給する。
①勤続年数3年未満の者
②パートタイマー、アルバイト、その他期間を定めて雇用される者
③定年後に嘱託として再雇用される者

第2章　退職金の計算

（定年等による支給額）
第3条　社員が次のいずれかに該当する場合は、勤続年数に応じて別表（A欄）に定める額の退職金を支給する。
①死亡により退職するとき
②定年により退職（継続雇用の場合を含む）するとき
③休職期間の満了により退職するとき
④業務上の傷病を理由として退職または解雇するとき
⑤役員に就任し退職するとき

⑥就業規則第○条により解雇するとき

（自己都合等による支給額）

第4条 社員が次のいずれかに該当する場合は、勤続年数に応じて別表（B欄）に定める額の退職金を支給する。

①自己都合により退職するとき

②就業規則第○条により懲戒解雇するとき

（退職金共済契約の適用）

第5条 「中小企業退職金共済法」による退職金共済契約等に基づいて退職金の支給を受ける場合には、その金額を第3条または第4条に定める退職金の額より控除するものとする。

（退職金の不支給、減額）

第6条 第3条および第4条にかかわらず、次のいずれかに該当する者については、退職金を支給しない。ただし、事情により減額して支給することがある。

①就業規則第○条に定める懲戒規定に基づき懲戒解雇された者

②退職後、就業規則第○条に定める懲戒規定に相当する事由が発覚した者

③就業規則第○条に定める退職の手続きを怠った者、または就業規則第○条に定める業務の引継ぎを誠実に行わなかった者

（勤続年数）

第7条 退職金の支給対象となる勤続年数は、入社日から退職日まで（60歳を超えて継続雇用する者は「60歳到達日まで」とする。以下同じ）とする。ただし、勤続年数1年未満の端数は月割とし、1月未満の端数は切り捨てる。

2. 就業規則第○条の休職期間および1月を超えて法定の育児休業、介護休業、産前産後休業を取得した期間は、1月未満の端数は切り捨てて勤続年数から控除する。

3. 出向休職する期間の勤続年数に対する取り扱いは、その都度、

出向契約書に定めるものとする。

（支給額の端数計算）

第8条 第3条および第4条の支給額は、前条1項但書の勤続年数の端数処理の規定に基づく場合、次の式により計算する。

$$退職金の支給額＝A＋（B－A）×\frac{端数月数}{12}$$

A＝勤続年数の1年未満の端数を切り捨てた場合の額

B＝勤続年数の1年未満の端数を切り上げた場合の額

2． 退職金の最終計算において、千円未満の端数があるときはこれを切り上げる。

（功労金）

第9条 在職中の勤務成績が特に優秀であった者および特に功労のあった者に対しては、第3条および第4条の退職金に功労金を加算する場合がある。なお加算する場合およびその額は、その都度、役員会で決定する。

第3章　雑則

（支払いの時期および方法）

第10条 退職金は、退職日から30日以内にその全額を、原則として、社員の希望する預貯金口座に振り込んで支給する。

（受給権者）

第11条 社員が死亡した場合の退職金は、社員の遺族に支給する。なお、遺族の範囲および支給順位については、労働基準法施行規則第42条から第45条に定める遺族補償の順位を準用する。

（退職金の返還）

第12条 退職金支給後において、第6条に定める不支給事由が発覚した者については、既に支払済みの退職金の全額もしくはその一部の返還を命じる。この場合、退職者は誠実に返還に応じなければならない。

付　則

1.　この規程は、令和○年○月○日から実施する。

別表

勤続年数	支給額（千円）		勤続年数	支給額（千円）	
	A欄	B欄		A欄	B欄
1	0	0	21	4,980	2,900
2	0	0	22	5,460	3,300
3	300	200	23	5,940	3,700
4	425	250	24	6,420	4,100
5	550	300	25	6,900	4,500
6	740	400	26	7,300	5,000
7	930	500	27	7,700	5,500
8	1,120	600	28	8,100	6,000
9	1,310	700	29	8,500	6,500
10	1,500	800	30	8,900	7,250
11	1,760	940	31	9,500	8,000
12	2,020	1,080	32	10,100	9,000
13	2,280	1,220	33	10,700	9,800
14	2,540	1,360	34	11,100	10,540
15	2,800	1,500	35	11,500	11,080
16	3,140	1,700	36	11,900	11,620
17	3,480	1,900	37	12,300	12,160
18	3,820	2,100	38	12,700	12,700
19	4,160	2,300	39	12,700	12,700
20	4,500	2,500	40	12,700	12,700

◆関連規程◆

定年後の継続雇用等がある場合…「定年退職者再雇用規程」／早期退職優遇制度を実施する場合…「早期退職優遇制度規程」／退職金の減額等を定める場合の禁止すべき行為…「就業規則」（服務規律）

趣 旨

退職金は、江戸時代の商人の「のれん分け」に起源があるといわれています。当初、退職金の支給目的は、「在職中の貢献に対する功労」という恩恵的なものであると考えられてきました。その後、明治、大正と退職金の制度化が進み、戦後、労働組合の要求によって、「在職中の賃金の後払い」として「恩恵的なもの」から「契約上の賃金」へと性格が移り変わってきたのです。

更に現在では、多くの企業が退職金の年金払いを導入し、「老後の生活保障」としての役割も生まれてきています。

退職金は法律で義務付けられているわけではないので、支払うかどうかは会社の自由です。しかし、一旦就業規則などに支払う旨を規定すると、その定めにより使用者に支払義務が生じるとともに、労働基準法が規定する賃金として、各種のルールが適用されてきます。

たとえば、退職金の定めをする場合、就業規則の相対的必要記載事項（29ページ参照）として、次の事項を記載する義務が生じます。

退職金に関する就業規則の相対的必要記載事項
①支給が適用される労働者の範囲
②退職手当の決定および計算方法
③支払いの方法
④支払いの時期に関する事項

退職金の計算方法は、従来、基本給に勤続年数別の係数を掛けるタイプが主流でした。しかし、多くの会社では、バブル期の物価上昇とともに基本給を昇給してきたツケが予期せぬ退職金額の大幅な上昇として現れてしまい、早急な見直しが求められています。

ここにご紹介するタイプが、このような問題への１つの改善策となる「定額制」（勤続年数などを基準に支給額そのものを定める方式）の退職

金制度です。この方式では、基本給から独立したテーブルを持つため、基本給の変動に連動しません。

その他にも新しい退職金制度が生まれてきました。各人の在職中の貢献度によって支給額に格差を設けるという「ポイント制」や、終身雇用が崩壊し、長期雇用者が減ってくると、従来の支給方法では短期雇用者が不利となるため、いっそ退職後の支給を廃止し、その分の額を在職中の月々の賃金に加算しようという「前払退職金」などです。これらについても後で簡単に紹介します。

統計では、大企業から中小企業まで9割近い会社で、退職金が支払われています。しかし、会社によって平均的な勤続年数や年齢はまちまちで、安易に他社と同じような退職金制度を設けても、人件費が増すだけです。会社としての退職金の位置付けを明確にした上で、制度化する必要があるのです。

ポイント

1. 定額制の退職金制度と退職金の支給方法

◆支給対象

パートタイマーなどの臨時社員を支給対象から外す場合は、除外する者について明確に規定して下さい。

また、これからは60歳以降の継続雇用が義務化される（294ページ参照）ため、その期間を、退職金計算の対象となる期間に含めるかどうか、特に注意が必要です。　　▶ モデル規程　第2条

> ⚠ **ここを検討** ‥‥‥‥‥‥‥‥‥‥‥‥‥‥‥‥‥‥‥‥‥‥‥‥‥‥
> ・退職金の支給対象者は明確にしましたか。
> ・定年後も継続雇用している社員の取り扱いはどうしますか。

246

◆ 支給額

　退職金の計算方法については、従来、基本給に勤続年数別の係数を掛け、勤続が長いほどカーブが弓なりに立ち上がるように設定したタイプがほとんどでした。

　しかし、バブルの崩壊と共に経済がインフレからデフレに移行したとたん、多くの会社は思っていたよりも退職金の支給額が増えていることに気がついたのです。たとえば、「基本給×50」という計算で支給する者がいた場合、基本給30万円のときは1,500万円ですが、40万円のときは、2,000万円です。

　ここにご紹介するモデル規程は、従来からの基本給をベースとした退職金の計算方法ではなく、基本給から切り離した勤続年数ごとに支給額を定めた「定額制」のタイプです。

　定額制では、社員の功労の違いを原則として考慮しませんが、別途、金額を確約しない功労金を加算することで、その時々の経営状況に対応できる柔軟な退職金制度として規定しました。

　また、退職理由が、会社都合の場合の額と、自己都合の場合の額に差が出るように設計しています。ただし、もう定年が間近い者については、退職理由別の退職金の額に差がありすぎると、退職を希望する者も辞めるに辞められないということになるため、徐々にカーブを近づけていきます。　モデル規程　第3〜4条、別表

> **ここを検討**
> ・支給額の計算方法、水準は、どうしますか。

◆「中小企業退職金共済制度」等を利用する場合

　「賃金の支払の確保等に関する法律」の定めにより、企業は退職金の支払いについて保全措置を取らなければなりません（賃確法5条）。

　そのため、中小企業を対象として公的機関の制度である「中小企業退職金共済制度」などを多くの会社が利用しています。この場合、それら

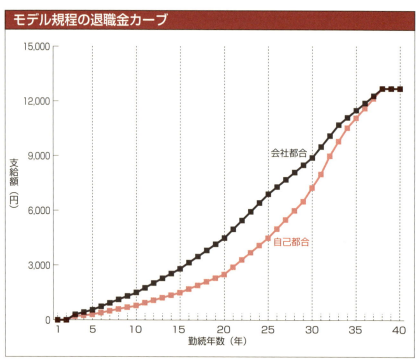

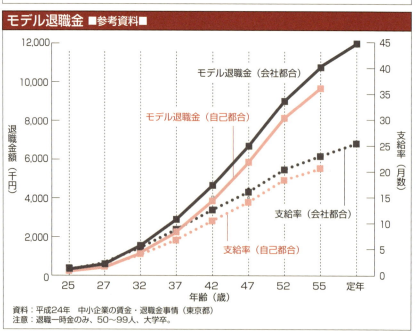

資料：平成24年　中小企業の賃金・退職金事情（東京都）
注意：退職一時金のみ、50～99人、大学卒。

の制度と社内の支給額の計算方法が異なることから、原則的な支給基準を定めた後、公的機関等から支払われる金額がその額に満たないときだけ、別途差額を会社が支給するようにします。

ただし、次に説明する退職金の不支給や減額は、中小企業退職金共済制度からの支給については、一定の制限があり、会社の一方的な判断では実施できません。　▶ モデル規程　第5条

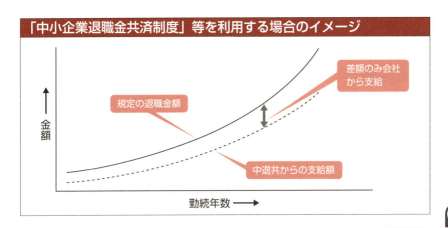

ここを検討
・「中小企業退職金共済制度」などは利用しますか。また、そこから支給される額との関係はどうしますか。

◆**不支給、減額**

懲戒解雇にあたる行為、その他経営秩序を著しく乱すような一定の行為をした者については、退職金を支給しない、あるいは減額するなどの措置を取ることができます。

ただし、不支給や減額をする旨を就業規則または退職金規程などで定めておく必要があります（広麺商事事件：広島地裁判決平成2.7.27）。

また、退職金をまったく支給しない場合、懲戒解雇であれば当然支給しなくてよいということではなく、「労働者に永年の勤続の功を抹消してしまうほどの不信があった」と認められる程度の行為がなければなりま

せん（東花園事件：東京地裁判決昭和52.12.21）から、慎重に判断する必要があります。

　なお、不支給または減額すべき事由に該当することが、退職金の支給後に発覚した場合、退職金の返還を求めることも規定しておくべきです。

▶ モデル規程　第6、12条

　ここを検討
・不支給や減額の事由を定めますか。

◆勤続年数

　退職金の支給の対象となる勤続年数は、一般に入社日から退職日までですが、定年後の継続雇用制度により60歳を超えて雇用される期間などについては、支給対象としない旨明記するべきです。

　また、育児休業期間などについて、休業を取ったことにより不利益な取り扱いをすることは禁止されています（育児・介護休業法10条、他）が、ノーワークノーペイの原則によりその期間分を勤続年数から除外することは問題ありません。　▶ モデル規程　第7条

　ここを検討
・勤続年数の対象となる期間は、いつからいつまでですか。
・休職などの長期不就労期間の扱いはどうしますか。

◆功労金

　在職中、特に優秀で功績があった者に功労金を支給する場合には、それについて規定します。全ての者に支給するものではないことを、誤解されないように定めて下さい。　▶ モデル規程　第9条

　ここを検討
・功労金などの特別な加算はどうしますか。

◆**支給方法**

　退職金についても、賃金の支払い5原則のうち、通貨払い、直接払い、全額払いの原則が適用されますから、口座振込みなどの方法を取る場合、月々の賃金と同様、労働者の申出に基づいて行う必要があります（67ページ参照）。

　通貨払いの原則については、社員の同意があれば、例外として、銀行などの振り出した、または支払保証をした小切手や郵便為替による支払いが許されています。

　退職金の支給時期については、使用者の自由とされていますが、就業規則に支払期限を定め、その期限までに支払う手続きを取ります。

　支払期限は、退職後あまり長くならない時期に定めるべきです。

▶ モデル規程　第10条

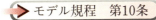

・支払方法、支払時期はどうしますか。

◆**受給権者**

　退職金は、支給要件を満たしている限り、一般的に、労働者本人が受給前に死亡しても支給されます。この場合、誰が受給権者となるのかが問題となります。

　一般に、民法の相続の順位を用いても問題はありませんが、この場合、何らかの理由で婚姻の届出をしていなかった内縁の妻などは受給権者となれません。一方、労働基準法に規定する遺族の優先順位（労基則42～45条）は、内縁の妻を含めているため、会社の規定によって、民法の相続とは別に定めることもできます（福岡工業大学事件：最高裁判決昭和60.1.31）。

　なお、相続については、遺族の意見がまとまらないことも多いので、優先順位の低い遺族から退職金の請求があっても支払いを拒否できるよう基準を明確にしておく方がよいのです。　　　▶ モデル規程　第11条

> **労働基準法の遺族補償の順位**
>
> 第1順位グループ：配偶者（事実上婚姻と同様の関係にある者を含む）
> 第2順位グループ：子→父母（養父母→実父母）→孫・祖父母
> 　　　　　　　　・労働者の死亡当時その収入によって生計を維持していた者または生計を一にしていた者
> 第3順位グループ：子→父母→孫→祖父母(第2順位グループ以外)→兄弟姉妹
> 　　　　　　　　・労働者が遺言または使用者に対する予告でこの中から特定の者を指定した場合はその者
>
> ※同順位の者が2人以上ある場合には、その人数によって等分する。
> ※受けるべきであった者が死亡した場合、その者の権利は消滅する。その場合、その死亡者を除いて行う。

 ここを検討

・受給権者を定めますか。また、民法、労働基準法などの順位を引用しますか。

2. 新しい退職金制度

◆ポイント制退職金

　ポイント制退職金とは、各人の在職中の貢献度によりポイントを積み上げ、このポイントによって退職金額を支払うもので、①能力や成果を反映した退職金の支給と、②基本給との連動を断つこと、の2つの目的があります。

　貢献度を額に反映するため、その貢献度を計る基準を何にするかで退職金の性質が変わってきます。

　導入する場合の規定例は次ページのとおりです。ここでは、職能資格制度（312ページ参照）に基づきポイントに差を設けています。

ポイント制を導入する場合の退職金規程の規定（例）

（退職金の額）

第○条　退職金の額は、次の式により計算する。

　　　　退職金額＝（勤続ポイント＋職能ポイント＋役職ポイント）
　　　　　　　　　　　　　　　　　×ポイント単価×退職事由別係数

（勤続ポイント）

第○条　勤続ポイントは、毎年、10ポイントを累積する。

（職能ポイント）

第○条　職能ポイントは、各人の職能等級ごとに、毎年、別表1に定めるポイントを累積する。

（役職ポイント）

第○条　役職ポイントは、課長以上の役職にある者について、毎年、別表2に定めるポイントを累積する。

（ポイント単価）

第○条　ポイント単価は、10,000円とする。

（退職事由別係数）

第○条　退職事由別係数は、退職事由が会社都合の場合は1とし、自己都合の場合は別表3に定める係数とする。

別表1

職能等級	ポイント
1	2
2	3
3	4

別表2

役職	ポイント
課長	2
次長	3
部長	4

別表3

年齢	係数
20	0.30
21	0.40
22	0.50

◆前払退職金

　前払退職金とは、退職金相当の額を在職中の月々の賃金または賞与に分割して加算する制度です。

　社員にとっては、終身雇用の崩壊により、老後生活の保障を会社に期待しなくなってきたことから、一般に短期に転職するほど不利になる退職金よりも在職中に受け取ってしまった方がよいという考えがあります。

　会社にとっては、転職志向が強くても優秀な社員を獲得し、たとえ短期でも能力を発揮してもらうためには、他社との比較で賃金の水準を少しでも高くしておくことが有利になります。

　加算額の累積は、次の図のようになります。前払退職金の場合は一般に月例賃金を基準として一定の額または率で支払うため、一般的な退職金モデルのような大きな弓なりのカーブと比較すると、直線に近いカーブとなります。そのため、一般的な退職金と前払退職金との選択制としているなどの理由から、いくつかの期間に区分し支給額または率を変え、退職金のモデルカーブに近いカーブに補正する会社が多いのです。

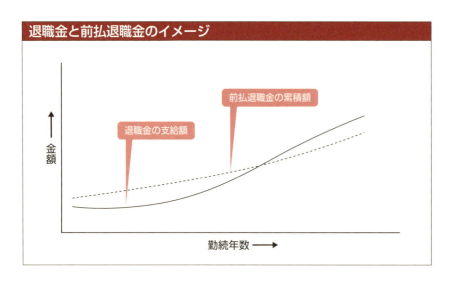

退職金と前払退職金のイメージ

　なお、前払退職金の額については、所得税でも社会保険でも通常の賃金とみなされるため、税額および保険料額はその分多くなります。

3章

雇用管理に関する規程のモデルとつくり方

モデル規程　育児・介護休業規程

Download 3-041

育児・介護休業規程

第1章　総則

（目　的）

第1条　この規程は、就業規則第〇条に基づき、育児・介護のための休業、子の看護休暇、介護休暇、育児・介護のための所定外労働の免除、時間外労働および深夜業の制限ならびに短時間勤務等に関する取り扱いについて定めたものである。

（法令との関係）

第2条　この規程に定めのないことについては、「育児休業、介護休業等育児または家族介護を行う労働者の福祉に関する法律（以下「育児・介護休業法」という）」その他の法令の定めるところによる。

（信義則）

第3条　会社は、育児・介護休業等を希望する社員に対し、休業等を取得しやすい職場環境を整備するとともに、希望に添った休業等ができるよう配慮しなければならない。

　2.　社員は、この規程に基づく制度を利用するに当たり、業務の引継ぎを完了させるなど担当業務に支障を来たさぬよう努めなくてはならない。

第2章　育児休業制度

（育児休業の対象者）

第4条　1歳未満の子（養子等を含む）と同居し、養育する社員は、この規程に定めるところにより育児休業を取得することができる。ただし、期間契約社員については申出時点において次のいずれにも該当する者に限る。

①雇用された期間が1年以上の者

②子が1歳6ヵ月（第6条の場合は2歳）に達する日までに労働契約が満了し、更新されないことが決定している者でないこと

2.　前項にかかわらず、次の社員は育児休業を取得することができない。

①日雇社員

②会社と社員代表との間で「育児・介護休業等に関する協定（以下「協定」という）」が締結されたときは、その協定により育児休業の対象から除外することとされた次の者

イ）雇用された期間が1年未満の者

ロ）申出の日から1年（第6条の場合は6ヵ月）以内に雇用関係が終了することが明らかな者

ハ）1週間の所定労働日数が2日以下の者

（育児休業の期間等）

第5条　育児休業の期間は、原則として子が1歳に達するまでを限度として育児休業申出書に記載された期間とする。

2.　前項の規定にかかわらず、社員の配偶者が社員と同じ日からまたは社員より先に育児休業を取得している場合、社員は、子が1歳2ヵ月に達するまでの間で、出生日以後の産前・産後休業期間と育児休業期間を合計して1年を限度として、育児休業を取得することができる。

（育児休業期間の延長等）

第6条　子が1歳に達する日において、本人または配偶者が育児休業

中の社員で、かつ次のいずれかに該当する者については、育児休業を延長または新たに取得(以下「延長等」という)することができる。なお、この延長等は、子が1歳6ヵ月に達するまでを限度とする。

①保育所の入所を希望しているが、入所できない者

②配偶者で、1歳以降も子を養育する予定であった者の死亡、負傷、疾病等により子の養育が困難になった者

2. 子が1歳6ヵ月に達する日において本人または配偶者が育児休業中の社員で、次のいずれかに該当する者については、育児休業の延長等をすることができる。なお、この延長等は子が2歳に達するまでの間を限度とする。

①保育所の入所を希望しているが入所できない者

②配偶者で、1歳6ヵ月以降も子を養育する予定であった者の死亡、負傷、疾病等により子の養育が困難になった者

（育児休業の申出の手続き等）

第7条 育児休業を希望する社員は、原則として育児休業を開始しようとする日（以下「育児休業開始予定日」という）の1ヵ月前（第6条に基づく休業の場合は2週間前）までに、「育児休業申出書」（様式1）を会社に提出するものとする。これより遅れた場合、会社は、「育児・介護休業法」の定めによって育児休業開始予定日の指定を行うことができる。

2. 育児休業の申出は、特別の事情がない限り、1人の子につき1回限りとし、双子以上の場合もこれを1人とみなす。ただし、産後休業をしていない社員が、子の出生日または出産予定日のいずれか遅い方から8週間以内にした最初の育児休業については、1回の申出にカウントしない。

3. 会社は、育児休業申出書を受け取るに当たり、必要最小限度の各種証明書の提出を求めることがある。この場合、社員は会社の指示に従わなければならない。

（取扱通知）

第8条 育児休業申出書が提出されたときは、会社はすみやかにその育児休業申出書を提出した社員（以下「育児休業申出者」という）に対し、会社の決定した休業の期間、休業中の諸条件等を記載した「育児休業取扱通知書」（様式２）を交付する。

（出生届）

第9条 育児休業申出者は、申出日の後に子が出生したとき、２週間以内に会社に「育児休業等対象児出生届」（様式３）を提出しなければならない。

（育児休業の申出の撤回等）

第10条 育児休業申出者は、育児休業開始予定日の前日までに、「育児休業撤回届」（様式４）を会社に提出することにより、育児休業の申出を撤回することができる。

２． 育児休業の申出を撤回した社員は、特別の事情がない限り同じ子については再度申出をすることができない。

３． 育児休業開始予定日の前日までに、子の死亡、養子縁組の取消し等により育児休業申出者が休業申出にかかわる子を養育しないこととなった場合には、育児休業の申出はされなかったものとみなす。この場合において、育児休業申出者は、原則として事由が発生した日に、会社にその旨を通知しなければならない。

（変更の申出）

第11条 社員は、「育児休業期間変更申出書」（様式５）により、育児休業開始予定日の１週間前までに会社に申し出ることにより、育児休業開始予定日の繰り上げ変更を、また、育児休業を終了しようとする日（以下「育児休業終了予定日」という）の１ヵ月前までに申し出ることにより（第6条に基づく休業の場合、２週間前までに申し出ることにより、第4条に基づく休業とは別に）、育児休業終了予定日の繰り下げ変更を１回に限り行うことができる。

２． 社員が育児休業終了予定日の繰り上げ変更を希望する場合には、育児休業期間変更申出書により会社に申し出るものとし、会社がこれを適当と認めた場合には、すみやかに本人に通知することとする。

（育児休業の終了）

第12条 次の各号に掲げるいずれかの事由が生じた場合には、育児休業はその日（３号の場合はその前日）に終了するものとする。

①子の死亡等、育児休業にかかわる子を養育しないこととなったとき

②育児休業にかかわる子が１歳（第５条２項および第６条１項および２項の場合を除く）に達したとき

③育児休業申出者について、産前産後休業、介護休業または新たな育児休業が始まったとき

２． 前項１号の事由が生じた場合、育児休業申出者は、原則としてその事由が生じた日に、会社にその旨を通知しなければならない。

第３章 介護休業制度

（介護休業の対象者）

第13条 要介護状態にある家族を介護する社員は、この規程に定めるところにより介護休業を取得することができる。ただし、期間契約社員については申出時点において次のいずれにも該当する者に限る。

①雇用された期間が１年以上の者

②介護休業開始予定日から93日と６ヵ月を経過する日までに労働契約期間が満了し、更新されないことが決定している者ではないこと

２． 前項にかかわらず、次の社員は介護休業を取得することができない。

①日雇社員

②会社と社員代表との間で協定が締結されたときは、その協定により介護休業の対象から除外することとされた次の者

イ）雇用された期間が１年未満の者

ロ）申出の日から93日以内に雇用関係が終了することが明らかな者

ハ）１週間の所定労働日数が２日以下の者

3. １項の要介護状態にある家族とは、負傷、疾病または身体上もしくは精神上の障害により、２週間以上の期間にわたり常時介護を必要とする状態にある次の者をいう。

①配偶者

②父母

③子

④配偶者の父母

⑤祖父母、兄弟姉妹または孫

（介護休業の申出の手続き等）

第14条 介護休業を希望する社員は、原則として介護休業を開始しようとする日（以下「介護休業開始予定日」という）の２週間前までに、「介護休業申出書」（様式６）を会社に提出するものとする。これより遅れた場合、会社は、「育児・介護休業法」の定めによって介護休業開始予定日の指定を行うことができる。

2. 介護休業の申出は、特別の事情がない限り、対象家族１人につき３回までとする。

3. 会社は、介護休業申出書を受け取るに当たり、必要最小限度の各種証明書の提出を求めることがある。この場合、社員は会社の指示に従わなくてはならない。

（取扱通知）

第15条 介護休業申出書が提出されたときは、会社はすみやかにその介護休業申出書を提出した社員（以下「介護休業申出者」という）に対し、「介護休業取扱通知書」（様式２）を交付する。

（介護休業の申出の撤回等）

第16条 介護休業申出者は、介護休業開始予定日の前日までに、「介護休業撤回届」（様式４）を会社に提出することにより、介護休業の申出を撤回することができる。

２． 介護休業の申出を撤回した場合、撤回した休業について再度の申出は原則として１回とする。

３． 介護休業開始予定日の前日までに、申出にかかわる家族の死亡、離婚等により介護しないこととなった場合には、介護休業の申出はされなかったものとみなす。この場合において、介護休業申出者は、原則として事由が発生した日に、会社にその旨を通知しなければならない。

（介護休業の期間等）

第17条 介護休業の期間は、原則として、介護を必要とする者１人につき３回、通算93日の範囲内で、介護休業申出書に記載された期間とする。

（変更の申出）

第18条 社員は、「介護休業期間変更申出書」（様式５）により、介護休業を終了しようとする日（以下「介護休業終了予定日」という）の２週間前までに会社に申し出ることにより、介護休業終了予定日の繰り下げ変更を１回に限り行うことができる。この場合において、介護休業開始予定日から変更後の介護休業終了予定日までの期間は93日を超えないことを原則とする。

２． 社員が介護休業終了予定日の繰り上げ変更を希望する場合には、介護休業期間変更申出書により変更後の介護休業終了予定日の２週間前までに会社に申し出るものとし、会社がこれを適当と認めた場合には、すみやかに本人に通知することとする。

（介護休業の終了）

第19条 次の各号に掲げるいずれかの事由が生じた場合には、介護休業はその日（２号の場合はその前日）に終了する。

①次のいずれかの理由により、介護休業にかかわる対象家族を介護しないこととなったとき

　　イ）対象家族の死亡

　　ロ）離婚や離縁等による当該休業にかかわる家族との親族関係の消滅

　　ハ）介護休業申出者が、負傷、疾病等により介護できない状態になったこと

②産前産後休業、育児休業または新たな介護休業が始まったとき

2．　前項1号の事由が生じた場合、介護休業申出者は、原則として事由が生じた日に、会社にその旨を通知しなければならない。

第4章　所定外労働の免除

（育児のための所定外労働の免除）

第20条　3歳に満たない子と同居し養育する社員が、その子を養育するために請求した場合には、就業規則第○条の規定および「時間外・休日労働に関する協定」にかかわらず、事業の正常な運営に支障がある場合を除き、所定労働時間外に労働をさせることはない。

2．　前項にかかわらず、次のいずれかに該当する社員は、所定外労働の免除を請求することができない。

①日雇社員

②会社と社員代表との間で協定が締結されたときは、その協定により介護休業の対象から除外することとされた次の者

　　イ）雇用された期間が1年未満の者

　　ロ）1週間の所定労働日数が2日以下の者

（育児のための所定外労働免除の手続き等）

第21条　所定外労働の免除を請求しようとする社員は、1回につき、1ヵ月以上1年以内の期間（以下この章において「免除期間」

という。なお、第5章の時間外労働の制限期間と重複しないこと）について、免除を開始しようとする日（以下、この章において「免除開始予定日」という）および免除を終了しようとする日を明らかにして、原則として免除開始予定日の1ヵ月前までに、「所定外労働免除請求書」（様式7）を会社に提出しなければならない。

2. 会社は、所定外労働免除請求書を受け取るに当たり、必要最小限度の各種証明書の提出を求めることがある。この場合、社員は会社の指示に従わなければならない。

3. 免除開始予定日の前日までに、請求にかかわる子の養育をしないこととなった場合には、請求はなされなかったものとみなす。この場合において、請求者は、原則として事由が発生した日に、会社にその旨を通知しなければならない。

（育児のための所定外労働免除の終了）

第22条 次の各号に掲げるいずれかの事由が生じた場合には、免除期間はその日（3号の場合はその前日）に終了する。

① 子の養育をしないこととなったとき

② 免除にかかわる子が3歳に達したとき

③ 請求者について、産前産後休業、育児休業または介護休業が始まったとき

2. 前項1号の事由が生じた場合には、請求者は、原則として事由が生じた日に、会社にその旨を通知しなければならない。

（介護のための所定外労働の免除）

第23条 要介護状態にある家族を介護する社員が、その家族を介護するために請求した場合には、就業規則第○条の規定および「時間外・休日労働に関する協定」にかかわらず、事業の正常な運営に支障がある場合を除き、所定労働時間を超えて労働させることはない。

2. 前項にかかわらず、次のいずれかに該当する社員は、所定外労働の免除を請求することができない。

①日雇社員

②会社と社員代表との間で協定が締結されたときは、その協定により所定外労働の免除の対象から除外することとされた次の社員

イ）雇用された期間が１年未満の者

ロ）１週間の所定労働日数が２日以下の者

（介護のための所定外労働免除の手続き等）

第24条　所定外労働の免除を請求しようとする社員は、１回につき、１ヵ月以上１年以内の期間について、免除開始予定日および終了予定日を明らかにして、原則として免除開始予定日の１ヶ月前までに「所定外労働免除請求書」を会社に提出しなければならない。なお、この場合において当該免除期間は第５章に定める時間外労働の制限期間と重複しないようにしなければならない。

２．　会社は、所定外労働免除請求書を受け取るに当たり、必要最小限度の各種証明書の提出を求めることがある。この場合、社員は会社の指示に従わなければならない。

３．　免除開始予定日の前日までに、請求に係る対象家族の死亡等により家族の介護をしないこととなった場合には、請求はされなかったものとみなす。この場合において、請求者は、原則として事由が発生した日に、会社にその旨を通知しなければならない。

（介護のための所定外労働免除の終了）

第25条　次の各号に掲げるいずれかの事由が生じた場合には、免除期間はその日（２号の場合はその前日）に終了する。

①対象家族の介護をしないこととなったとき

②請求者について、産前産後休業、育児休業または介護休業が始まったとき

２．　前項１号の事由が生じた場合には、請求者は、原則として事由が生じた日に、会社にその旨を通知しなければならない。

265

第5章　時間外労働の制限

（育児・介護のための時間外労働の制限）

第26条　小学校就学の始期に達するまでの子と同居し養育する社員が、その子を養育するため、または要介護状態にある家族を介護する社員が、その家族を介護するために請求した場合には、就業規則第○条の規定および「時間外・休日労働に関する協定」にかかわらず、事業の正常な運営に支障がある場合を除き、1ヵ月について24時間、1年について150時間を超えて時間外労働をさせることはない。

　　2．　前項にかかわらず、次の1号から3号のいずれかに該当する社員は、育児のための時間外労働の制限また、介護のための時間外労働の制限を請求することができない。

　　　　①日雇社員

　　　　②雇用された期間が1年未満の者

　　　　③1週間の所定労働日数が2日以下の者

（時間外労働制限の手続き等）

第27条　時間外労働の制限を請求しようとする社員は、1回につき、1ヵ月以上1年以内の期間（以下この条において「制限期間」という）について、制限を開始しようとする日（以下この条において「制限開始予定日」という）および制限を終了しようとする日を明らかにして、原則として制限開始予定日の1ヵ月前までに、「育児・介護のための時間外労働制限請求書」（様式8）を会社に提出しなければならない。なお、第4章の所定外労働の免除期間と重複しないようにしなければならない。

　　2．　会社は、時間外労働制限請求書を受け取るに当たり、必要最小限度の各種証明書の提出を求めることがある。この場合、社員は会社の指示に従わなければならない。

　　3．　制限開始予定日の前日までに、請求にかかわる家族の死亡等により、請求者が子の養育または家族の介護をしないこととなった場合には、請求はされなかったものとみなす。この場

合において、請求者は、原則として事由が発生した日に、会社にその旨を通知しなければならない。

（時間外労働制限の終了）

第28条 次の各号に掲げるいずれかの事由が生じた場合には、制限期間はその日（３号の場合はその前日）に終了する。

①家族の死亡等制限にかかわる子の養育または家族の介護をしないこととなったとき

②制限にかかわる子が小学校就学の始期（子が６歳に達する日の属する年度の３月31日）に達したとき

③請求者について、産前産後休業、育児休業または介護休業が始まったとき

２. 前項１号の事由が生じた場合には、請求者は、原則として事由が生じた日に、会社にその旨を通知しなければならない。

第６章　深夜労働の制限

（育児・介護のための深夜労働の制限）

第29条 小学校就学の始期に達するまでの子と同居し養育する社員が、その子を養育するため、または要介護状態にある家族を介護する社員が、その家族を介護するために請求した場合には、就業規則第○条の規定にかかわらず、事業の正常な運営に支障がある場合を除き、午後10時から午前５時までの間（以下「深夜」という）に労働をさせることはない。

２. 前項にかかわらず、次の社員は、深夜業の制限を請求することができない。

①日雇社員

②雇用された期間が１年未満の者

③次のいずれにも該当する16歳以上の同居の親族がいる者

イ）深夜時間帯に就労していないか、または深夜就労日数が月３日以下であること

ロ）心身の状況が請求にかかわる子の養育、または家族の
介護をすることができること

ハ）6週間（多胎妊娠の場合は14週間）以内に出産予定で
ないか、または産後8週間以内でないこと

④1週間の所定労働日数が2日以下の者

⑤所定労働時間の全部が深夜にある者

（深夜労働の制限の手続き等）

第30条　深夜労働の制限を請求しようとする者は、1回につき、1ヵ
月以上6ヵ月以内の期間（以下この条において「制限期間」
という）について、制限を開始しようとする日（以下この条
において「制限開始予定日」という）および制限を終了しよ
うとする日を明らかにして、原則として制限開始予定日の1
ヵ月前までに、「育児・介護のための深夜労働制限請求書」（様
式9）を会社に提出しなければならない。

2．　会社は、深夜労働制限請求書を受け取るに当たり、必要最小
限度の各種証明書の提出を求めることがある。この場合、社
員は会社の指示に従わなければならない。

3．　請求の日後に請求にかかわる子が出生したときは、深夜労働
制限請求書を提出した者（以下「深夜労働制限請求者」とい
う）は、出生後2週間以内に会社に「育児休業等対象児出生
届」（様式3）を提出しなければならない。

4．　制限開始予定日の前日までに、請求にかかわる家族の死亡等に
より、深夜労働制限請求者が子の養育または家族の介護をしな
いこととなった場合には、請求はされなかったものとみなす。
この場合において、深夜労働制限請求者は原則として、事由
が発生した日に、会社にその旨を通知しなければならない。

（深夜労働の制限の終了）

第31条　子の養育を目的とする場合は、第13条1項各号のいずれかの
事由が生じたとき、家族の介護を目的とする場合は、第20条
1項各号のいずれかの事由が生じたときには、それぞれの規

定に準じて深夜労働の制限は終了する。

2. 前項の事由が生じた場合、請求者は原則として事由が生じた日に、会社にその旨を通知しなければならない。

第7章　短時間勤務制度

（育児短時間勤務）

第32条 3歳に満たない子を養育する社員は、会社に申し出て、就業規則第○条の所定労働時間について、以下のように短時間勤務の適用を受けることができる。

　　　　所定労働時間：午前9時から午後4時まで

　　　　休憩時間　　：午前12時から午後1時まで

2. 前項にかかわらず、次の社員は、短時間勤務をすることができない。

①日雇社員

②1日の所定労働時間が6時間以下である者

③会社と社員代表との間で協定が締結されたときは、その協定により除外された次の者

　イ）雇用された期間が1年未満の者

　ロ）1週間の所定労働日数が2日以下の者

　ハ）業務の性質または業務の実施体制に照らして所定労働時間の短縮措置を講ずることが困難と認められる業務として協定に定める業務に従事する者

3. 適用のための手続きは、1回につき、1ヵ月以上1年以内の期間について、短縮を開始しようとする日および短縮を終了しようとする日を明らかにして、原則として、短縮開始予定日の1ヵ月前までに、「育児短時間勤務申出書」（様式11）により行う。その他適用のための手続等については、第7条から第10条（7条2項、10条2項を除く）までの規定を準用する。

4. 第2項3号ハ）の定めにより短時間勤務の適用から除外する
　　　者については、代替措置として、第2章に定める育児休業に
　　　準じて、子が3歳に達するまで休業することができる。

（介護短時間勤務）

第33条 要介護状態にある家族を介護する社員は、会社に申し出るこ
　　　とによって、対象家族1人当たり3年間を限度として、就業
　　　規則第○条の所定労働時間について、以下のように短時間勤
　　　務の適用を受けることができる。なお、利用できる回数は利
　　　用開始から3年の間で2回までとする。

　　　所定労働時間：午前9時から午後4時まで

　　　休憩時間　　：午前12時から午後1時まで

2. 前項にかかわらず、次の社員は、短時間勤務をすることがで
　　　きない。

　　　①日雇社員

　　　②1日の所定労働時間が6時間以下である者

　　　③会社と社員代表との間で協定が締結されたときは、その協
　　　　定により除外された次の者

　　　　イ）雇用された期間が1年未満の者

　　　　ロ）1週間の所定労働日数が2日以下の者

3. 適用のための手続きは、第14条から第19条までの規定を準用
　　　する。ただし申出は、「介護短時間勤務申出書」により行う。

第8章　子の看護のための休暇

（子の看護のための休暇）

第34条 小学校就学の始期に達するまでの子を養育する社員は、負傷
　　　し、または疾病にかかった子の世話をするために、就業規則
　　　第○条に規定する年次有給休暇とは別に、1年間（毎年4月
　　　1日から3月31日）につき5日間（子が2人以上の場合は10
　　　日間）を限度として子の看護のための休暇を取得することが

できる。

2. 前項にかかわらず、次の社員は、子の看護のための休暇を申出できない。

①日雇社員

②会社と社員代表との間で協定が締結されたときは、その協定により、子の看護休暇を申出できる対象から除外された次の者

イ）雇用された期間が６ヵ月未満の者

ロ）１週間の所定労働日数が２日以下の者

3. 子の看護休暇を取得しようとする者は、「子の看護のための休暇申出書」（様式10）を会社に提出することにより申し出るものとする。なお、緊急を要する場合においては、当日の始業時刻までに電話で連絡の上、出社後すみやかに所定の手続きを行うこと。

4. 子の看護休暇は１日単位または半日単位で取得できるものとし、半日は所定労働時間の２分の１とする。半日単位の子の看護休暇２回で１日分の取得とする。

第９章　介護休暇

（介護休暇）

第35条 要介護状態にある家族を介護する社員は、介護、通院等の付き添い、介護サービスの提供を受けるための手続きその他の世話などのために、介護休業とは別に、１年間（毎年４月１日から３月31日）につき５日間（対象家族が２人以上の場合は10日間）を限度として家族の世話をおこなうための休暇を取得することができる。

2. 前項にかかわらず、次の社員は、介護休暇を申し出ることはできない。

①日雇社員

②会社と社員代表との間で協定が締結されたときは、その協定により除外された次の者

　　イ）雇用された期間が6ヵ月未満の者

　　ロ）1週間の所定労働日数が2日以下の者

3. 介護休暇を取得しようとする者は、「介護休暇申出書」（様式10)を会社に提出することにより申し出るものとする。なお、緊急を要する場合においては、当日の始業時刻までに電話で連絡の上、出社後すみやかに所定の手続きを行うこと。

4. 介護休暇は1日単位または半日単位で取得できるものとし、半日は所定労働時間の2分の1とする。半日単位の介護休暇2回で1日分の取得とする。

第10章　雑則

（賃金の取り扱い）

第36条 育児・介護休業の期間、子の看護のための休暇、介護休暇の取得日については、賃金は支給しない。

2. 短時間勤務の適用を受ける間の給与については、別途定める賃金規程に基づき、時間給換算した額を基礎とした実労働時間分の基本給と諸手当を支給する。

3. 賞与について、その算定対象期間にこの規定により勤務しなかった期間が含まれる場合には、出勤日数により日割りで計算した額を支給する。また、1ヵ月以上短時間勤務の適用を受ける期間がある場合には、その期間に応じて、短縮した勤務時間の所定労働時間における割合で減額を行うものとする。

（社会保険料等の取り扱い）

第37条 休業中の社会保険料の被保険者負担分、住民税等については、原則として各月に会社が立て替え、社員は翌月○日までに会社へ支払うものとする。ただし、産前産後休業および3歳未

満の子の養育のために育児休業を取得した場合、健康保険、厚生年金保険の被保険者負担分の保険料で、免除されたものはこの限りではない。

（教育訓練）

第38条 会社は、3ヵ月以上の育児休業または1ヵ月以上の介護休業をする社員で、休業期間中、職場復帰プログラムの受講を希望する者に同プログラムを実施することとする。

2. 会社は、別に定める職場復帰プログラム基本計画に沿って、当該社員が休業している間、同プログラムを行うこととする。

（年次有給休暇）

第39条 年次有給休暇の権利発生のための出勤率の算定に当たっては、育児・介護休業をした日は、出勤したものとみなす。

（昇　給）

第40条 定期昇給は、育児・介護休業の期間中は行わないものとし、育児・介護休業期間中に定期昇給日が到来した者については、復職後に再評価の上実施するものとする。

（復職後の勤務）

第41条 育児・介護休業後の勤務は、原則として、休業直前の部署および職務とする。

2. 前項にかかわらず、本人の希望がある場合および組織の変更等やむを得ない事情がある場合には、部署および勤務の変更を行うことがある。

（退職金）

第42条 退職金の算定に当たって、育児・介護休業をした期間は勤続年数に参入しない。また、短時間勤務の適用を受けた期間は、その短縮した時間数に応じて按分計算して勤続年数に算入する。

付　則

1. この規則は、令和○年○月○日から実施する。

◆関連規程◆

「育児・介護休業規程」への委任規定…「就業規則」（休暇）／短時間勤務等の賃金の計算方法…「賃金規程」（7条－時間額の計算）／休業期間の退職金の取り扱い…「退職金規程」（7条－勤続年数）

趣旨

　急速な少子高齢化により労働力人口の減少が加速する中、子どもを産み育てるため、または家族の介護をしやすくするための施設やサービスといった社会的環境は未だ十分に整備されておらず、育児や介護を行う社員が、家庭と仕事の両立が叶わず、自らの意に反して仕事を離れるケースも少なくありません。

　そこで、平成3年に「育児休業、介護休業等育児または家族介護を行う労働者の福祉に関する法律（以下「育児・介護休業法」といいます）」が施行され、現在まで段階的に適用範囲の拡大がなされてきました。

　この法律は、育児や介護を行う労働者について、一定期間の休業制度や短時間勤務制度などを利用できるようにすることにより、職場を失うことなく、育児や介護に専念することを可能にしたものです。

　必要最低限の人数で運営している会社にとっては、長期にわたって勤務できない者がいれば、他の労働力を補充する必要があるため、悩ましい法律であるという見方もあるでしょう。

　しかし、育児に関していえば、特に女性労働者の出産による退職が中堅層の戦力不足を招くとして、この休業制度を有効に活用し、人材の確保に成功している会社が多くあります。

　介護に関しても、高齢となった両親を抱えて悩んでいる社員にとっては、休業制度を利用して介護施設への入所の手続きを終えるなど、安心して勤務し続けるための環境整備の機会となるのです。

　この法律の特徴は、休業、短時間勤務などの制度がいくつもあり、それぞれの適用要件、適用方法などが非常に複雑であるということです。そのため、社内規程においても取り扱いのルールが複雑で、理解しにくい部分も多いことでしょう。

　また、頻繁に改正がなされているため、一度作成した規程も見直しを怠らないよう注意が必要です。平成29年にも大きな改正があり、期間契約社員について休業の取得要件が緩和されたり、介護のための制度が拡

充されるなど、制度が変わっています。

法改正のポイント

①有期契約労働者について休業の取得要件を緩和
②介護休業の分割取得
③介護のための所定労働時間の短縮措置等を拡充
④介護のための所定外労働の免除を義務化
⑤育児休業の対象となる子の範囲を拡大
⑥介護休業の対象となる家族の範囲を拡大
⑦子の看護休暇・介護休暇の取得単位の柔軟化
⑧マタハラ防止措置の義務化

ポイント

1. 育児・介護休業法の概要

　育児・介護休業法では、次のような制度を会社に義務付けています。会社は、対象となる者から請求があったときは原則として拒むことができず、また、請求をしたことなどを理由として解雇することはもちろん、不利益な扱いをすることも禁止されています（育児・介護休業法10条、他）。

育児・介護休業法の定める制度

①休業制度
②所定外労働の免除
③時間外労働の制限
④深夜業の制限
⑤短時間勤務制度
⑥子の看護のための休暇
⑦介護休暇

2. 育児休業

◆対象者

　育児休業とは、社員が子を養育するためにする休業をいいます。対象は1歳に満たない子を養育する社員となっています（育児・介護休業法5条1項）。

　原則として日雇社員や期間契約社員は対象となりませんが、①同一の事業主に引き続き雇用された期間が1年以上であること、②子が1歳6ヵ月に達する日までに労働契約が満了し、更新されないことが明らかでないこと、に該当する期間契約社員は育児休業を申し出ることができます（育児・介護休業法5条1項但書）。期間契約社員に関する要件は、平成29年1月の法改正により拡充されています。②の要件は、以前は「1歳以降も雇用継続の見込みがあること」という表現で、該当するかどうか判断しづらいものでした。改正後は、明らかに更新されないことが決まっている者でない限りは育児休業を取得できることになり、これにより多くの期間契約社員が育児休業の対象者に該当することになります。

　また、社員が育児休業を請求した場合、会社は拒むことができず、そのことを理由に解雇することも禁止されています（育児・介護休業法10条）。

　ただし、法律上、288ページの表のとおり、一定の社員は対象とされていない（育児・介護休業法6条1項）ので、規程の作成上は、適用を除外する社員の範囲を法定どおりとするのか明確にしておく必要があります。特に、会社が積極的に労使協定（ ダウンロード 3−042 参照）を結んだ場合に限り除外することができる者もいる（育児・介護休業法6条1項、育児・介護休業則7条）ので、現在は休業予定の社員がいなくても、いざ休業の申出があった場合にすみやかに対処できるよう、事前に規程等（申請書等 ダウンロード 3−043〜3−055 参照）の整備をしておくことが必要です。 ▶ モデル規程　第4条

◆育児休業期間の延長等

　次のいずれかの事情がある場合は、使用者に申し出ることにより、子が1歳6ヵ月に達するまで育児休業を延長することができます（育児・

介護休業法5条3項、育児・介護休業則4条の2）。

①保育所に入所を希望しているが入所できないとき

②1歳以降も子を養育する予定であった配偶者が、死亡、負傷、疾病等の事情により子を養育することが困難になったとき

　この場合に、育児休業中の社員が引き続き休業するほか、子が1歳に達する日まで育児休業をしていた配偶者と交替して休業を取得することもできます。

　なお、実際に育児休業を取得する期間は、子が1歳に達するまで、または1歳6ヵ月に達するまでを限度として「育児休業申出書」に記載された本人の希望する期間となります。

　また、平成29年10月の改正により、1歳6ヵ月の時点でもまだ保育園に入所できない等の事情がある場合は、さらに2歳に達するまで育児休業を延長できることになりました。

　なお、会社が任意に法定の期間を超えて育児休業を与えることは問題ありません。　▶ モデル規程　第6条

◆申出の手続き等

　育児休業を希望する社員は、「育児休業申出書」を会社に提出しなければなりません。この申出の手続きについて、法律では、①子が1歳に達するまでの育児休業については、原則として休業開始の1ヵ月前まで、②子が1歳6ヵ月（または2歳）までの育児休業については、1歳の誕生日（または1歳6ヵ月の誕生日応当日）の2週間前までに申し出る必要があり、これより遅れた場合、会社は次の図のような範囲で休業を開始する日を指定することができる（育児・介護休業法6条3項）としています。　▶ モデル規程　第7条

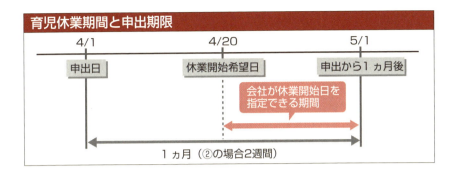

◆期間変更の申出

　当初の育児休業開始日の前日までに、出産予定日よりも早く子が出生した場合、または配偶者の死亡等、特別の事情がある場合には、1回に限り育児休業を開始する日を繰り上げ変更することができます（育児・介護休業法7条1項、育児・介護休業則9条）。

　法律では、社員の希望どおりの日に繰り上げ変更するには、変更後における休業開始日の1週間前までに変更の申出をする必要があるとしています。申出がこれより遅れた場合、会社は、次ページの図（上）のように、変更後における休業開始日以後、変更申出日の翌日から1週間経過日までの間で休業を開始する日を指定することができます（育児・介護休業法7条2項、育児・介護休業則13条）。

　更に社員は、子が1歳に達するまでの育児休業については当初の育児休業終了予定日の1ヵ月前、子が1歳6ヵ月までの育児休業については当初の育児休業終了予定日の2週間前までに申し出ることにより、事由を問わず、1回に限り（この場合の繰り下げ回数は、別々にカウントされます）、それぞれ1歳または1歳6ヵ月を限度として、育児休業終了日を繰り下げ変更し、育児休業期間を延長することができます（育児・介護休業法7条3項、育児・介護休業則15条）。

　休業期間の短縮については法律で定められていません。社員が休業期間の短縮などを希望した場合には、会社と社員とでよく話し合って休業期間を変更する旨や、その際の取り決め、手続き等をあらかじめ就業規

則等に明記しておきましょう。　▶ モデル規程　第12条

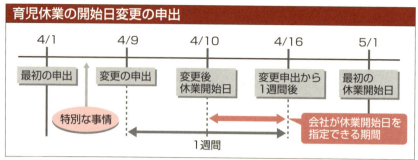

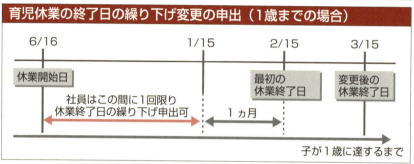

◆産後8週間以内の特例

　育児休業は1回のみの取得が原則ですが、妻の出産後8週間以内に夫が育児休業を取得した場合、特例として再度の取得が認められます（育児・介護休業法5条2項）。　▶ モデル規程　第7条

◆パパ・ママ育休プラス

　育児休業は原則として子が1歳に達するまでとされていますが、夫婦がともに育児休業を取得する場合は、1歳2ヵ月に達するまで休業を取得できます。父母が交替で取得したり、重なる期間があってもかまいません。ただし、1人が取得できる期間の上限は1年間（母親は産後休業とあわせて1年間）です（育児・介護休業法9条2項）。

▶ モデル規程　第5条

> **！ ここを検討** ・・
> ・育児休業の対象から除外する者を、労使協定の締結が必要な者まで広げますか。
> ・休業期間、申出や変更の時期など、法定を上回る条件を与えますか。

3. 介護休業

◆対象者

　介護休業とは、社員が家族を介護するためにする休業をいいます。法律では、この介護休業を取ることができる社員とは、要介護状態にある対象家族（配偶者、父母、子、その他一定の家族）を介護する社員としています（育児・介護休業法2条2項）。なお、原則として日雇社員や期間契約社員は対象となりませんが、①同一の事業主に引き続き雇用された期間が1年以上であること、②介護休業開始予定日から起算して93日と6ヵ月を経過する日までに労働契約が満了し、更新されないことが明らかでないこと、に該当する期間契約社員は介護休業を申し出ることができます（育児・介護休業法11条1項）。期間契約社員に関する要件は、平成29年1月の法改正により拡充されています。また、育児休業と同様に、社員が介護休業を請求した場合、会社は拒むことができず、そのことを理由に解雇することも禁止されています（育児・介護休業法16条）。

　ただし法律上、288ページの表のとおり、一定の社員は対象とされない（育児・介護休業法12条2項）ので、規程の作成上、適用を除外する社員の範囲を明確にしておく必要があります。特に、会社が積極的に労使協定を結ぶことで除外することができる者もいるので注意が必要です。

> ▶ モデル規程　第13条

◆期間等

　介護休業の期間は、原則として、介護を必要とする者1人につき、3回、通算して93日間の範囲内で、「介護休業申出書」に記載された本人の希望する期間となります。以前は要介護状態に至るごとに1回しか認められて

いませんでしたが平成29年1月の法改正により3回まで分割取得が可能になっています。　▶モデル規程　第17条

◆申出の手続き等

　介護休業を希望する社員は、「介護休業申出書」を会社に提出しなければなりません。この申出の手続きについて、法律では、介護休業を開始しようとする日の2週間前までに申し出る必要があるとしています。ただし、これより遅れた場合、会社は、次の図（上）のような範囲で休業を開始する日を指定することができる（育児・介護休業法12条3項）としています。　▶モデル規程　第14条

◆期間変更の申出

　社員は、当初の介護休業終了予定日の2週間前までに申し出ることにより、事由を問わず、1回に限り介護休業終了日を繰り下げ変更し、介護休業期間を延長することができます（育児・介護休業法13条、育児・介護休業則26条）。　▶モデル規程　第18条

　会社と社員でよく話し合って休業期間を変更する際の取り決めや、その手続き等をあらかじめ就業規則等に明記しておきましょう。

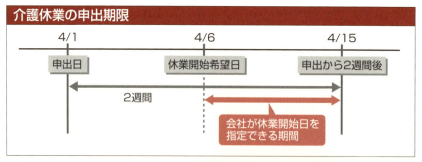

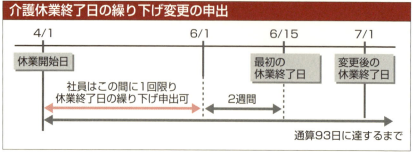

- 介護休業の対象から除外する者を、労使協定の締結が必要な者まで広げますか。
- 休業期間、申出や変更の時期など、法定を上回る条件を与えますか。

4. 所定外労働の免除

3歳に満たない子を養育する社員または家族を介護する社員が申し出た場合は、事業の正常な運営を妨げる場合を除き、その労働者について所定労働時間を超えて労働させてはなりません（育児・介護休業法15条8項）。

なお、日雇社員は対象となりませんが、期間契約社員は対象となります。ただし、労使協定の締結を条件に勤続1年未満や、週の所定労働日数が2日以下の社員を対象外とすることが可能です。

この「所定外労働の免除」制度は、これまで育児についてのみ義務となっていましたが、平成29年1月の法改正により介護についても義務化されています。　▶ モデル規程　第20〜25条

5. 時間外労働の制限

◆対象者

次の育児または介護をする社員が請求した場合は、事業の正常な運営を妨げるときを除き、制限時間（1ヵ月につき24時間、1年につき150時間）を超えて時間外労働をさせてはなりません（育児・介護休業法17条1項、18条）。

- 育児…小学校就学の始期に達するまでの子を養育する社員
- 介護…要介護状態にある対象家族を介護する社員

なお、期間契約社員でも、適用除外（日雇社員や入社1年未満の社員など。289ページの表参照）に該当しない限り、会社はこの請求を拒むことができません。　▶ モデル規程　第26条

◆対象労働時間

　時間外労働制限の対象となるのは、法定労働時間を超える時間外労働であり、変形労働時間制やフレックスタイム制の場合も含まれます。

6.　深夜業の制限

　次の育児または介護をする社員が請求した場合は、事業の正常な運営を妨げるときを除き、午後10時から午前5時までの間（以下「深夜」といいます)に労働させてはなりません（育児・介護休業法19条1項、20条)。

　　・育児・・・小学校就学の始期に達するまでの子を養育する社員

　　・介護・・・要介護状態にある対象家族を介護する社員

　なお、時間外労働の制限と同様に、期間契約社員でも適用除外（日雇社員や入社1年未満の社員など。289ページの表参照)に該当しない限り、会社はこの請求を拒むことができません。　▶ モデル規程　第29～31条

7.　短時間勤務制度

　短時間勤務制度とは、育児または介護をする社員から申出があった場合に、所定労働時間を短縮する制度です。　▶ モデル規程　第32、33条

◆育児の場合

　3歳に満たない子を養育する社員が申し出たときに利用できる短時間勤務制度を設けることが義務付けられています（育児・介護休業法23条1項)。短時間勤務制度とは、1日の所定労働時間を6時間とする措置を含むものとされています。

　なお、日雇社員や、もともと勤務時間が1日6時間以下の者は対象となりません。他に、勤続1年未満や、週の所定労働日数が2日以下の社員、業務の性質上短時間勤務が困難な社員は、労使協定を締結して対象外とすることができます。

　改正後、「業務の性質または業務の実施体制に照らして、短時間勤務制度を講ずることが困難な業務に従事する者」についても労使協定を締結して対象外とできるようになりました。具体的には国際路線の客室乗務

284

員や流れ作業の製造業などが例示されています。ただし、これらの者に短時間勤務を適用しない場合は、代替措置を講ずる義務があります。

◆介護の場合

要介護状態にある対象家族を介護する社員について、就業しつつ対象家族の介護を行うことを容易にする措置として、次の勤務時間の短縮等の措置のいずれかを講じなければなりません（育児・介護休業法23条3項、育児・介護休業則34条3項）。

- ・短時間勤務制度
- ・フレックスタイム制
- ・始業、終業時刻の繰り上げ、繰り下げ
- ・社員が利用する介護サービスの費用の助成その他これに準ずる制度

利用期間はこれまで介護休業とあわせて93日までとされていましたが、平成29年1月の法改正により大幅に拡充され、介護休業とは別に3年間以上となっています。利用開始から3年間の間で少なくとも2回以上の利用を可能とするものでなければなりません。なお、これは①〜③の措置を講ずる場合です。④の介護サービス費用の助成については期間は定められていません。

なお、時間外労働の制限および深夜業の制限と同様に、日雇社員は対象となりませんが、期間契約社員は対象となります。

8. 子の看護のための休暇

子の看護のための休暇とは、負傷し、または疾病にかかった子の世話を行う社員に対し、1年度（特に会社が定めない場合は4月1日〜3月31日）において5日を限度に与えられる休暇をいいます（育児・介護休業法16条の2）。

対象となる子が2人以上の場合は年10日を限度に子の看護休暇を取得できます。

この看護休暇を申し出ることができる社員とは、小学校就学の始期に達するまでの子を持つ社員をいいます。この社員が看護休暇を申し出た場

合、業務の繁忙等を理由に会社は拒むことができず、そのことを理由に解雇することも禁止されています（育児・介護休業法16条の3、16条の4）。

ただし、労使協定の締結を条件に勤続6ヵ月未満や、週の所定労働日数が2日以下の社員を対象外とすることが可能です（育児・介護休業則30条の2）。　▶モデル規程　第34条

9．介護休暇

要介護状態にある対象家族の介護、その他一定の世話を行う労働者は、使用者に申し出ることにより介護休暇を取得することができます。介護休暇は、要介護状態にある対象家族が1人の場合は1年度（特に定めない場合は4月から翌3月まで）につき5日、2人以上の場合は年10日が限度です。

介護休暇は、対象家族の介護だけでなく、通院の付き添いや介護サービスの手続き代行などにも利用できるとしています。

なお、日雇社員は対象とならないほか、勤続6ヵ月未満の者や1週間の所定労働日数が2日以下の者は労使協定によって対象外とすることができます。　▶モデル規程　第35条

ここを検討
・各制度の対象者を法定以外に広げますか。
・介護のための短時間勤務等の措置は、短時間勤務、フレックスタイムなど、どのような制度にしますか。

10．賃金等の取り扱い

休業期間中や短時間勤務などのために勤務しなかった日または時間について、賃金を控除したり、賞与を減額したりすることはかまいませんが、実際に勤務しなかった日または時間を超えて賃金の控除等を行うことは、法律の禁止している不利益な取り扱いとなりますので注意が必要です。育児休業等を取得したことにより、賞与の支給要件である出勤率

90％を満たせなかった社員を、賞与の支給対象から除外するのは無効だとした判例もあります（東朋学園事件：最高裁判決平成15.12.4）。

また、社会保険については申請により保険料が免除されますが、住民税、労働組合の会費など、どのように精算するのか社内的な取り扱いのルールも規定しておくべきです。　▶ モデル規程　第36〜42条

11. マタハラ防止措置

平成29年1月の法改正では、企業に対してマタハラ（マタニティ・ハラスメント）を防止するために雇用管理上必要な措置を講じることが義務付けられました。マタハラとは、妊娠・出産を理由として嫌がらせや不利益な取り扱いを行うことを言います。具体的には、マタハラを許さないという方針の明確化、相談窓口の設置などが求められています（育児・介護休業法25条、均等法11条の2第1項）。

ここを検討
・休業や短時間勤務などの場合の賃金は、通常の場合からどのように変更しますか。

育児・介護休業法の概要

●休業制度の概要

	育児	介護
対象社員	1歳に満たない子を養育する社員 ただし、期間契約社員は次のいずれにも該当する者に限る ・勤続1年以上の者 ・子が1歳6ヵ月に達する日までに労働契約が満了し、更新されないことが決定している者でないこと	要介護状態にある対象家族を介護する社員 ただし、期間契約社員は次のいずれにも該当する者に限る ・勤続1年以上の者 ・介護休業開始予定日から93日と6ヵ月を経過する日までに労働契約が満了し、更新されないことが決定している者でないこと
適用されない社員	①日雇社員 ②協定で除外できる社員 ・勤続1年未満の者 ・申出日から1年以内に雇用関係が終了することが明らかな者 ・1週間の所定労働日数が2日以下の者	①日雇社員 ②協定で除外できる社員 ・勤続1年未満の者 ・申出日から93日以内に雇用関係が終了することが明らかな者 ・1週間の所定労働日数が2日以下の者
期間・回数	・子が1歳に達するまでの連続した期間（「パパ・ママ育休プラス」では1歳2ヵ月まで）（特別な場合は子が1歳6ヵ月または2歳に達するまで） ・同じ子につき1回のみ。ただし妻の産後8週間以内に夫が休業を取得した場合は再度取得可	対象家族1人につき3回、通算93日
その他	申出を撤回した場合、原則再度の申出不可	申出を撤回した場合、撤回した休業につき原則再度の申出1回のみ可

●所定外労働の免除

	育児	介護
対象社員	3歳未満の子を養育する社員	要介護状態にある家族を介護する社員
適用されない社員	①日雇社員 ②労使協定で除外できる社員 ・勤続1年未満の者 ・1週間の所定労働日数が2日以下の者	
期間・回数	1回の申出につき1月以上1年以内（回数に制限なし）	

育児・介護休業法の概要

●時間外労働の制限

	育児	介護
対象社員	小学校就学の始期に達するまでの子を養育する社員	要介護状態にある対象家族を介護する社員
適用されない社員	①日雇社員 ②勤続1年未満の社員 ③1週間の所定労働日数が2日以下の社員	①日雇社員 ②勤続1年未満の社員 ③1週間の所定労働日数が2日以下の社員
期間・回数	1回の請求につき1月以上1年以内（請求回数に制限なし）	

●深夜業の制限

	育児	介護
対象社員	小学校就学の始期に達するまでの子を養育する社員	要介護状態にある対象家族を介護する社員
適用されない社員	①日雇社員 ②勤続1年未満の社員 ③次のいずれにも該当する16歳以上の同居の親族がある社員 ・深夜時間帯に就労していないか、または深夜就労日数が月3日以下であること ・負傷、疾病等により子の養育または家族の介護が困難な状態でないこと ・6週間（多胎妊娠の場合は14週間）以内に出産予定でないか、または産後8週間以内でないこと ④1週間の所定労働日数が2日以下の社員 ⑤所定労働時間の全部が深夜にある社員	
期間・回数	1回の請求につき1月以上6月以内（請求回数に制限なし）	

●短時間勤務制度

	育児	介護
対象社員	3歳に満たない子を養育する社員	要介護状態にある対象家族を介護する社員
適用されない社員	①日雇社員 ②勤務時間が1日6時間以下の社員 ③労使協定で除外できる社員 ・勤続1年未満の者 ・1週間の所定労働日数が2日以下の者 ・業務の性質上、短時間勤務が困難な者	①日雇社員 ②労使協定で除外できる社員 ・勤続1年未満の者 ・1週間の所定労働日数が2日以下の者 ・所定労働時間が1日6時間以下の者
期間・回数	特に規定なし	3年間に2回

モデル規程　定年退職者再雇用規程

定年退職者再雇用規程

（目　的）
第1条　この規程は、定年退職した社員のうち一定の条件を満たす者について、その能力と意欲を発揮する更なる機会の提供を目的とする。
　2．この規程に定めのない事項については、就業規則の定めを準用する。ただし、第〇章は準用しない。

（定　義）
第2条　この規程において再雇用とは、就業規則第〇条の定める定年により会社を退職した社員が希望した場合に、定年退職の翌日から嘱託により再度雇用することをいう。

（再雇用対象者）
第3条　この規程における再雇用の対象者は、正社員のうち、60歳定年到達時において、再雇用を希望する者とする。
　2．前項にかかわらず、就業規則第〇条の解雇事由または就業規則第〇条の退職事由（定年の場合を除く）に該当する者は、再雇用の対象にはならない。

（再雇用の期間および更新）
第4条　再雇用する者との契約は、1年以内の有期労働契約とする。
　2．前項の契約期間満了時において、労働者が希望した場合は、第5条に掲げる基準に照らして契約を更新できるものとする。
　3．前項により契約更新する場合でも、雇用期間の上限は65歳に達する日までとする。

（更新の基準）

第5条 労働者が再雇用契約の更新を希望した場合、会社は、契約更新の有無を次により判断する。

①健康状態

②勤務成績

③会社の経営状況

（職種および勤務地）

第6条 再雇用する者の職種および勤務地は、職歴、能力、本人の希望などを総合的に勘案し、決定する。

2. 前項の職種および勤務地は、会社の方針、その他経営環境の変化などにより変更することがある。

（労働条件）

第7条 再雇用する者の賃金の額、計算、支払い、および昇給に関する事項は、各人の勤務内容と本人の経験等を勘案し労働契約書に定めるものとする。

2. 定年前に付与された年次有給休暇の日数のうち未消化の日数は、法定の時効により消滅するものを除き、再雇用の際に持ち越すことができる。ただし、本人の都合により定年後の相当の期間を勤務せずに再雇用した場合は、消滅することがある。この場合、付与日数の基準となる勤続年数も再雇用後の年数によるものとする。

3. 再雇用後の勤務について、退職金は支給しない。

4. 始業・終業時刻、休憩、休日、休暇に関する事項は、各人ごとに労働契約書に定めるものとする。

5. 福利厚生施設、慶弔見舞金については、正社員に準じて適用する。

6. 社会保険等への加入は、週の所定労働時間等各人の労働条件を法定の基準に照らし判断する。

（再雇用の手続き）

第8条 再雇用の手続きは、次のとおりとする。

①事前説明会（原則３年以内に定年を迎える者を対象に毎年２月に実施）

②個別面接（定年１年前に所属長との個別面談により希望聴取）

③再雇用の労働契約締結または第３条による非該当の理由説明（定年の２ヵ月前まで）

2. 再雇用を希望する者は、前項２号の個別面接までに所定の用紙により会社へ申し出るものとし、その取り下げを希望するときは前項３号の契約締結までに申し出るものとする。

付　則

1. この規程は、令和○年○月○日から実施する。

◆関連規程◆

定年に関する事項…「就業規則」（19条－定年）／定年後の再雇用の適用…「就業規則」（３条－適用範囲）／この規程にない労働条件に関する事項…「就業規則」

趣 旨

　急速な少子高齢化の進展により労働力人口が減少し、高齢者を含めたあらゆる人々が働ける社会の実現が求められています。また、深刻な人手不足により、積極的に高齢者を戦力として活用する企業も増えています。

　「高年齢者の雇用の安定等に関する法律」（以下、「高年法」といいます）では、60歳を下回る定年の定めを禁止しています。また、高年法の改正により、平成18年4月からは継続雇用制度の導入などにより65歳まで継続して雇用することが義務付けられました。平成25年4月からは更なる改正により、継続雇用制度の対象者を限定できる仕組みを廃止し、希望者全員の雇用確保が義務化されています。

　これにより、労働者は、定年から老齢年金の受給を開始する65歳（生年月日により異なります）までの無収入期間を埋めることができるようになります。

　ただし、雇用形態は、嘱託、短時間労働者、在宅勤務でもかまいません。60歳以後の労働については、年金、雇用保険の給付などの社会保障が複雑に交錯し、どれを選択するか、またはどの程度働くかで手取り収入が変わってくるため注意が必要です。

　一方、会社としては、無計画に継続雇用に対応すれば、人件費の高騰も危惧されるところです。

　会社の現状で、労働力に過不足はないか、今後の採用の予測はどうか、部署ごと職種ごとに必要な労働力はないか、といった要員の分析に基づき、継続雇用のみならず、出向など外部の活用、その他のあらゆる手段をあわせて検討し、人事制度の全体像を構築していく必要があるでしょう。

　ここでは、改正法が求めている中で、多くの会社が選択している再雇用制度の規程例を紹介します。

　再雇用規程には、単に誰を再雇用するかという諸条件を示すだけでは

なく、再雇用者に適用される就業規則としての役割もあります。

ポイント

1. 高年法の概要

◆雇用確保措置の義務化

平成18年4月1日から、65歳未満の定年の定めをしている会社は、65歳までの安定した雇用を確保するため、次の①から③のいずれかの措置（高年齢者雇用確保措置）を講じなければなりません（高年法9条1項）。

会社が講じなければならない措置
①定年の引上げ
②継続雇用（勤務延長・再雇用）制度の導入
・勤務延長…定年後の一定期間、職務や賃金などの労働条件を変えずに、引き続き雇用すること
・再雇用　…在職中の経験を活かしながら、嘱託等、労働条件を変えて雇用すること
③定年の定めの廃止

◆65歳まで希望者全員の雇用が原則

平成18年の改正では、②の継続雇用制度について、使用者が労使協定により対象となる高齢者の基準を定めた場合は、希望者全員を継続雇用の対象とせず、基準に該当する者のみを継続雇用することが認められていました。

しかし、現在の年金制度では支給開始年齢が段階的に引き上げられており、継続雇用されなかった場合、平成25年度以降は無年金・無収入となる期間ができてしまうため再び改正が行われることとなりました。

平成25年4月以降は、労使協定により継続雇用の対象者を限定できる仕組みを廃止し、希望者全員を継続雇用の対象とすることが義務付けら

れています。ただし経過措置として、老齢厚生年金が受給できる年齢の人については従来どおり労使協定で定めた基準により対象者を限定することができます（労使協定ではなく就業規則により対象者の基準を定めることができる措置は平成23年3月で終了しています）。

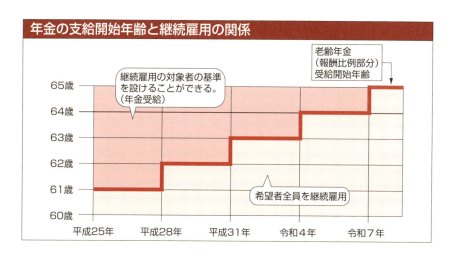

なお、この経過措置が適用されるのは、改正前（平成25年3月31日）から労使協定により基準を定めていた企業だけです。今後新たに労使協定で基準を設けることはできません。改正前から基準を設けていた企業については、労使協定の内容を変更して締結し直し、新たな基準を定めることも可能です。　▶モデル規程　第3条

◆違反企業に対する公表規定の導入

平成25年の改正では、このほか、継続雇用をグループ企業による雇用にまで拡大できることになりました。これまでも法律の運用上、子会社による継続雇用は認められていましたが、改正後は一定の基準を満たす関連会社など広い範囲での継続雇用が認められています（高年法9条2項）。

また、義務違反の企業に対する公表規定も導入されました。厚生労働大臣が行った高年齢雇用確保措置に関する勧告に、事業主が従わなかった場合、その旨を公表できるというものです（高年法10条3項）。

◆基準を設ける場合の留意点

継続雇用制度の対象となる高年齢者について基準を設ける場合は、厚生労働省では、次の2点に留意して策定されたものが望ましいとしています。

継続雇用の対象者の基準として留意すべき事項

①意欲、能力等を具体的に測るものであること（具体性）

→労働者自ら基準に適合するか否かをある程度予見することができ、到達していない労働者に対して能力開発等を促すことができるような具体性があるものであること。

②必要とされる能力等が客観的に示されており、該当可能性を予見することができること（客観性）

→企業や上司等の主観的選択ではなく、基準に該当するか否かを労働者が客観的に予見可能で、該当の有無について紛争を招くことのないよう配慮されたものであること。

一方、適切ではないと考えられる基準として、「会社が必要と認めた者に限る」など、たとえ労使間において十分に協議した上で定められた基準であっても、会社が恣意的に特定の対象者の継続雇用を排除しようとするなど高年法の改正趣旨や他の労働関連法規に反するもの、または公序良俗に反するものは認められないとしています。

また、実際の企業が導入した基準の例として、厚生労働省は次ページのようなものを紹介しています。

なお、厚生労働省の事例によると、基準の内容以外にも、継続雇用制度の適切な運用のためには、次のような工夫をすることが有効であるとされています。

①継続雇用の希望を聴取する時期

事例を見ると、退職直前の59歳の段階だけではなく、55歳の段階で60歳以降の再雇用についての希望を聴取し判断する企業もあれば、57歳、58歳の段階で聴取する企業もあります。

企業が導入した基準の事例

①働く意思・意欲

・引き続き勤務することを希望している者

・定年退職後も会社で勤務に精勤する意欲がある者

・本人が再雇用を希望する意思を有する者

②勤務態度

・過去○年間の出勤率○％以上の者

・懲戒処分該当者でないこと

・人事考課、昇給査定において、著しく評価が悪くないこと

③健康

・直近の健康診断の結果、業務遂行に問題がないこと

・60歳以降に従事する業務を遂行する上で支障がないと判断されること

・体力的に勤務継続可能である者

④能力・経験

・過去○年間の賞与考課が管理職○以上、一般職○以上であること

・業績成績、業績考課が普通の水準以上あること

・技能系は○級、事務系は実務職○級相当の能力を有すること

⑤技能伝承等その他

・指導教育の技能を有する者

・定年退職後直ちに業務に従事できる者

・勤続○年以上の者

②基準に該当するかどうかの判断手続きを透明化すること

　基準の内容が曖昧である場合には、労働者がその基準に該当しているか否かについての判断ができず、紛争を招くおそれもあります。このため、基準の該当の有無につき、トラブルとならないよう、その判断の手続きを透明化するなどの工夫をすることも有効です。

▶ モデル規程　第8条

ここを検討
・労使協定で継続雇用の対象者の選定基準を定めていた会社は、65歳まで希望者全員を継続雇用する仕組みとしますか？ それとも段階的に希望者全員を継続雇用する仕組みにしますか？

2. 再雇用と労働基準法

　再雇用者の場合は、定年前とほぼ同じ労働条件である場合を除き、①有期労働契約であること、②短時間勤務であること、などパートタイマーの雇用形態と同じような特徴があります。ですから、労働基準法の適用についても、一般にパートタイマーに準じて考えることができます。この場合、パートタイマーの就業規則の解説を参考にして下さい（159ページ以降参照）。

　なお、年次有給休暇については、実質的に労働関係が継続している限り勤務年数を通算するとされているため、定年前からの勤続年数で付与されるとともに、定年前の未消化の日数も引き継がれることになります。ただし、心身のリフレッシュなどのために再雇用までの期間を相当長く空ける場合は、労働関係が一旦途切れたと認められれば通算する必要はありません（昭和63.3.14基発150号）。　▶ モデル規程　第7条

 ここを検討
・再雇用した場合の労働条件は明確ですか。
・年次有給休暇など、法定の条件に違反することはありませんか。

3. 老齢年金、雇用保険との関係

　老齢年金、雇用保険の給付については、本来、継続雇用制度を設けるに当たり会社側には無関係ですが、働く側にとっては収入面に強い関心があるため、確認しておきましょう。

　老齢年金は本来65歳より支給されます。ただし、60歳台前半について

も特別支給の老齢厚生年金といって、生年月日により暫定的に支給される年金があり、現在は、その支給の開始年齢も徐々に65歳に引き上げられています。

　一方、老齢年金の受給者であっても、会社に勤務し、一般の社員と同じ程度（およそ4分の3以上）の時間を働く場合は、厚生年金の被保険者となります。この場合、報酬と年金の合計額により一定の年金額が支給停止されます。これを在職老齢年金といいます。

　また、雇用保険からは、60歳到達時点に比べて賃金が75％未満に低下した状態で働き続ける60歳以上65歳未満の一定の被保険者に、高年齢雇用継続給付が支給されます。

　なお、高年齢雇用継続給付の対象者が同時に在職老齢年金も受けられるときには、高年齢雇用継続給付は全額支給されますが、在職老齢年金のうち一定の部分が支給停止となります。

　このように、60歳代の者が働く場合、社会保険の被保険者になる程度に働くかどうかということや、年金額、賃金額などの組み合わせによって手取り収入が変動し、場合によっては、あまり働かない方が手取り額が多いということもでてきます。

　しかし、60歳は、まだまだ元気に働ける年齢でありながら、納得のできる労働環境は多いとはいえません。収入面にあまりこだわらず、本人の働く意欲と会社から必要とされているということが、本来は労働の判断基準であるべきでしょう。

4. 継続雇用制度に対する助成金

　高齢者の継続雇用については、導入した制度や取り組みに応じて助成金が受給できることがあります。

　ただし、受給条件がありますので、事前にしっかり確認してから、制度の導入にあわせて検討しておくべきでしょう。

3章
雇用管理に関する
規程のモデルとつくり方

299

モデル規程　出向規程

出向規程

（目　的）
第1条　この規程は、就業規則第〇条の規定に基づき、社員の出向に関する事項を定めたものである。

（出向の定義）
第2条　この規程における出向とは、関連会社との相互支援その他の業務上の必要により、社員が会社に在籍したまま、他社の社員として勤務することをいう。

（出向人事の原則）
第3条　会社は、あらかじめ出向させようとする社員に対し、出向の目的、出向先、出向期間、出向先の業務の内容、出向先の労働条件等について説明を行うとともに、原則として、本人の意思および家族の近況等を聴取し出向を命じるものとする。
　2．出向を命じられた社員は、正当な理由がない限り、これを拒むことはできない。

（処遇の原則）
第4条　会社は、出向者の給与等の基本的な労働条件について、原則として、出向前よりも低下させることをしない。

（出向者の身分）
第5条　出向者は、出向期間中を休職とし、所属を人事部付とする。
　2．出向者の出向期間は、会社の勤続年数に通算する。

（出向期間）
第6条　出向期間は、原則として〇年以内とする。ただし、業務上の特

別の必要が生じたときは、その期間を延長することができる。

（復　職）

第7条　出向者が次の各号に該当する場合には復職を命ずる。

①出向期間が満了し、期間を延長しないとき

②出向目的である業務が終了、または消滅したとき

③その他会社の人事上の必要が生じたとき

2.　会社は、出向者が復職する場合、原則として原職に復帰させる。ただし、会社の組織変更、その他の経営上の必要が生じたときは、本人の能力・経験等を勘案し、相応しい職場に配置する。

3.　出向者は、会社の復職命令に対し、正当な理由がない限り従わなければならない。

（就業規則の適用）

第8条　出向者は、出向先の社員として業務に服し、服務規律、労働時間、休日、休暇等の労働条件については、特に定めのない限り出向先の就業規則の定めに従うものとする。

（年次有給休暇）

第9条　出向期間中の年次有給休暇については、出向先へ申請し取得するものとする。ただし、出向前の年次有給休暇の残日数を引き継ぎ、継続勤務年数も会社のものを通算する。年次有給休暇の取得日の賃金は会社の条件を適用し計算・支給する。

（人事評価）

第10条　出向者の人事評価は、原則として、会社の人事評価制度およびその評価基準に基づき出向先における勤務状況について人事部が行う。

（住所・扶養家族の異動届）

第11条　出向者は住所変更や扶養家族の異動等が生じた場合は、すみやかに出向先および会社へ届け出なければならない。

（休　職）

第12条　出向者が出向先または会社の規程により傷病休職に該当する

場合には、出向を解き、休職を命ずる。

（退　職）

第13条　出向者が、出向期間中において、会社の就業規則第○条に定める退職の事由に該当するときには、出向を解くとともに会社を退職する。

（解　雇）

第14条　出向者が出向先または会社の規程における解雇事由に該当する行為を行った場合は、出向先と会社が協議の上、出向を解き、会社の就業規則第○条に基づいて処分を行うことができる。

（制　裁）

第15条　出向者に、出向先の制裁規定に該当する行為があった場合、出向先はその規程に基づき制裁を行うことができる。ただし、懲戒解雇および諭旨退職の処分は、前条の規定により取り扱う。

（給与等の支給）

第16条　出向者の出向期間中の給与（通勤交通費を含む）および賞与は、原則として会社の賃金規程に基づき会社が支払うものとする。

（出向手当）

第17条　出向先の所定労働時間、休日、休暇および福利厚生等の労働条件が会社より不利益となる場合には、出向目的等を考慮した上で、出向者に対し会社が出向手当を支給する。

（出向の旅費）

第18条　出向者が出向のために転居する場合は、その赴任および復職時の旅費について、原則として会社の旅費規程により、会社が支給する。

（退職金）

第19条　出向者が退職（解雇を含む）する場合は、出向期間を会社の勤続年数に算入した上で、会社の退職金規程により退職金を

支給する。

（社会保険等）

第20条　健康保険、厚生年金保険、雇用保険の適用は、出向期間中も会社にて行う。

　２．　労災保険の適用は、出向先会社にて行う。

（安全衛生）

第21条　出向者の健康診断、その他安全衛生に関する事項は、出向先が責任を負うものとし、出向者はその指示に従うこと。

（業務上災害の補償）

第22条　出向者が出向先の業務で負傷、疾病または死亡した場合、出向先が補償責任を負う。ただし、その補償が会社の基準を下回るときは、その差額を会社が補填する。

（福利厚生の原則）

第23条　出向者の福利厚生については、原則として出向先の定めによる。ただし、互助会、財形貯蓄については、継続して会社の制度を利用することができる。

付　則

　１．　この規程は、令和○年○月○日から実施する。

◆関連規程◆

賃金その他の労働条件…「就業規則」／出向旅費を別規定に定める場合…「出張旅費規程」

3章
雇用管理に関する
規程のモデルとつくり方

趣 旨

　出向とは、会社間における人事異動をいい、在籍出向と移籍出向（転籍）に分けられます。在籍出向とは、労働者が雇用契約を結んだ会社に籍を残したまま、他の会社においてその会社の指揮監督下で業務を行うものをいい、移籍出向（転籍）は出向元の会社を一旦退職して、他の会社に籍を移し、その会社の業務に従事するものをいいます。

　その目的としては、①関係会社の業務を直接指揮監督すること、②高齢者を中心に雇用調整を行うこと、③社員の能力向上を図ること、などがあります。

　では、このような社外への人事異動を、会社の一方的な命令で行うことは許されるのでしょうか。会社の出向命令が有効になるには、①出向命令権があること、②出向命令権の濫用に当たらないことが必要であるとされています。この出向命令権について、民法が「使用者は、労働者の承諾を得なければ、その権利を第三者に譲り渡すことができない」（民法625条1項）と定めているため、会社は労働者の承諾を得ないで、その権利（労働者に指示命令を出し働かせる権利）を第三者（他の会社）に譲ってはならないことになるのです。

　そこで会社は、社員に出向を命ずるための承諾を取ることになります。

　在籍出向の場合の判例では、出向を命じる都度、個別に同意を得る必要はなく、就業規則や労働協約に出向を命じる旨が明記されていれば、事前の包括的な同意があったとして、会社に出向命令権を認めています（新日本製鐵事件：福岡高裁判決平成12.11.28）。更には、労働条件のほぼ等しい同一グループ会社間の出向の場合に、就業規則等で明確な規定がなくても、入社時の説明において暗黙の同意があったとして、出向命令を認めたものもあります（興和事件：名古屋地裁判決昭和55.3.26）。

　一方、移籍出向（転籍）の場合は、出向元の会社との労働関係を終了させて、出向先と新たに労働関係を結ぶことになりますから、労働者の承諾なくして労働契約を結ぶことは許されず、その都度、承諾を得るこ

とが必要とされています。

　また、出向命令権の濫用は無効とされる（契約法14条）ことから、業務上の必要性の有無、人選の合理性、出向先の労働条件、労働者の生活条件などその判断要素について十分な配慮を行うことが重要になってきます。

　なお、出向における労働基準法等の適用については、在籍出向の場合には、出向元・出向先ともに労働者との間に労働契約関係があるため、出向元・出向先ともに労働基準法上の使用者となり、それぞれの労働契約関係の範囲で労働基準法が適用されることになります。これに対して移籍出向（転籍）は労働者との労働契約関係があるのは出向先のみとなりますので、労働基準法上の使用者は出向先ということになり労働基準法の適用があるのは出向先だけになります（昭和61.6.6基発333号）。

ポイント

1.　定義

　出向には在籍出向と移籍出向があるため、いずれの出向であるか、初めに定義します。このモデル規程では在籍出向を紹介しますが、移籍出向の場合、完全に移籍先に労働条件が移されるため、かえって複雑な規定はなくなります。　▶ モデル規程　第2条

2.　出向者の身分

　在籍出向の場合、その間、出向元の会社においては休職扱いとし、所属は人事部付とすることが一般的です。　▶ モデル規程　第5条

3.　出向期間

　出向期間については2年程度とする会社が多いようですが、都合によって延長したり短縮したりできるように、弾力的に定めておくことが必要です。　▶ モデル規程　第6条

> **ここを検討**
> ・在籍出向ですか、移籍出向ですか。
> ・在籍出向の場合、期間は「いつから」「いつまで」ですか。また社員の所属はどうしますか。

4. 労働条件

　出向中の労働条件については、出向先だけではなく、出向元にも責任がかかってくるものがあります。この責任の所在は、法律により課せられているものと、両社で結ばれる出向契約により任意で取り決められるものがあります。

◆労働基準法の適用

　在籍出向の場合、それぞれの労働契約関係の範囲で労働基準法が適用されますが、行政通達によると双方の責任は次のように分けられています（昭和35.11.18基収4901号の2）。たとえば、所定労働時間は出向先の就業規則が適用され、時間外労働に関する協定も出向先で締結されていなければなりませんが、解雇については出向元の就業規則が適用されます。したがって、出向契約を結ぶ場合の責任の分担は、この基準により規定する必要があります。　▶ モデル規程　第8条

出向への労働基準法の適用関係

条項	出向元	出向先
賃金（3章）	支払義務者	
解雇（19〜21条）	○	
労働時間、休憩、休日（32〜36条）		○
年次有給休暇（39条）		○
安全衛生（5章）		○
災害補償（8章）		○
就業規則（9章）	権限の範囲	
労働者名簿、賃金台帳（107、108条）	双方	

◆任意的労働条件

出向者の労働条件は、出向元と出向先で結ばれる出向契約によって決まります。ただし、出向に伴い労働条件が低下することは労働条件の不利益変更とみなされる場合もあるため、規定の作成に当たっては十分な配慮が必要です。

特に賃金、労働時間、休日、年次有給休暇等については出向先の労働条件が適用されるため、出向元を下回る場合には、モデル規程に挙げた出向手当の支給などにより、代償措置を取ることが必要になります。

その他、出向元の福利厚生で引き続き利用する権利を与えるものなどを規定します。

◆制裁

出向者は、出向先においては出向先の就業規則の適用を受けることになりますので、出向先の服務規律に従って労務を提供します。当然、出向者が出向先において服務規律違反を行った場合、出向先は自社の就業規則に従って懲戒処分を行うことができるとされています。

しかし、懲戒解雇については雇用関係を終了させる行為ですから、出向先では行えず、出向を解いて出向元での処分に従うことになります。退職、解雇といった行為についても、雇用関係を終了させるものですから、懲戒解雇同様、出向元の規程によることになります。

> モデル規程　第15条

◆退職金

在籍出向の場合は、退職金を精算して行くのか、出向期間を継続勤務したものとするのかなど、取り扱いを明記します。

> モデル規程　第19条

◆社会保険・労働保険

在籍出向の場合、厚生年金保険・健康保険については、出向先と出向元のどちらで加入させるか会社間で定めることができます。これに対し、雇用保険は労働者が生計を維持していく上で必要な主たる賃金を受ける雇用関係において被保険者となることとなっており（平成2.9.21職発509

号)、労災保険については賃金の支払いの有無にかかわらず出向先で適用されることになります。  モデル規程　第20条

> **ここを検討**
> ・賃金その他の労働条件はどのような内容にしますか。
> ・出向前と比べ低下する労働条件はありませんか。

出向契約書の例

Download 3-058

出向契約書

株式会社〇〇〇〇(以下「甲」という)と、株式会社××××(以下「乙」という)は、甲の社員△△△△(以下「丙」という)を、甲に在籍のまま乙の社員として勤務させる(以下「出向」という)ことを、次のとおり契約する。

(出向期間)
第1条　出向期間は、令和〇年〇月〇日から令和〇年〇月〇日までとする。ただし、特別の事情が生じたときは、甲乙協議の上で期間を短縮または延長することができる。

(就業規則の適用)
第2条　丙は、この契約書に定める事項を除き、原則として乙の就業規則その他の規程に従い勤務する。ただし、休職、解雇(懲戒解雇を含む)については甲の就業規則を適用する。

(年次有給休暇)
第3条　出向期間中の丙の年次有給休暇は乙へ申請し、乙の規程に基づき取得するものとする。また、出向前の年次有給休暇の残日数を引き継ぎ、継続勤務年数も甲のものを通算する。ただし年次有給休暇の取得日の賃金は甲の条件を適用し計算・支給する。

(給与等)
第4条　丙の給与、賞与、および通勤定期代については、甲の規程に基づき甲が支給する。ただし、その負担は乙とする。

（社会保険等）

第5条　丙の健康保険、厚生年金保険、雇用保険は、甲において取り扱う。ただし、その会社負担分は乙が負担する。

　2．　丙の労災保険は、乙が取り扱う。

（赴任旅費）

第6条　丙が出向のために転居する場合の赴任および復職時の旅費については、原則として甲の旅費規程により甲が支給する。

（経費および福利厚生施設）

第7条　丙が、乙の業務において使用する日常経費、および業務上の旅費は、乙の負担とする。

　2．　乙の社員一般が利用できる福利厚生施設を丙も利用できるものとし、この費用は乙が負担する。

（出向料）

第8条　乙は甲に対し、第4条および第5条1項にある乙の負担する費用について、出向料として支払うものとする。

　2．　甲は、毎月の出向料の請求書を、当月末日に乙に対し発行し、乙は各月分を翌月末日までに甲の指定する金融機関に振り込むものとする。

（疑義の解決）

第9条　この契約書に定めのない事項または不明な点の疑義については、その都度、甲乙協議して決定する。

　　以上のとおり契約が成立したので、本契約書を2部作成し、甲乙それぞれ記名捺印の上、各自1通を保有する。

令和○年○月○日

　　　　　　　　　　　　　　　　　東京都中央区・・・

　　　　　　　　　　　　　　　　　株式会社　○○○○

　　　　　　　　　　　（甲）　代表取締役　○○○○　　　　　㊞

　　　　　　　　　　　　　　　　　東京都渋谷区－－－

　　　　　　　　　　　　　　　　　株式会社　××××

　　　　　　　　　　　（乙）　代表取締役　××××　　　　　㊞

*4*章

人事管理に
関する規程の
モデルとつくり方

モデル規程　職能資格制度規程

職能資格制度規程

第1章　総則

(目　的)

第1条　この規程は、社員の能力と意欲の向上を目的に、職務遂行能力（以下「職能」という）を基準とする人事管理の取り扱いについて定めたものである。

(定　義)

第2条　この規程における用語の定義は、次のとおりとする。
　①職能資格制度…会社が期待する職能を基準とした資格制度をいう。
　②ランク…会社が期待する職能の水準を一定の基準で区分した段階をいう。
　③職能等級…ランクを更に細分し、各社員の能力水準を格付する等級をいう。

(適用範囲)

第3条　この規程は、社員全てに適用する。ただし、臨時の社員など本規程に適当な取り扱いのないものについては、労働契約書において個別に取り扱いを定めることができる。

(ランクと等級の構成)

第4条　ランクは、高度上級、上級、中級、初級の4ランクとし、職能等級は1等級から8等級とし、それぞれ次のとおり対応する。

ランク	初級		中級		上級		高度上級	
等級	1等級	2等級	3等級	4等級	5等級	6等級	7等級	8等級

2. 各ランクの定義は、次のとおりとする。

ランク	定義
初級	上司の具体的な指示を受けながら、限られた範囲での日常定型的な業務、あるいは補助的・見習的な業務を遂行する。
中級	上司の要点的な指導を受けながら、複数の定型的業務、あるいは比較的簡易な判定業務を遂行する。
上級	係またはそれに準ずる小グループを監督する。上司の方針に基づき、複雑な判断業務を遂行する。
高度上級	部またはそれに準ずる組織を統率する。会社方針に基づき、戦略等を企画し、担当組織に実施させる。

（職種別コースの体系）

第5条 社員は、雇用形態および役職の有無などごとに定められた、次のコースにそれぞれ所属する。

①管理職コース…会社の運営方針の策定に参加し、その方針に基づき、部門もしくはそれに準ずる組織の運営に当たるとともに、経営トップを補佐する者のコース

②専門職コース…社外に通用する広範かつ高度な専門知識を有し、重要な専門的事項に関する業務を遂行する者のコース

③パート職コース…短時間勤務かつ期間雇用であるパートタイマーとして従事する者のコース

④一般職コース…前各号に該当する以外の者で、営業部、製造部、業務部、総務部の各部の業務に従事する者のコース

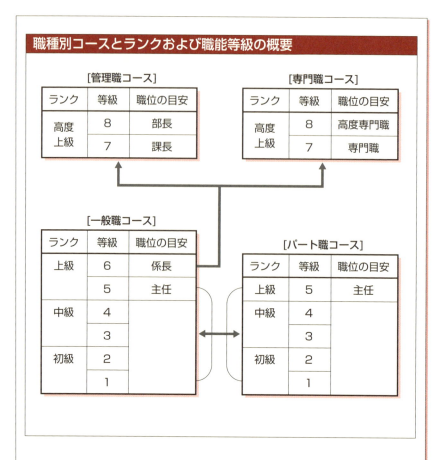

（職能等級と役職任用）

第6条 職能等級と職制上の役職は原則として関連しない。したがって職能等級が上位または下位にあるかどうかは、業務上の指揮命令にはかかわりがない。ただし、管理職への役職任用は、7等級以上の者からのみとする。

第2章　コース別人事

（コースの適用）

第7条 会社は、採用時の雇用形態および任命する役職により社員の

職種別コースを決定する。

（コース転換）

第8条 社員のコース転換は、原則として会社の経営上の判断により実施する。ただし、パート職コースから一般職コースへの転換は会社の希望を本人が承諾したときに限り、一般職コースからパート職コースへの転換は、本人の希望を会社が承認したときに限り実施する。

2. コース転換を実施する際は、原則として従事する業務を変更するとともに、その業務に該当する職能等級へ変更する。

第3章　格付

（格　付）

第9条 社員各人の職能を評価し、職能等級を決定することを格付といい、これは、それぞれが従事する職種に対応する職能要件書により各人が該当する職能等級を評価（これを「職能基準判定」という）し、実施する。

（学卒者の格付）

第10条 定期採用の学卒者の初任格付は、一般職コースであって、卒業学校の区分によりそれぞれ次のとおり格付する。

①高校・短大・専門学校　　　1等級

②大学　　　　　　　　　　　2等級

（中途採用の格付）

第11条 中途採用の者は、職歴等を総合的に勘案し初任格付を決定する。ただし、試用期間中は仮の格付として、試用期間満了時に試用期間中の能力を評価して本格付を実施する。なお、本格付が仮格付より下回る場合は降格する。

2. パートタイマーとして採用した者の初任格付は、パート職コースの1等級に格付する。

第4章　昇格・降格

（昇格・降格等の時期）

第12条　昇格は、原則として毎年1回、4月1日付けをもって行う。ただし特に昇格させることが望ましいと会社が認めたとき、あるいは降格すべき事由に該当したときは随時に行うことができる。

（昇　格）

第13条　昇格は、次のいずれの条件も満たす場合であって、勤務態度が良好な者について実施する。

①直前の人事評価結果がB以上の者

②該当する昇格ごとに、次の審査によって適当であると判断された者

昇格	職能基準判定	役員面接	精勤状況
7→8等級		○	
6→7等級	○	○	
5→6等級		○	
4→5等級	○	○	
3→4等級		○	
2→3等級	○		○
1→2等級			○

2.　前項の昇格は、直近の1年以内に出勤停止以上の懲戒処分を受けた者には実施しない。

（降　格）

第14条　降格は、社員が次の事由に該当し、現等級に在級することが不適当と認められる場合に実施する。

①継続して人事評価成績が著しく劣悪なとき

②就業規則第○条の懲戒規定に該当したとき

③身体的、精神的傷病等により、現在格付されている等級の職能基準に比べ著しく能力が低下したとき

（特別な場合の取り扱い）

第15条　次の事由に該当する場合、それぞれ次のとおり取り扱う。

　　　　①６ヵ月を超えて休職または長期欠勤中の者は、その期間等
　　　　　級を変更しない。ただし復職後に見直すものとする。

　　　　②出向期間中の等級は、出向契約書の定めによる。

付　則

　１．　この規程は、令和○年○月○日から実施する。

◆関連規程◆

賃金に関する事項…「賃金規程（職能給）」／昇給等に関する評価規程
を定める場合…「人事評価規程」

職能要件書（事務職）

Download 4-060 →

職能要件書

ランク	ランクの概要	職能要件
高度上級	〔管理職〕 部またはそれに準ずる組織を統率する。また、会社方針に基づき、戦略等を企画し、担当組織に実施させる。 〔専門職〕 社外（関連業界）でも認められる高度な専門能力に基づき、極めて複雑困難で影響も広範にわたる専門業務を遂行する。	・経理、税務、財務に関する総合的な企画と統制 ・人事労務に関する総合的な企画と統制 ・社則の制定、改廃 ・固定資産、車両等の管理基準の策定 ・決算書および税務申告に関する書類の作成・届出
上級	係またはそれに準ずる小グループを監督する。 上司の方針に基づき、複雑な判断業務を遂行する。	【総務】 ・採用、解雇などの人事労務に関する事務の指導監督 ・年間定例的な行事等の実施 ・社員の勤怠、その他各種人事関連書類の管理 【経理】 ・経理処理に関する具体的な方法の指示 ・通常取引の請求書の承認 ・日常一般的な経理書類の確認 【営業事務】 ・営業事務に関する業務の割り振りと取りまとめ
中級	上司の要点的な指導を受けながら、複数の定型的業務、あるいは比較的簡易な判定業務を遂行する。	【総務】 ・各種人事関係書類、届出書の作成、受理 ・日常一般的な社会保険関係書類の作成 【経理】 ・小口現金出納の記録 ・請求書の作成、顧客別売上台帳の記録 【営業事務】 ・簡単な問い合わせへの対応 ・発注、その他定型的な営業業務の社内作業
初級	上司の具体的な指示を受けながら、限られた範囲での日常定型的な業務、あるいは補助的・見習的な業務を遂行する。	【総務】 ・出退勤の記録にモレがないかなどの内容確認 ・社会保険関係書類の作成補助 【経理】 ・小口現金の出納、その他各種経理書類の作成補助 【営業事務】 ・定型的な営業関連資料の作成、ファイリング ・伝票処理、その他営業業務の社内作業補助

趣 旨

　我が国は、日本特有の労働慣行によって、戦後の経済成長を成し遂げてきました。その労働慣行の1つである「年功序列」とは、年齢が高い者は、年齢の低い者よりその仕事に熟練しているという難しい評価を省いた合理的な仮定の基に、昇進、昇給などの人事を行うものです。ちょうど現在の中国のように、低賃金でありながら高い技能を誇る労働者達が経済を支えていた時代の仕組みです。

　しかし我が国も、国際的に高い賃金水準に達し、部品加工など物づくりの「技能」よりもインターネットなど情報処理の「技術」を多く求められる時代を迎えて、年齢と労働価値が必ずしも比例しなくなっています。しかも、雇用形態が多様化し、転職志向が高まるなど、これまでの年功序列の単純な人事では、優秀な社員を獲得し、正しく処遇していくことができなくなってしまいました。そこで、多くの企業は新しい人事の運営基準を求めて試行錯誤することとなったのです。

　たとえば、職務（仕事）に着目したもの、能力に着目した「職能資格制度」、そして最近では成果に着目したものへと、常に挑戦的な企業によって様々なスタイルの人事制度が作られてきました。

　ここに紹介します職能資格制度は、最近の人事制度の風潮からは、最先端というものではなくなってきていますが、諸規程を紹介する本書の目的に、ちょうどよい題材といえるのです。

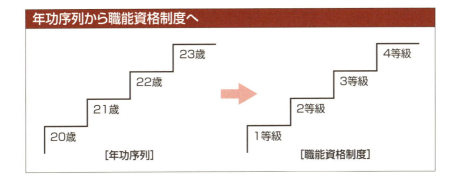

年功序列から職能資格制度へ

つまり、このような人事制度の基準は、大きくは「属人的」要素と「属職的」要素に分けることができますが、この職能資格制度は、本来、「属人的」要素でありながら、これらの中間に位置して、両者の特徴をあわせ持っているため、応用範囲の広いサンプル規程に適しているのです。

属人的要素	……	年齢
（中間）	……	能力
属職的要素	……	仕事

　多くの会社は、従来の「属人的」年功序列による人事から、新たな基準を模索しています。

　しかし、「属職的」な職務などへ極端な方針転換を行えば、仕事が変わらない限り賃金も同じ、逆に変わってしまえば処遇は大きく変わり、場合によっては賃金が下がることもあります。このような改革は、社員の意識への影響が非常に大きいものとなるため、納得が得られなければ逆効果に終わることもあるのです。

　しかし、能力であれば、誰もが熟練とともに次第に高まり極端に下がることはありませんから、年功序列の描くカーブとほぼ同じような昇給が可能となり、しかも、能力によって差を設けることもできるのです。

　なお、この職能資格制度は等級の格付や昇格の仕組みを定めたもので、賃金の決定は別途「賃金規程」に定めます（213ページ参照）。

ポイント

1．人事制度の基本

　本規程の具体的な説明を始める前に、人事制度について簡単に述べておきましょう（詳細事項は本書の目的ではありませんので他に譲ります）。

　まず、会社は、より多くの利益を獲得することを最大の目的としていますが、社員という人的資源をできる限り効率的に使用することが大切であり、そのために行う諸々の管理活動を「人事管理」といいます。

320

人事管理の対象分野は、大きくは２つに分かれます。１つは、労使関係を中心に社員全体を対象とした集団的人事管理です。たとえば、福利厚生施設の提供なども、社員の会社への帰属意識を高める施策です。

　もう１つは　社員１人ひとりを対象とした個別的人事管理です。特にこれからの人事管理はこの分野が重要であり、一般に人事管理というときには個別的人事管理をいいます。

　その代表的なものが賃金による処遇です。誰に多く支払うか、どれぐらい支払うかなどの仕組みを作ることです。ただし、人事管理は賃金の決定が全てではありません。その具体的な管理分野は、次のようなものです。

個別人事管理における管理分野

①労働力として必要な社員を量・質ともに確保すること（採用）

②社員を適材適所で必要な部署に配置すること（配置）

③社員の能力を伸ばすこと（育成）

④社員の能力・適性を仕事の上で活かすこと（活用）

⑤社員の発揮した能力や努力や成果に報いること（処遇）

⑥そのために社員を公正に評価し把握すること（評価）

　そして、この人事管理のための基準や運営の仕組みを「人事制度」といいます。

　人事制度は、馬車馬を駆り立てるように労働を強制するものではなく、社員のモチベーションをいかに引き出すかということに工夫が求められるものです。

　つまり、人は、ほめられたり、地位を高めたり、多くの賃金を得ることで懸命に働きます。しかも、社員に競わせ、より高い成績を出した者にこれらを多く与えることで、更なるモチベーションを引き出すのです。

　そのためには、経営者の縁故または特定の者を「ひいき」することなどなく、制度自体が次のような民主的なものであることが重要です。

人事制度の基本原則

①合理性の原則…人事管理の基準や条件の根拠が論理にかなっていること

②公平性の原則…同一基準、同一条件の下では同一の取り扱いであること

③納得性の原則…取り扱いの水準や格差に納得が得られること

　このような人事制度には、古くは江戸時代の商人の習慣から現代に引き継がれたものもあります。賞与などがその例です。しかし多くは、戦後から現在まで様々な民間の工夫によって、常に新しいものへ変わってきたのです。

人事制度の変遷

年代	時代背景	人事制度	賃金決定要因	賃金制度
S20年代	戦後復興	年功序列	物価・生活対応	年功給、職務給
S30〜40年代	高度成長	資格制度	春闘	職能給
S50〜60年代	経済の国際化	複線型	国際競争	
平成〜令和	平成不況、IT革新	目標管理、コンピテンシー	成果主義	職群別職務給、成果給、年俸制

ここを検討
・人事制度の基本的な方針（能力主義や成果主義など）、大まかな仕組みはどのような内容にしますか。

2. 職能資格制度

◆職能資格制度とは

「職能資格制度」とは、これまでの年齢を基準とした人事制度から脱却するため、年齢に代わる基準として能力を用いるものです。年齢は20歳、21歳…と、誰から見ても確かな基準でしたが、この制度では、能力を一定の方法で序列化して等級を付け、これをモノサシとして社員の能力を測ります。

たとえば、学校で考えれば、学年に当たるものが等級であり、各学年で履修すべき内容が能力要件です。社員は、各等級に定められた能力要件をクリアしていくごとに、学年が上がるように次の等級に進みます。

ここでいう能力とは、仕事に何ら係わりない、英会話やスポーツといった特技ではなく、「会社が期待する仕事をこなす力（「職務遂行能力」または「職能」といいます）」を指しています。職能資格制度では、この職能の要件（「職能要件」または「職能基準」といいます）を、職種別・等級別のマス目状に明らかにし、人事管理の基準とします。

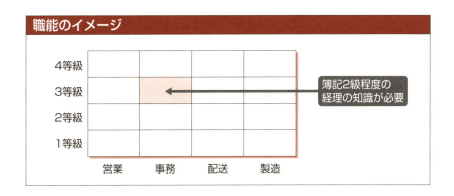

◆職能資格制度の効果

職能資格制度を導入することにより、年功序列の人事から、1人ひとりの能力に応じた人事へ移行します。この制度では、年齢が下の者が上の者より賃金を多く得ることも可能ですし、遅れて入社した者が先に入社した者を追い抜くこともできます。

一般に、職能資格制度を導入する企業では、企業組織における各人の職制上の役割にかかわらず、部下が上司よりも等級が上ということも起こります。

　また、会社が理想的な社員の能力像を示すことにより、社員は、現在の自分の能力に照らし、不足する能力を補うことで上の等級を目指すことができるのです。

◆トータル関連性

　前述したように、人事管理には、採用、活用などの管理分野があり、それぞれが独立した制度として運用できるものです。

　しかし、これらの制度は全体として一定の会社方針を具体化するためにあるものですから、それぞれの制度が互いに関連した制度であることが望ましいのです。

　これまでの年功序列では、賃金の高い社員であっても、十分な能力が備わっているかどうかは不明なため、別途能力を測定し、教育を施す必要がありました。

　職能資格制度では、この制度を中核に、他の制度と互いに関連して、図のように全体で人事方針を実現するように構成されます。このような制度を「トータル人事制度」といいます。

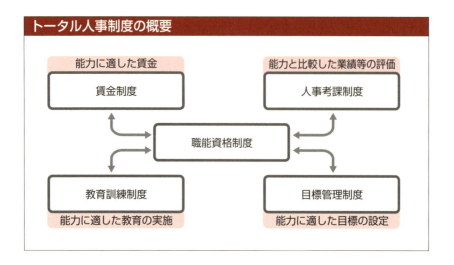

> **ここを検討**
> ・評価制度、目標管理制度など、他の制度との関連性はどのようにしますか。

◆職能要件

　社員に等級を決定することを「格付」といい、このために用いるのが、「職能要件書」あるいは「格付基準書」などという職能要件をまとめたものです。この職能要件書のできの良し悪しが、職能資格制度の良し悪しを決めるといってもよいでしょう。

　この職能要件は、どのような仕事にどのような能力が求められるかということの分析から始めます。

　1つひとつの仕事には、果たすべき業務（遂行業務）があり、その業務に人が従事するとき求められる能力（遂行要件）があります。つまり、「経理という仕事には、お金を数えたり、帳簿に記帳したりという業務があり、これを独力で行うには、簿記の2級程度の知識（能力）が必要となるだろう」といったものです。

　職能要件書とは、社内の全ての業務から重要なものを抜き出し、それぞれに求められる遂行要件を、ランク別、職種別等に整理したものです。

遂行業務と遂行要件

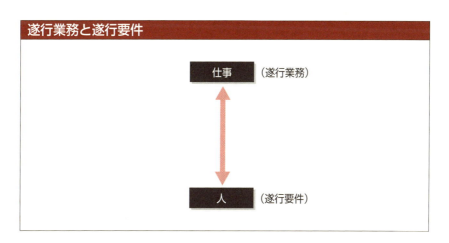

◆ランクと職能等級

　具体的に、職能要件を定義するための理屈を説明しておきましょう。

　1つの会社の中には、簡単なものから難しいものまで多くの業務があります。これを理論的に半分にすると、同じような業務を繰り返す「定型業務」と、それ以外の経営環境の変化に対応すべき「非定型業務」に分かれます。更にそれぞれを半分にすると、4つに分かれます。

　ランクとは、このようにして社内の業務を一定の段階に区分した、会社が期待する職能の水準をいいます。

　そして、このランクを更に細分し、各社員の能力水準を格付するものを職能等級といいます。

　職能等級を適用せず、ランクを用いるのは、職能要件の定義の仕方によるものです。業務を言葉で定義しようとするとき、細かくするほど境界線は不明確になります。しかし、たとえば、各ランクに照らし人物を評価した場合に、「十分できる」「不十分にできる」という評価の段階を設けると、4つのランクから、容易に8等級を得ることができます。

　社内の業務によって、設定しようとする職能等級が明確に定義できる場合は、ランクを使わず、直接、職能等級の定義を設けてもかまいません。

▶ モデル規程　第4条

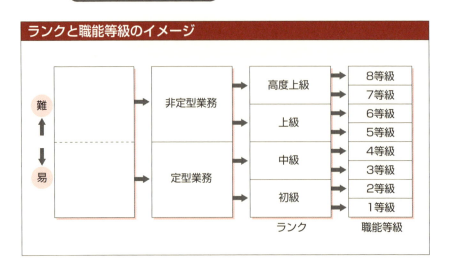

ランクと職能等級のイメージ

ここを検討
・職能要件書はどのようなものにしますか。
・ランクや職能等級はいくつに区分しますか。

◆複線型人事（コース別人事）

　従来の多くの会社では、採用から退職まで社員全員が基本的に同じ条件で取り扱われる「単線型」の人事制度を取っていました。この同じ条件とは、雇用形態も人事制度もほとんどが同じ基準を用いるというものです。

　しかし、雇用形態が多様化し、社内での活用方法も複雑化してきたことから、雇用形態や人事制度の内容が異なる複数のコースを持つ「複線型」の人事を取り入れる会社が増えてきました。

　複線型の人事制度では、これまでの単線型の人事制度よりも、個々の雇用形態、職種などの特性にあった仕組みを実現することができるのです。

▶ モデル規程　第5条

ここを検討
・コースは、単線、複線など、どのように設けますか。

◆格付

　格付とは、職能等級を決定することをいいますが、特に採用時の場合を初任格付といって、学卒採用の格付と中途採用の格付があります。

　学卒者の場合、基本的に能力差は少ないだろうということから、一般に、高卒、大卒などによって一律に同じ職能等級に決定します。

　一方、中途採用の場合、経歴も様々で能力差が非常に大きいため、採用試験などで把握した事項から格付することになります。しかし後日、思っていた程ではなかったというトラブルにならないよう、当初は仮の等級とし、3ヵ月程度の試用期間満了時に正式な職能等級をつけるとい

うことでもよいでしょう。ただし、採用時に一定の賃金を約束している場合、その賃金を引き下げるかどうかは、また別の問題となります。

 モデル規程　第9〜11条

> **ここを検討**
> ・初任格付は、学卒、中途により分けましたか。

◆昇格・降格

　職能資格制度は社員に等級を与えるものですが、もう1つの機能として、昇格、降格があります。

　昇格とは現在の等級から次の等級に格が上がることをいい、降格とは、逆に等級が下がることをいいます。

　規程を作成する上で重要なことは、職能等級が社員の労働条件に大きな影響を与えることから、加齢や成績不振によって降格がありうることを明示しておくことです。　モデル規程　第12〜14条

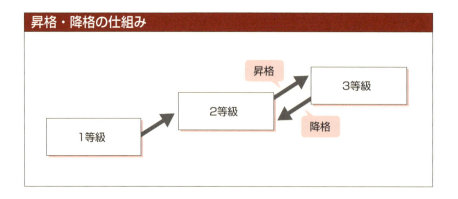

昇格・降格の仕組み

> **ここを検討**
> ・昇格、降格のルールはどのようにしますか。

328

モデル規程　人事評価制度規程

人事評価制度規程

第1章　総則

（目　的）
第1条　この規程は、社員の育成と公平な処遇を実施するため、社員各人の能力・業績などの評価制度について定めたものである。

（適用範囲）
第2条　この規程は、パートタイマーなど臨時に雇用する者を除き、全ての社員に適用する。

（評価の対象期間）
第3条　人事評価の対象期間は、毎年次の上期・下期の6ヵ月間ずつとして、それぞれの期間について実施する。
　　　　上期　…　4月1日から　9月末日まで
　　　　下期　…　10月1日から　3月末日まで

第2章　評価の構成

（評価の種類）
第4条　人事評価は、「能力評価」「態度評価」「業績評価」の3種類により実施する。

（能力評価）
第5条　能力評価は、社員の担当する業務に対する能力を、次の項目によって評価する。

①実務知識

②判断力

③企画力

④折衝力

（態度評価）

第6条 態度評価は、社員が担当業務に対して取り組む姿勢を、次の項目によって評価する。

①規律性

②協調性

③積極性

④責任感

（業績評価）

第7条 業績評価は、社員の対象期間における業績を、次の項目によって評価する。

①仕事の丁寧さ

②こなした仕事の量

（自己評価）

第8条 評価対象期間終了時に、社員は自らの評価を実施し、上司に提出する。

（評価の活用）

第9条 評価結果は、評価の種類ごとに、それぞれ次のとおり人事制度に活用する。

評価の種類	昇格・昇給	賞与	能力開発	役職任用
能力評価	○		○	○
態度評価		○		○
業績評価		○	○	

第3章　評価者

（評価者）

第10条　評価者は、被評価者の区分により、それぞれ次のとおりとする。

被評価者区分	1次評価者	2次評価者	3次評価者
管理職層	ロ	ハ	
一般職層	イ	ロ	ハ

※イ…評価対象者の直属の上司である管理職または準ずる者

　ロ…対象者の所属部門を担当する部門長または役員

　ハ…社長

（評価者の責務）

第11条　人事評価は、人事制度が本来の目的どおりに機能するかどうかを左右する重要な仕組みであり、評価を実施する者は、この責務を認識し、公正公平な評価に努めなくてはならない。

第4章　評価の方法と手順

（評価シート）

第12条　人事評価は、別表の「人事評価シート」により実施する。

（評価成績）

第13条　評価は、各項目ごとに示された着眼点と対象者の実績を比較し、次のように評価する。

　　　　S＝非常に優れている（上位等級でもA評価以上である）

　　　　A＝やや優れている

　　　　B＝普通

　　　　C＝やや劣る

　　　　D＝非常に劣る（ミスや行動の問題から業務に支障がある）

（調　整）

第14条　部門間または評価者によって著しい偏向が出た場合、総務部により原因を調査して、評価結果を調整することがある。

（秘密保持）

第15条 評価シートは、評価者、本人、総務部員、部長以上の管理職および役員以外には秘密扱いとする。

第5章　開示と苦情処理

（評価結果の開示）

第16条 人事評価の結果については、本人と一次評価者の面接の上で、直接開示する。

2. 前項の評価結果の開示は、本人の育成を目的とするものであることに留意し、批判的なものとならないよう注意しなければならない。

（苦情の申出）

第17条 評価の結果に対し、苦情または疑義がある社員は、総務部長に申し立てることができる。

付　則

1. この規程は、令和○年○月○日から実施する。

◆関連規程◆

賃金に関する事項…「賃金規程（職能給）」／資格等級に関する事項を定める場合…「職能資格制度規程」

評価シート

Download
4-062 →

4章 人事管理に関する規程のモデルとつくり方

人事評価シート　　（令和　　年度）

社員コード：　　　　　氏名：　　　　　（職種：　　　）

1. 能力評価

評価項目	自己評価	1次評価	2次評価	3次評価	評点
実務知識 （担当業務に関する知識は十分であったか）		S・A・B・C・D	S・A・B・C・D	S・A・B・C・D	
判断力 （判断は的確かつ迅速であったか）		S・A・B・C・D	S・A・B・C・D	S・A・B・C・D	
企画力 （アイデアは発想豊かで実現価値の高いものだったか）		S・A・B・C・D	S・A・B・C・D	S・A・B・C・D	
折衝力 （担当する立場から内外の相手とうまく折衝し、仕事を進めたか）		S・A・B・C・D	S・A・B・C・D	S・A・B・C・D	

2. 態度評価

評価項目	自己評価	1次評価	2次評価	3次評価	評点
規律性 （職場のルールを守ったか）		S・A・B・C・D	S・A・B・C・D	S・A・B・C・D	
協調性 （皆と協調して仕事を行ったか）		S・A・B・C・D	S・A・B・C・D	S・A・B・C・D	
積極性 （自ら仕事を求めたか）		S・A・B・C・D	S・A・B・C・D	S・A・B・C・D	
責任感 （諦めずに最後までやり遂げたか）		S・A・B・C・D	S・A・B・C・D	S・A・B・C・D	

3. 業績評価

評価項目	自己評価	1次評価	2次評価	3次評価	評点
仕事の丁寧さ （自らの等級に相応しい丁寧な仕事をしたか）		S・A・B・C・D	S・A・B・C・D	S・A・B・C・D	
こなした仕事の量 （自らの等級に相応しい量または速さで仕事をしたか）		S・A・B・C・D	S・A・B・C・D	S・A・B・C・D	

総合評価コメント	1次評価	2次評価	3次評価

趣 旨

人事評価とは、社員それぞれが業務を遂行した結果が「どのような内容」で「どの程度」できていたかなどを、一定のルールに基づき評価する作業をいいます。

ひと昔前までは、「人事考課」「査定」などと呼ばれていました。いずれも、賃金を決めるためだけに、上司が部下を一方的に採点し、しかも不透明といったイメージがあるため、本書では人事評価と呼びます。

これからの人事評価は、個性や能力の異なる個人個人から、いかに能力を引き出し、仕事に活かしていくかという人事制度の原理に基づき、賃金を決定するためだけではなく、配置転換、昇進、教育訓練・能力開発などのあらゆる場面で活用するべきなのです。

近頃では、多くの企業が人事制度を成果主義へ転換していますが、成果によって処遇などの格差が大きくなるほど正しい評価が求められるため、人事評価が制度の中心的な役割を担うことになるのです。

ただし、人間は長所もあれば短所もあり、総じて無能な人などいません。そのあらゆる個性を持った人を、いかに評価すべきかが大きな問題なのです。

仕事に活かすための評価だと説明したとおり、どんな善人であっても、その者が担当する仕事に適さなければ、高い評価を与えることはできません。評価は、仕事を中心に考えなければならないのです。そのためには、「顧客サービスを重視する」などといった会社の方針から、「笑顔を絶やさず接客する」などの人材像を明確にし、そのような行動を取れたかどうかを評価することになるのです。

さらに、社員それぞれの仕事の内容や責任は異なるため、仕事ごとに評価すべき要素を選択し、正しく評価するということに力を注がなければなりません。

また、人事評価を支える大きな責任を与えられる者が管理職です。

上司と部下の信頼関係が良好という会社はそれほど多くはありません。

そのような会社で厳しい成果主義と評価制度を導入すれば、上司と部下は互いに不信感が高まり、業績を大きく悪化させることもあります。

管理職には、評価についての正しい知識を与えるだけではなく、部下との関係作りについても教育し、その上で、差別や偏見なく取り組ませなければならないのです。

最近ではコンピテンシー（常に高い成果を出す者のその成果に結びつく行動の特性）など新しい評価方法を取り入れる会社もでてきましたが、基本的な事項は共通しているため、この規程では、従来からある一般的な評価方法を紹介します。

そして評価の方法は、あまり形にこだわって複雑なものにしてはいけません。たとえば「無遅刻無欠勤」であればよい、「売上が目標を達成すればよい」なども、単純ですが立派な評価です。他社や書籍などで紹介された方法を真似るだけではなく、自社の環境や評価の実力に適したものを作ることが大切です。

ポイント

1．評価の原則

◆評価の目的

人事評価の目的は、社員各人の情報（能力の程度、業績など）を収集し、賃金制度や教育訓練・能力開発制度などの各制度にその情報を提供することにあります。

会社は評価結果に基づき賃金の昇給を決めたり、うまく作業できていない者に教育を施したりします。ただし、収集した情報の活用については、社員の能力育成が最も優先される目的であって、賃金を決定することだけが目的だと考えるべきではありません。

確かに、社員に与えるインセンティブとしては賃金は有効な手段ですが、会社にとっては、人材の成長によって得られる利益の方が長期的には大きいはずです。

335

そこで、1人ひとりの行動を細かく分析し、何が良く何が悪かったのか
を具体化し、その評価結果を本人にフィードバックすることが重要です。

▶ モデル規程　第1条

◆評価の対象

　人事評価の対象は、社員の業務に関連する行動、つまり勤務時間中に
仕事を通して現れる行動に限られます。たとえば、「英会話が得意」であ
っても、それを活用する機会のない職場では、一般に評価対象にはなり
ません。

　ただし、会社によっては「これからは国際化である」などと見解が異
なる場合もあるでしょう。大切なことは、社内の評価者が共通の認識に
基づいて評価することです。

　そして、評価する行動は、評価対象期間中の事実のみです。評価対象
期間前の行動や人物の印象で評価をすれば、一度失敗をした者は常に評
価が悪く、成績の良かった者は常に良い評価になってしまうからです。

◆期間評価と時点評価

　評価には、業績評価などのようにある期間を通してその結果を評価す
る「期間評価」と、能力評価などのようにある時点における状態を評価
する「時点評価」の、大きく分けて2つがあります。

　これを貯金に例えてみると、Aさんが今年は50万円貯金し残高100万
円であるとし、Bさんが20万円貯金し残高110万円とします。今期の期
間評価としての預入れはAさんが多く、時点評価としての残高はBさん
の方が多いことになります。　　▶ モデル規程　第3条

◆評価の方針

　評価を始める前には、次のような、基本的な方針を決めておくとよい
でしょう。

①相対評価と絶対評価

　人事評価を行う場合、「相対評価」と「絶対評価」という2つの考え方
があります。

　相対評価とは、たとえばAさんとBさんを比較し、どちらが優れてい

るかという相対的な価値付けをする評価です。これに対し絶対評価とは、たとえば、Ａさん60点、Ｂさん70点などと、個人個人がどれだけ優れているのかという量を測定する評価です。

相対評価の場合、優れている者が多いときでも相対的に点数の低い者は評価が悪くなりますが、絶対評価の場合は、全員が優れていれば全員によい評価を与えることができます。

②減点主義と加点主義

評価には、「減点主義」と「加点主義」という考え方があります。

減点主義とは失敗の度に満点から減点していく考え方で、加点主義とは０からよい行動がある度に加算していく考え方です。

> **ここを検討**
> ・評価の目的、方針（加点主義、絶対評価など）は明確ですか。

2. 人事評価の設計

◆評価の種類

人事評価は、多様な人物像を評価し数値化するために、一般的には「能力評価」「態度評価」「業績評価」の３つの種類で実施します。

モデル規程　第５～７条

①能力評価

能力評価とは、「知識」や「技能」といった仕事に関する能力の水準を評価するものです。

②態度評価

態度評価（または「情意評価」といいます）とは、「規律性」「協調性」「積極性」「責任感」といった仕事に対する意欲や適正を評価するものです。主に、業績評価が難しい職能等級の低い社員について、今後の成長を期待させる仕事への取り組み姿勢として評価します。

③業績評価

　業績評価とは、一定期間の仕事の出来映えを評価するものです。仕事の出来映えとは、丁寧にできたかという「質的評価」と早く・多くできたかという「量的評価」に分けることができます。

　また、目標管理（社員自らが目標を設定することで、より意欲的に業務に取り組ませる管理手法）を導入している場合は「目標達成度」として目標管理の成績から連動させます。

評価の種類と要素

評価の種類	要素
①能力評価	・知識（仕事に求められる知識） ・技能（建設や製造などの作業の熟練度） ・その他（企画力、折衝力、指導力など）
②態度評価	・規律性（ルールを守る） ・協調性（チームワークを大切にする） ・積極性（チャレンジ精神） ・責任感（職責を全うする姿勢）
③業績評価	・質的評価（こなした仕事の品質、正確さなど） ・量的評価（こなした仕事の量、速さ、処理範囲など） ・目標達成度（目標管理の達成度）

④自己評価

　自己評価とは多面評価の一種で、上司である評価者だけではなく、社員本人にも評価をさせるものです。これまでのように上司が部下を評価するだけの方法は、評価される側をどう納得させられるかが難しいのですが、一方的に評価されるよりも、評価項目ごとに自らを冷静に振り返り採点していくことで、自らの失敗や消極的だったことなどを思い出し、素直に上司の指摘を受け入れる助けとなります。また上司も、部下の考

えを確認することで、自分の評価との食い違いを見つけることができ、何を説明すべきかが分かります。　▶ モデル規程　第8条

◆評価結果の活用

人事評価の結果は、それぞれ評価の種類ごとに活用分野を決めておきます。たとえば次のような方法があります。　▶ モデル規程　第9条

評価結果の活用の例

	昇給	昇格	賞与	教育訓練	指導育成	昇進
能力評価	○	○		○		○
態度評価					○	○
業績評価			○			

◆評価者

一般に評価を実施する評価者は、課長以上の管理職および役員、社長などです。同じ社員を、1次評価、2次評価と、複数の評価者が評価し、最初の評価内容を次の評価者が訂正したり、複数の評価者の結果の平均をとったりして、できる限り精度の高い評価を目指します。

▶ モデル規程　第10条

　ここを検討
- 評価の種類と要素は何にしますか。
- 評価結果は何に活かしますか。
- 評価は誰が何段階で実施しますか。

3. 評価の手順

◆評価の準備

①部下への意識付け

　人事評価は、単に業務の結果を採点するのみではなく、事前に各人へ好ましい行動や業務目標を明示しておかなければなりません。

　あらかじめ明示された目標と結果を比較することで、評価結果を分かりやすく伝えることができ、本人の納得性も高まります。

　また、目標が設定された理由をしっかり納得させることで、各人の役割、目標達成の重要性を理解させ、本人の自主的な行動を促すことになります。

②日常の記録

　評価票は評価期間終了後に回収されることとなりますが、評価期間が終了してから対象期間の出来事を思い出して記入していくのではなく、全体的な印象で評価するのでもありません。

　評価者は、日常の中で評価対象者の行動を観察し、評価の対象となる事実を記録していきます（ ダウンロード 4－063 参照）。このとき、公正な評価をするためには、単に行動を記録するだけではなく、その行動に至った因果関係や、本人のどのような能力、態度、考え方などからその行動を取ったのかといった点についても記録しておかなければなりません。

◆評価

　基本的な評価方法は、一般に次のように進めます。

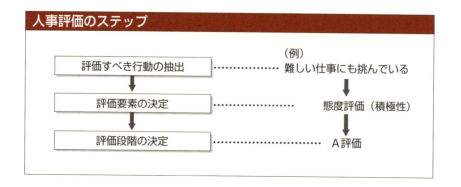

そして、評価のステップそれぞれについて、複数の評価者全員の判断基準を統一させる必要があります。基準が曖昧であれば、評価者により評価が偏ることになるからです。

統一作業としては、評価シートに明確な基準を記載しておく方法があります。その他に、評価者を召集して訓練したり、評価事例集を作ったりして工夫するとよいでしょう。

また、どうしても結果に偏りがあれば、評価があまい評価者の担当部門などに調整率を掛けて点を抑えるなどの処置が必要な場合もあります。

モデル規程　第12〜14条

ここを検討
・具体的な評価の進め方は会社に適していますか。

5章

福利厚生に関する規程のモデルとつくり方

モデル規程　慶弔見舞金規程

慶弔見舞金規程

第1章　総則

（目　的）
第1条　この規程は、就業規則第○条の定めるところにより、社員の慶弔禍福に際し支給する慶弔見舞金について定めたものである。

（慶弔見舞いの種類）
第2条　会社が支給する慶弔見舞金の種類は、次のとおりとする。
　　　①結婚祝金
　　　②出産祝金
　　　③傷病見舞金
　　　④災害見舞金
　　　⑤死亡弔慰金

（勤続年数の計算）
第3条　この規程における勤続年数の計算は、採用の日から支給事由発生の日までとする。ただし、会社都合によらない休職期間を除く。

（適用範囲）
第4条　この規程は、就業規則第○条に定める社員に適用する。

（申請手続きおよび支給）
第5条　社員またはその他の請求権者が、本規程により慶弔見舞金の支給を受けようとするときは、原則として、事後1ヵ月以内に所定の「慶弔見舞金支給申請書」に事実を確認できる書類

を添付して、会社に提出しなければならない。

2. 支給申請があった場合、会社は、支給事由発生後、すみやかに支給するものとする。

第2章　結婚祝金

（結婚祝金）

第6条 社員が結婚した場合には、次の勤続年数の区分により結婚祝金を支給する。

①勤続2年未満　　　　　　　　10,000円

②勤続2年以上5年未満　　　　20,000円

③勤続5年以上　　　　　　　　30,000円

2. 会社より、すでに結婚祝金を受けたことがある場合には、前項の祝金は半額を支給する。

（双方社員の場合）

第7条 結婚の当事者双方が社員の場合、前条の祝金は各々に支給する。

（社員の子の結婚）

第8条 社員の子が結婚した場合、祝金として10,000円を支給する。ただし、同じ子に対しては、1回限りとする。

（祝電等）

第9条 本人が結婚する場合で、社長が披露宴に出席しない場合は、会社は社長名で祝電を送る。

第3章　出産祝金

（出産祝金）

第10条 社員またはその配偶者が出産したときは、次のとおり出産祝金を支給する。

345

　　　　　一産児につき　　　　　10,000円

（死産の時）

第11条　社員またはその配偶者が、妊娠12週を超えて死産の場合は、弔慰金として前条の半額を支給する。

（双方社員の場合）

第12条　夫婦双方が社員の場合、第10条および前条の祝金等は、申請のあったいずれか一方に支給する。

第4章　傷病見舞金

（業務上の場合）

第13条　社員が業務上の傷病により療養するために7日以上の欠勤をする場合、次の区分により傷病見舞金を支給する。

　　　　　①勤続3年未満　　　　　　20,000円

　　　　　②勤続3年以上　　　　　　30,000円

　2.　前項の金額は、発症理由等により、または療養が長期に及ぶときには、役員会の決定により増額または追加を行うことがある。

（私傷病の場合）

第14条　社員が、私傷病により療養するために30日以上の欠勤をする場合、次の区分により傷病見舞金を支給する。

　　　　　①勤続3年未満　　　　　　10,000円

　　　　　②勤続3年以上　　　　　　20,000円

第5章　災害見舞金

（災害見舞金）

第15条　社員の住居が被災し、損害を被った場合は、次の区分により見舞金を支給する。

区分	判断の目安	世帯主	非世帯主
全焼、全壊、流失	おおむね建物の時価の50％以上、建物の延床面積の70％以上の損害	100,000円	50,000円
半焼、半壊、一部流失	おおむね建物の時価の20％以上50％未満、建物の延床面積の20％以上70％未満の損害	50,000円	30,000円
一部焼失、一部損壊、床上浸水	おおむね建物の時価の3％以上20％未満の損害	30,000円	10,000円

（受給順位）

第16条　前条の場合、2人以上の同一世帯の社員がいるときは、年長者の1人に対して支給する。

第6章　死亡弔慰金

（本人弔慰金）

第17条　社員が死亡した場合は、次の区分により、遺族に対して死亡弔慰金を支給する。

　　　　①業務上の事由による死亡の場合

　　　　　　イ）勤続5年未満　　　　　　　　50,000円

　　　　　　ロ）勤続5年以上10年未満　　　100,000円

　　　　　　ハ）勤続10年以上　　　　　　　200,000円

　　　　②業務外の死亡の場合

　　　　　　イ）勤続5年未満　　　　　　　　20,000円

　　　　　　ロ）勤続5年以上10年未満　　　30,000円

　　　　　　ハ）勤続10年以上　　　　　　　50,000円

2.　　葬儀には、会社名および社長名の花輪または生花を供する。

3.　　特に功労のあった社員に対しては、1項の金額を増額するこ

とがある。

4. 1項の弔慰金は、労働基準法施行規則第42条から45条に定める遺族の順位を準用し、上位となる1人に支給する。

（家族弔慰金）

第18条 社員の同居または扶養する家族が死亡した場合、次の区分により死亡弔慰金を支給する。

	勤続5年未満	勤続5年以上
配偶者	20,000円	50,000円
子および父母	10,000円	20,000円

2. 葬儀に際しては、会社名および社長名の花輪または生花を供する。

3. 1項の弔慰金は、同一の支給事由について2人以上の社員がいるときは、支給額の多い者を優先し、同一額のときは年長者の1人に対して支給する。

第7章　雑則

（各種社会保険との関係）

第19条 この規程に定める慶弔見舞金は労働者災害補償保険法、その他各種社会保険法による給付にかかわりなく支給する。

付　則

1. この規程は、令和○年○月○日から実施する。

◆関連規程◆

慶弔休暇等の特別休暇を設ける場合…「就業規則」（休暇）

慶弔見舞金支給申請書

慶弔見舞金支給申請書

令和○年○月○日

総務部長殿

　　　　　　　　　所属　　　○○部
　　　　　　　　（申請人）氏名　○○○○　　　　　㊞

私は、「慶弔見舞金規程」に基づき、下記のとおり申請いたします。

記

事由	内容	
結婚	配偶者氏名	○○　○○
	挙式日・婚姻日	令和○年○月○日
	式場	○○○○ホテル
		（所在地　神奈川県○○市○○－○○　　）
出生	出生年月日	令和　年　月　日
	出生者名	
	続柄	
死亡	死亡年月日	令和　年　月　日
	死亡者氏名	
	続柄	
傷病	病名	
	入院・療養期間	令和　年　月　日～令和　年　月　日
	病院名	
		（所在地　　　　　　　　　　　　　　）
災害	発生日	令和　年　月　日
	災害の種類	火災・水害・地震・風害・その他（　　）
	災害の程度	全損壊・半損壊・一部損壊・軽損壊
備考		

以上

趣 旨

賃金水準も低く、社会保障制度も不十分であった時代から、社員の生涯における重大な慶弔などに際して、臨時的な支出を補うとともに、使用する側の温情的「気持ち」を表すものとして、祝金、弔慰金、見舞金などの慶弔見舞金が贈られてきました。

また、日本企業では、終身雇用による家族主義的な労使関係を重視したため、社員本人のみならず、その家族もこのような福利厚生の対象と考えてきたのです。

社員にとって、このような慶弔見舞金は、会社に所属することのありがたみを感じるものであるとともに、信頼にもつながるものです。

現在では、賃金も世界的に高い水準となり、社会保障制度も充実してきたので、生活補助的な意味は薄くなり、企業の施策として使用者側の好意を表すものとなっています。

ただし、戦後の労働法の整備によって、本来、恩恵的給付として賃金とみなされない結婚祝金なども、就業規則などであらかじめ支給条件を明確にすれば賃金となり、使用者には支払義務が生じ、労働者には権利として保障されることとなりました（昭和22.9.13発基17号）。なお、所得税法上においては、あらかじめ支給条件が明確であっても社会通念上相当と認められる範囲であれば課税されません（所基通28-5）。

会社を運営していく中で、このような慶弔見舞金の支払いは、しばしば生じることでもあります。明確な規則を定めておけば、その都度迷ったり、偏ったり、不公平となりませんし、迅速な支給に役立つことになります。

統計では、会社の規模の大小で慶弔見舞金の額に大きな差はありません。会社としては、課税の問題や、他の社会保障との関係を考慮した妥当な金額を定めておくべきでしょう。

ポイント

1. 適用範囲

　慶弔見舞金を受給することは、労働者の権利ともなりますから、正社員にだけ適用するのか、嘱託やパートタイマーにも適用するのか、適用の範囲は明確に決めておきます。　モデル規程　第4条

　なお、働き方改革関連法により令和2年（2020年）4月（中小企業は令和3年（2021年）4月）より同一労働同一賃金が義務化され、正社員と非正規社員の間の不合理な待遇格差が禁止されます。客観的に納得できる説明ができないような待遇差は撤廃していく方向で検討すべきでしょう。

> **ここを検討**
> ・パートタイマー、契約社員などにも適用しますか。または別規程を設け、別の基準で支給しますか。

2. 申請手続き

　あらかじめ定型の書式を定めて、これを用いて事務処理を進めれば、申請から支給まで迷うことがないというようにしておきます（349ページ　ダウンロード 5-065「慶弔見舞金支給申請書」参照）。

モデル規程　第5条

> **ここを検討**
> ・申請の手続きはどのようにしますか。

3. 支給額

①結婚祝金

結婚祝金は、世間一般的な支給額の水準があるため、これにならって決定するべきでしょう。なお、社内結婚も多いことから、双方社員である場合は両者に支給するのかどうか、また社長の祝電の取り扱いなども決めておきます。 ▶ モデル規程　第6～9条

②出産祝金

出産祝金は、配偶者の出産であっても一般に支給します。出産を機に退職する女性社員について、退職後の出産であっても一定期間のときは支給すると決めておいてもよいでしょう。 ▶ モデル規程　第10～12条

③傷病見舞金

傷病の発症原因が業務上か私傷病（業務外）かによって、会社の責任が大きく異なるため、見舞金の取り扱いは分けておく必要があります。

会社には、社員の健康や生命を守る安全配慮責任があることから、業務上の傷病は、私傷病よりも慎重に受けとめ、一般的に支給額も高く考えるべきでしょう。

私傷病の場合、純粋に社員への見舞金となるため、支給水準は、自社の都合や世間一般の水準を判断材料として決めるべきでしょう。

また、勤続年数による区分ではなく、休業期間により支給額に差を設ける考え方もあります。 ▶ モデル規程　第13、14条

④災害見舞金

災害見舞金の対象となる住居は、現にそこに住んでいれば、持ち家か否かは問わないという考え方が一般的です。

会社や、社員の住居のある地域が台風の通り道にあたるなど、1年に度々災害を被ることが予想される地域などでは、会社自体の打撃も予想されるため、金額その他を柔軟に決める方法もあります。

▶ モデル規程　第15、16条

> **災害見舞金を広域災害に限り減額する場合の規定（例）** Download 8-099 ➡
>
> **（広域災害の例外）**
> 第○条　前条にかかわらず、不慮の災害が本社、その他事業所の所在地を含む広範囲の地域にわたった場合は、災害見舞金の額を減額し、または支給しないことがある。

⑤死亡弔慰金

　モデル規程では、本人、家族、さらに勤続年数により支給額を区分しています。　　モデル規程　第17、18条

> ❗ **ここを検討**
> ・どのような慶弔の事由に対して支給しますか。
> ・各々の支給額は適切ですか。同居の社員が複数いる場合など、ケース別の検討はしましたか。

4. 雑則

各種社会保険給付との関係なども規定しておきます。

モデル規程　第19条

> ❗ **ここを検討**
> ・給付に当たって、社会保険などとの調整を行いますか。
> ・その他、考慮することはありませんか。

モデル規程　カフェテリアプラン規程

Download
5-066

カフェテリアプラン規程

（目　的）

第1条　この規程は、社員ならびにその家族の福祉の増進を目的として、会社の実施する福利厚生の取り扱いを定めたものである。

（定　義）

第2条　この規程において「カフェテリアプラン」とは、会社が設定する福利厚生サービスの中から、一定の条件の下に、社員が自らのニーズに応じて選択し、給付を受ける制度をいう。

（適用範囲）

第3条　この規程は、就業規則第○条に定める社員に適用する。

（サービスの内容とポイント）

第4条　カフェテリアプランのサービスの種類・内容および利用ポイントは、別に定める。

　2.　それぞれのサービスに設定する利用ポイントは、1ポイント当たり1,000円とする。

（ポイントの付与）

第5条　会社は、毎年4月1日に社員に対し勤続年数に応じ次のとおりポイントを付与する。

勤続年数	ポイント
2年未満	10
2年以上5年未満	20
5年以上	30

2. 健康保険法上の扶養家族を有する社員については、次の区分により、加算ポイントを付与する。ただし、新たに扶養関係が生じたときは、その月の翌月1日から付与する。

①配偶者　　　…5ポイント

②その他の家族…1人当たり2ポイント（ただし、上限6ポイント）

3. 新規採用者（毎年4月から9月に入社した者に限る）に対しては、1項にかかわらず、勤続6ヵ月を経過した時点で1人5ポイントを付与する。

4. 毎年4月1日時点で休職中の社員に対しては、その間に新たなポイントは付与せず、復職の際に、本来のポイントを月数按分し付与する。ただし、産前産後休業、育児休業、介護休業の社員は通常のポイントとする。

（受給の申請）

第6条　社員が福利厚生サービスを受給するときは、付与されたポイントの範囲内において、第4条に定める福利厚生サービスから自由に選択し、申請書にそれぞれ所定の書類を添付し事前に会社へ届け出なければならない。

（給付の方法）

第7条　社員から届出があったときは、サービスごとに定められたポイントに相当する利用券の交付または、ポイントから現金に換算した金額を社員の口座に振り込んで給付する。

2.　口座振込みにより給付する場合は、原則として給与支払日に行う。

（ポイントの利用期間）

第8条　社員に付与されたポイントは、毎年4月1日から翌年3月31日までの1年間に限り使用することができる。ただし、未使用となったポイントのうち5ポイントを上限として、翌年度に限り繰り越すことができる。

（無　効）

第9条　社員がポイントを利用する権利は、会社を退職すると無効に
　　　　なる。

（譲渡禁止）

第10条　社員は自分に付与されたポイントを他の者に譲渡することは
　　　　できない。

付　則

1.　この規程は、令和○年○月○日から実施する。

（別紙）　　　　　「カフェテリアプラン・メニュー」一覧

　カフェテリアプランによる福利厚生サービスの種類、概要、利用に必要なポイント、課税等については次のとおりとする。

（令和○年○月）

サービスの種類	サービス概要	給付方法	利用ポイント	税金
育児休業手当の支給	育児・介護休業規程に定める育児休業を取得中の者への手当補助	現金給付	月々10P	課税
介護休業手当の支給	育児・介護休業規程に定める介護休業を取得中の者への手当補助	現金給付	月々10P	課税
人間ドック受診料補助（社員・家族）	指定病院において、希望する人間ドックを受診した場合費用の一部を補助する。〔総合検診・婦人検診・ガン検診・脳ドック〕	費用と補助金の差額を受診者負担	1回20P	非課税
保育園費の補助	保育園利用費用の一部補助	現金給付	月々5P	課税
ファミリー旅行の補助	家族旅行に伴う交通費、宿泊料の費用の一部を補助	現金給付	年1回のみ10P	課税
自己啓発費用補助	業務用資格・公的資格取得費用補助	現金給付	費用の範囲、上限30P	課税
	通信講座や各種スクール受講料補助	現金給付	費用の範囲、上限20P	課税
	自己啓発のための書籍購入費用補助	現金給付	購入費の1/2（1,000円単位）	課税
スポーツクラブ利用料の補助	契約スポーツクラブの利用料補助	利用券交付	10P／20P	非課税
	個人加入のスポーツクラブ利用補助	現金給付	月々5P	課税

◆関連規程◆

育児や介護に関するプランを設ける場合…「育児・介護休業規程」／
自己啓発に関するプランを設ける場合…「自己啓発規程」「留学規程」

趣　旨

　カフェテリアプランとは、カフェテリアでそれぞれの好みによって自由に料理を選んでいくように、一定の福利厚生メニューの中から社員が各自のニーズに合ったものを選択していく福利厚生制度をいいます。終身雇用を前提としてきた我が国では、社員にとって会社が経済生活の中心であったため、社宅を与えたり、健康診断を実施したりすることにより生活全般にわたり会社に依存させ、より帰属意識を高めてきました。これが福利厚生の大きな役割です。

　しかし、労働者の高齢化や女性の職場進出などによる雇用形態の多様化、あるいは核家族の増加、それらに伴うライフスタイルの変化などから、社員が企業福祉に求めるものも一律ではなくなってきました。また右肩上がりの経済成長が終わったことで会社も丸抱えの福利厚生制度が維持できなくなり、更に自立した社員が会社間を頻繁に転職する時代となったことで、オープンな環境で提供する福利厚生制度が求められるようになってきたのです。

　カフェテリアプランは、このようなニーズに即した制度として導入されてきました。その他にもカフェテリアプランによる福利厚生制度には以下のようなメリットがあると考えられています。

①多様化する社員のニーズに応えることができ、社員間の公平性が確保できる。

②社員が主体的に福利厚生メニューを選択するため、福利厚生に関する意識が高まる。

③福利厚生メニューの改廃も容易となりニーズの変化に柔軟に対応できる。

④限られた予算の枠内で効率的に社員の多様なニーズに対応することが可能となる。

⑤福利厚生費用の管理がしやすくなる。

　ただし、導入に当たっては留意すべき事項もあります。まず、統計上

（日本経団連）では2017年度の福利厚生費の総額108,335円（従業員1人1ヵ月当たりの額。以下同じです）に対し、法定外福利費は23,452円、更にカフェテリアプランの費用総額は4,842円となっており、一般にそれほど大きなウエイトを占めていません（ ダウンロード 8−100 「資料へのリンク集」参照）。つまり、カフェテリアプランの導入目的を福利厚生費の削減と考えてはならないのです。むしろ、ポイントの管理という作業負担は増えることになります。

　次に、これまでの福利厚生は、賃金の低い若年者に社宅を貸与するなど必要性の高い者へ集中的に実施されてきましたが、カフェテリアプランでは、原則平等に権利が与えられることから、会社の方針転換が求められます。

　更に、福利厚生を規程にした場合は、労働契約の一部として社員が権利を主張し得るものにもなりますから、安易に止めたり、水準を下げることはできません。

ポイント

1. 適用対象者の決定

　カフェテリアプランのサービスの適用対象を明確にします。本来、全ての社員に適用するべきですが、パートタイマーなどに正社員と同等のコストを掛けられない場合、与えるポイントで区別すればよいでしょう。

　なお、働き方改革関連法により令和2年（2020年）4月（中小企業は令和3年（2021年）4月）より同一労働同一賃金が義務化され、正社員と非正規社員の間の不合理な待遇格差が禁止されます。客観的に納得できる説明ができないような待遇差は撤廃していく方向で検討すべきでしょう。　▶ モデル規程　第3条

！ ここを検討･･････････････････････････
・適用する社員の範囲はどうしますか。

2. 施策メニューの決定

会社がカフェテリアプランのメニューを決定する際は、年齢、家族構成、独身・既婚の別、住居の所有の有無等、社員の特性別にニーズを検討し、各層に公平に提供されるようなメニューの構成に配慮する必要があります。また、次のような点にも注意が必要です。

 モデル規程　第4条、別紙

◆法定福利費でないこと

社会保険や雇用保険のような法定福利費は個人別に選択の余地がないため、メニューに含めるものではありません。

◆メニューの課税・非課税を確認すること

メニューが税務上課税か非課税かは、個々のメニューの内容に応じて判断していく必要があります（国税局平成7.11.13「国税速報」）。たとえば、人間ドックの費用負担などは非課税として扱われますが、レストランでの食事券の支給は（支給割合により）課税扱いになるといったように、メニューの中に課税・非課税が混在することになりますので、事前に税務上の取り扱いを確認しておくことが必要です。

> **ここを検討**
> ・メニューの内容は、あらゆる年齢層、家族構成などのニーズを汲み取ったものとなっていますか。

3. メニューポイントの決定

カフェテリアプランのメニューを決定した後は、それぞれのコストを勘案し、たとえば、「フィットネスクラブの利用補助に1回1,000円として10ポイント」のようにポイント数を設定します。

サービスは社員が与えられたポイントを全て消化できるよう提供されるべきですが、ポイントを消化するためだけに必要のないサービスまで利用されるのを防ぐためには、社員の自己負担を若干設けておく方法もあります。逆に、会社の施策的な意味を込めて、社員の取得を促進した

いメニューについては、実費より安いボーナスポイントを設定するなどの方法もあります。 モデル規程　別紙

> **ここを検討**
> ・サービスを全ての社員が利用した場合の人件費コストは適切ですか。
> ・個々のサービスの利用状況から利用に必要なポイントの設定は適切ですか。

4. 持ち点

◆年間の持ち点の決定

個人の年間予算である持ち点を決定します。社員は定められた持ち点の範囲内で個々のライフスタイルに応じてメニューを選択していくことになります。持ち点の決定については以下のような考え方があります。

①全社員に一律の持ち点を決める。
②年齢区分を設定し区分ごとに持ち点を決める。
③職階に応じて持ち点を決める。
④給与額に応じて持ち点を決める。
⑤勤続年数に応じて持ち点を決める。
⑥家族数に応じて持ち点を決める。
⑦その他

モデル規程にあげたものは勤続年数による持ち点をベースにし、扶養家族に応じて上乗せのあるパターンになっています。

▶ モデル規程　第5条

◆持ち点の繰り越し

個々の社員が持ち点を1年間で消化できることが望ましいのですが、使い残すこともあるので、未使用の持ち点をどうするかを、具体的には、①繰り越しを認めない、②繰り越しを無期限で認める、③繰り越しを期

限付きで認める、というように決めておく必要があります。

持ち点の繰り越しを認めない場合は、買い取るか、買い取らないかなども定めておくとよいでしょう。　▶ モデル規程　第8、9条

ここを検討
・社員に与える持ち点は、翌年への繰り越しを可能としますか。また、退社時などの取り扱いは明確ですか。

福利厚生費に関する調査 ■参考資料■

福利厚生費の項目別内訳（全産業平均）

項目	金額（円）	対前年度増減率(%)
現金給与総額	558,532	△1.3
福利厚生費	108,335	△3.1
法定福利費	84,884	△2.0
健康保険・介護保険	31,119	△1.7
厚生年金保険	47,375	△1.4
雇用保険・労災保険	5,123	△12.7
子ども・子育て拠出金	1,182	13.5
その他	84	133.3
法定外福利費	23,452	△7.0
住宅関連	11,436	△7.4
医療・健康	2,802	△10.8
ライフサポート	5,606	△6.0
慶弔関係	595	△3.4
文化・体育・レク	1,774	△10.8
共済会	264	6.9
福利厚生代行サービス費	316	△0.6
その他	659	10.9
通勤手当、通勤費	9,030	△0.1
退職金	46,125	△12.8
退職一時金	19,501	△15.4
退職年金	26,624	△10.8

（参考）

カフェテリアプラン消化ポイント総額	4,842	−

資　料：2017年度福利厚生費調査（日本経済団体連合会）　ダウンロード 8-100
注意点：1．四捨五入の関係上、100％あるいは合計数値にならない場合がある。
　　　　2．対前年度増減率とは、前年度調査の数値（676社集計）と比較して算出した増減率
　　　　3．法定福利費の「雇用保険・労災保険」には、石綿健康被害救済法に基づく一般拠出金を含む。
　　　　4．法定外福利費の「その他」は、船員保険の保険料、労基法上の法定補償費、石炭鉱業年金基金への拠出金である。
　　　　5．カフェテリアプランとは、福利厚生運営手法の一つで、従業員に一定の福利厚生利用枠と給付の選択肢を与え、従業員が個々の必要性に応じて給付を選択する仕組み。消化ポイント総額は、利用枠のうち、実際に利用されたポイントを円換算したものであり、制度導入企業のうち、項目ごとの利用実績が分かる97社を対象に法定外福利費の中から特別集計した。
　　　　6．現金給与総額、福利厚生費（法定福利費と法定外福利費）、通勤費用、退職金の合計は、従業員1人当たり月額が722,022円、年額にすると8,664,264円である。

361

書籍（ペーパー）未掲載でダウンロードのみ用意した規程例のご案内

　この本の企画に当たり、できる限り多くの規程の事例をご紹介すべく取り組んでまいりましたが、紙面の都合により残念ながら予定していた規程例を割愛せざるを得ないこととなりました。

　しかし、実際に規程の整備を目的とされる読者の方の中には、この書籍に掲載した規程だけでは足りないというお声もあろうと思います。

　そこで、書籍（ペーパー）としては掲載できなかった次の規程例をダウンロード用のウェブページに用意いたしましたので、必要に応じて活用ください。

　内容は、書籍と同様に、「規程例」「趣旨」「ポイント」により構成し、若干の社内様式もご紹介いたします。

---

①リフレッシュ休暇規程　　　　　5－067
　（リフレッシュ休暇取得申請書　5－068）
②自己啓発支援制度規程　　　　　5－069
③留学規程　　　　　　　　　　　5－070
　（留学費用貸借契約書　　　　　5－071）
④早期退職優遇制度規程　　　　　5－072
⑤表彰規程　　　　　　　　　　　5－073

6章

業務管理に
関する規程の
モデルとつくり方

モデル規程　車両管理規程

車両管理規程

第1章　総則

（目　的）
第1条　この規程は、会社の業務に使用する車両の運行、保守および事故の防止等に関する事項を定めたものである。

（定　義）
第2条　この規程で用いる用語の定義は、次のとおりとする。
　①車両…普通自動車、トラックなどの業務用自動車もしくはオートバイなど道路交通法に定める自動車および原動機付自転車
　②社有車…会社が事業に使用するため、保有する車両
　③私有車…社員が私用として保有する車両
　④運転者…車両の運転免許を有する社員であって、第16条により業務遂行上車両の運転を許可された者

（適用範囲）
第3条　この規程は、社有車および第9条により業務で使用する私有車の運転および管理に当たる者に適用する。
　2．レンタカー契約およびリース契約の車両については、社有車とみなして、この規程を適用する。ただし、その契約の範囲で一部の規定を適用しないことができる。
　3．私有車を業務で使用する場合、その許可の都度、この規程のうち適用しない事項を定めることができる。

（規程および法令の遵守義務）

第4条 この規程に定める運転者および車両の管理担当者は、この規程および交通法規の他、会社が指定した事項を遵守しなければならない。

（運転禁止）

第5条 次の者は、業務上で車両を運転してはならない。

①第16条の規定による運転の許可を得ていない者または許可を取り消された者

②無免許、免許停止中または免許証不携帯の者

（社有車の業務外使用）

第6条 原則として、業務以外の目的で社有車を使用してはならない。ただし、やむを得ない事情により、業務以外の目的で社有車を運転する場合または通勤のために使用する場合は、事前に会社の許可を得なければならない。

2. 業務外運転中の事故に関する費用については、一切、その業務外の運転者の負担とする。

3. 通勤のために使用の許可を受ける際は、自宅付近における適正な駐車場所を明らかにしなければならない。

（社外貸し出し禁止）

第7条 社有車は、原則として社外に貸し出してはならない。ただし、やむを得ない理由があると総務部長の許可を受けたときは、その許可の範囲で貸し出すことができる。

（レンタカー使用の許可）

第8条 レンタカーを使用する際は、事前に使用目的、車種、料金、保険の範囲など必要な事項を明らかにして、総務部長の許可を受けなければならない。

（私有車の業務上使用の許可）

第9条 原則として、私有車を業務のために使用してはならない。

2. やむを得ず私有車を業務に使用する場合、事前に会社の許可を得るものとする。

3. 会社は、次の事項を確認の上、許可するものとする。

①私有車を使用することの妥当性、緊急性

②私有車の自動車任意保険の加入の有無

③私有車の整備状況

4. 私有車を業務上使用した場合、会社は燃料費の実費を負担する。

第2章　社有車の管理

（安全運転管理者）

第10条　会社は、法律の定めるところに従い安全運転管理者を選任し、これを所轄公安委員会に届け出るものとする。

（安全運転管理者の任務）

第11条　安全運転管理者は、会社車両の安全運転を確保するため、次の事項を実施する。

①交通安全教育を行うこと

②運転者の適正、技能、知識ならびに交通規則の遵守状況を把握すること

③最高速度違反、過積載運転、過労運転、違法駐車の防止など安全運転の確保に留意して運行計画を作成すること

④長距離運転や夜間運転の疲労などにより安全運転を継続できない恐れがあるときは、あらかじめ交替運転者を配置すること

⑤異常気象、天災などにより、安全運転の確保に支障が生ずる恐れがあるときは、必要な指示その他安全運転の確保を図ること

⑥車両の点検の実施、および飲酒、過労、病気などの有無を確認し、安全運転を確保するために必要な指示を与えること

⑦運転者名、運転の開始・終了日時、運転距離その他必要な事項を記録する日誌を備え付け、運転を終了した運転者に記録させること

⑧車両の運転に関する技能、知識その他安全運転に必要な事項について指導すること

（管理担当部門）

第12条 社有車の管理に必要な事務処理、車両の購入、性能の維持、廃棄、運転者の許可等は総務部が総括管理を行う。ただし、日常の清掃、キーの保管、点検・整備等（法定検査を除く）については、実際の業務において社有車を使用する部門が行う。

（車両管理台帳）

第13条 総務部は「車両管理台帳」を作成し車名、車種、登録番号、型式、購入年月日、購入先、その他必要な事項を記入する。

（運転者台帳）

第14条 総務部は運転を許可した者の、「運転者台帳」を作成し、氏名、住所、運転免許の種類、取得年月日および事故歴等を記入（運転免許証のコピーを添付）するものとする。

（車両保険）

第15条 車両には、次の保険を契約するものとする。

①自動車損害賠償責任保険

②自動車任意保険

	対人賠償	対物賠償	車両	搭乗者傷害
保険金額	○○○万円以上	○○○万円以上	○○○万円以上	○○○万円以上

第3章　運転者の心得

（運転の許可）

第16条 会社は、本人の申請により、業務を遂行する上で車両を必要とし、かつ、安全運転ができる者として認められた者に、運転の許可を与える。

2. 会社は許可を与えた運転者に、安全運転上相応しくない行為があったと認めたときは、許可を取り消すことができる。

（誓約書の提出）

第17条 運転の許可を申請する者は、会社に、交通法規の遵守および安全運転を誓約するための書面を提出しなければならない。

（運転者の基本心得）

第18条 社有車を運転する者は、次の事項を遵守しなければならない。

①安全運転を第一に心掛け、道路交通法その他の交通法規を守ること

②常に人命尊重の精神に徹し、事故防止に努め、会社の名誉を傷つけるような行為をしないこと

（運転者の禁止事項）

第19条 運転者は、次の行為を絶対に行ってはならない。

①飲酒して運転すること

②心身が著しく疲労しているなど正常な運転が困難な状態で運転すること

③業務に関係のない者を乗せること

④法定速度を超え、あるいは無謀な割り込みなど危険な運転をすること

⑤携帯電話を掛けたり、読書をしたりするなど運転に集中しない行為をすること

⑥車両の積載限度を超えて、荷物、人などを乗せて運転すること

⑦前各号の他、事故を招く恐れがある行為

（社有車の日常点検）

第20条 運転者は自己の担当する社有車に関し、日常必要な保守、点検を行い、常にその機能を整備しておかなければならない。

（社有車の修理）

第21条 運転者が故障を発見した場合は、すみやかに会社に報告するとともに、所定の手続きにより修理するものとする。

（燃料および潤滑油）

第22条 社有車の燃料、潤滑油および付属品は、原則として会社の指

定する箇所で所定の手続きにより補充するものとする。

（駐車、格納場所）

第23条 社有車は、会社の指定した場所に駐車または格納し、鍵を所定の場所へ返却しなければならない。ただし、やむを得ない理由があるときは総務部に駐車場所を届け出て、他の安全かつ適法な場所に駐車することができる。

（運転日報）

第24条 運転者は、所定の運転日報を記載し、会社に提出しなければならない。

第4章　事故処理

（事　故）

第25条 この規程で事故とは、社員が、社有車（私有車を業務上で使用した場合を含む）の運行に伴い起こした人身事故および物件事故をいう。

（事故報告）

第26条 運転者の加害、被害にかかわらず、万一、運転中に事故が発生した場合は、臨機応変の処置をした上、その旨を会社に報告し、指示に従わなければならない。

（警察署への届出）

第27条 事故当事者は過失の程度、被害の大小、有無にかかわらず法の定めに従い、警察署へ届け出なければならない。

　　2． 届け出た事故については、すみやかに事故証明書の交付を受けておくこと。

（負傷者の救護）

第28条 負傷者があるときは、運転者の過失の有無にかかわらず救護を優先しなければならない。

（相手方の確認）

第29条 事故が発生したときは、相手方について所定の事項を確認し

ておかなければならない。

（現場示談禁止）

第30条 相手方から警察署への届出の省略または現場示談の申出があっても、勝手にこれに応じてはならない。

（事故報告書の作成）

第31条 車両事故については、加害、被害にかかわらず現場事故状況見取図等を添付の上、所定の様式に事故の状況を記載し、遅滞なく会社に提出しなければならない。

（損害賠償）

第32条 会社は、運転者が次のいずれかに該当する場合は、会社が被った損害について賠償を求めることができる。

①社有車の整備、点検を怠り、これが事故発生の原因となったとき

②交通法規に違反して、事故を起こしたとき

③運転者の不注意により事故を起こし、または備品や社有車が盗難にあったとき

④前各号の他、これらに準ずる事故原因があったとき

（交通違反の取り扱い）

第33条 交通違反による反則金は、原則として全額本人負担とする。ただし、特別の事情がある場合は、その一部または全額を会社が負担することがある。

付　則

1．この規程は、令和〇年〇月〇日から実施する。

◆関連規程◆

車両の取り扱いに関する一般規定…「就業規則」（服務規律）／　車両に関する規定に違反した場合…「就業規則」（制裁）

趣旨

　社員が業務上で自動車事故を起こしてしまった場合、運転者本人の生命・身体に損害が生じるだけではなく、道路交通法上の責任、そして「故意または過失によって他人の権利を侵害した者」として民法709条の規定により「不法行為責任」を負うことになり、民事上の損害賠償の責任を求められることもあります。

　しかし、責任を負うのは社員個人だけとは限りません。第三者に与えてしまった損害については、民法715条「使用者責任」の規定から会社も連帯して損害賠償責任を負うことになるのです。

　更に、「生命または身体を害した」ことにより損害が生じた場合には、「その自動車運行を支配して運行から生ずる利益を得ている者」として、自動車損害賠償保障法3条により会社は運行供用者責任も負うことになります。被害者が、不法行為責任や使用者責任に基づいて損害賠償を請求しようとする場合には、法律上、加害者の故意または過失を立証しなければならないため、大変難しいことですが、運行供用者責任に基づいて会社に損害賠償請求をするときには、①相手が運行供用者であることと、②自らの損害、を立証すれば足り、被害者にとっては請求しやすいものとなっています。

　逆に、運行供用者として責任を追及される会社が、損害賠償責任を免れるためには、①自己および運転者が自動車の運行に注意を怠っていなかったこと、②被害者および第三者に故意または過失があったこと、③自動車に構造上の欠陥または機能の障害がなかったことの全てを立証する必要があるため、事実上、この責任を免れることはほとんど不可能といえます。そのため、経営上の唯一の対処方法は、保険にしっかり加入することなのです。

　それぞれの会社は、自社の自動車の使用について十分な事故防止策を考えた上で、万一の交通事故を起こした場合の対処方法や任意保険への加入も準備し、これらをまとめた管理規程を定め、更に社内での安全運

転教育を実施するなど、万全の体制で自動車を使用することが大切です。

ポイント

1. 車両等の定義と適用範囲
業務に使用する車両と運転者などの定義、そして、この規程を適用する範囲を明確にします。　▶ モデル規程　第2、3条

2. 管理組織
◆安全運転管理者の選任
道路交通法（道交則9条の8）は、一定台数以上の自動車を使用する事業所ごとに、安全運転管理者の選任と公安委員会への届出を義務付けています。　▶ モデル規程　第10条

なお、安全運転管理者の任務はモデル規程11条のとおりです（道交則9条の10）。

◆管理担当部門
車両の管理は、一般に、台数があまり多くない会社の場合、総務部門が行います。日常的な事項については担当部署や担当者が行います。

▶ モデル規程　第12条

◆自動車保険の加入
業務上車両については、強制加入である自賠責保険と、その上乗せとしての任意保険が付保されることが必要です。

▶ モデル規程　第15条

・車両の管理体制、具体的な管理事項などはどうしますか。

道路交通法の安全運転管理者の選任等

１．管理者の選任が必要な台数

自動車を５台以上（50ccを超える自動二輪車は0.5台として計算し、原付は含まない）、または乗車定員11人以上の自動車を１台以上使用するとき。

２．選任に必要な資格要件

①年齢20歳（自動車を20台以上使用する場合に選任しなければならない副安全運転管理者を選任している事業所にあっては30歳）以上

②自動車の運転の管理に関して実務経験２年以上

３．管理者になれない人

①公安委員会の命令により解任され、解任の日から２年を経過していない人

②次のいずれかの違反行為をした日から２年を経過していない人

酒酔い運転／麻薬等運転／無免許運転／速度違反／その他

４．公安委員会への届出

自動車の使用者は、安全運転管理者を選任・解任したときは、選任した日から15日以内に使用の本拠地を管轄する警察署長を経由して、公安委員会に届け出なければなりません。

3. 運転者の心得

◆運転の許可

業務上で車両を運転できるのは会社の許可を受けた者のみとし、誓約書の提出など、その手続きを決めておきます。

> モデル規程　第５、16条

◆心得と禁止事項

運転者には、運転するに当たっての基本的な心得と禁止事項を示しておきます。特に、最近では運転中の携帯電話の使用による事故が増加しています。このような重要な事項は列挙し、その他の事故を招く行為も

373

禁止します。 モデル規程　第18、19条

> **ここを検討**
> ・運転者に会社として特に注意すべき事項はありませんか。

4. 事故処理

　実際に事故が発生した場合、そのときの対処が後日の示談交渉などに影響することもあります。加害者または被害者となった場合の対処方法を整理し、確認事項を列挙しておきましょう。

 モデル規程　第4章

> **ここを検討**
> ・事故があった場合、現場での対処方法はどうしますか。
> ・具体的な事項を盛り込んだ「事故報告書」などは準備していますか。

誓約書　　　　　　　　　　　　　　　　　　　　　Download 6-075

令和○年○月○日

○○株式会社
代表取締役　○○○○殿

氏名　○○○○　㊞

誓約書

　この度、業務上の車両運転を許可された上は、下記事項を守って誠実に運転することを誓約いたします。なお、万一、この誓約に反する行為があったことにより解雇されても異議はございません。また、私の故意または重大な過失により交通事故の加害者となり、被害者から損害賠償を求められたときは、会社にご迷惑をかけることのないよう自ら賠償金を負担します。

記

1. 交通法規、車両管理規程その他会社の諸規程の定めを遵守します。
2. 人命を尊重し、安全運転を第一に心掛けます。
3. 飲酒、長時間の運転による疲労、その他安全運転に支障がある健康状態で車両を運転することは致しません。
4. 目的地への到着時間に余裕を持って行動し、速度違反その他の危険な運転を致しません。
5. 会社の車両を、無断で私用に用いることは致しません。

以上

事故報告書

Download 6-076

事故報告書

令和○年○月○日報告

発生日時	令和 ○ 年 ○ 月 ○ 日（ 月 ）○ 時 ○ 分頃　天気（　晴　）	
事故種別	①．人身事故	
	（被災者　○○　○○　被災部位　左足骨折　休業見込み　30　日）	
	（病院　○○中央病院　所在地　さいたま市…　TEL 048-○○○-○○○○）	
	２．物件事故	
	（修理見込み額等　　　　　　　　　　　　　　　　　　　　　　　　　）	
届出警察署	大宮警察署	TEL ○○○-○○○-○○○○
発生場所	さいたま市大宮区○丁目	道路種別　舗装片側3車線
	国道17号バイパス○○交差点	幅　○　m

現場略図（詳しく記入すること）	事故の概要（詳しく記入すること）
当方の車☆　相手方の車●	誰が（運転者）私が
歩行者○　信号○○○　横断歩道 ▯▯▯	（同乗者　なし　　　　　）
	何をしていて（業務目的・動作）
	クレーム対応のため○社へ向かっていて
	どうなった
	右折時の不注意で歩行者に接触した

当方の破損の箇所程度	右フェンダーに小さいキズ
相手方の破損の箇所程度	

	当方		相手方	
氏名	○○　○○	氏名	××	××
所属	○○	勤務先（所属）	なし	
自宅住所	○○市××-×××	所在地または	○○市○○-○○○	
	TEL ○○○-○○○-○○○○	自宅住所	TEL ○○○-○○○-○○○○	
生年月日	○.○.○	生年月日	○.○.○	
車両所有者	当社	車両所有者		
登録番号	大宮○○	登録番号		
（車検証から）	あ○○○○	（車検証から）		
自賠責保険会社	○○保険	自賠責保険会社		
（担当　○○　）	TEL ○○○-○○○-○○○○	（担当　　　　）	TEL	
任意保険会社	××保険	任意保険会社		
（担当　××　）	TEL ○○○-○○○-○○○○	（担当　　　　）	TEL	
報告者	○○　部　　○○　課　　氏名 ○○　○○　㊞			

車両管理台帳

Download 6-077

車両管理台帳

車体関係

自動車登録番号（車両番号）	初年度登録年月日	自動車の種別	用途	自家用・事業用	車体の形状
横浜○○　い-○○○○	令和　○年○月○日	小型	乗用	事業用	箱型

車名	乗車定員	最大積載量	車両重量	車両総重量	燃料の種類
トヨタ　カローラ	○人	○kg	○kg	○kg	

車台番号	長さ	幅	高さ	総排気量	使用部署
○○○○-○○○○	○cm	○cm	○cm	○cc	営業2課

型式指定番号　種別区分番号	型式	原動機の型式	車体の色	タイヤサイズ
○○○○　○○○○	○○-○○	○○-○○	白	前輪（○○-○○）　後輪（○○-○○）

所有者名称	株式会社○○
使用者名称	株式会社××
所有者の住所	
使用者の住所	
自動車検査証の有効期間の満了する日	令和○年○月○日

備考

令和	○年○月○日	
令和	○年○月○日	

保険関係

強制賠償責任保険

証券番号	期間	
××○○-○○	○年○月○日～○年○月○日	株式会社○○
××○○-○×	○年○月○日～○年○月○日	株式会社××
	年月日～年月日	
	年月日～年月日	

自動車任意保険

証券番号	期間	対人	対物	車両
××○○○×○	○年○月○日～○年○月○日	無制限	1,000万円	150万円
××○○○××	○年○月○日～○年○月○日	〃	〃	〃
	年月日～年月日			
	年月日～年月日			

バンパー修理

車両経歴

○年○月○日	
年月日	
年月日	

購入関係

車両購入日	○年○月○日
購入先名称	○○販売
所在地	
電話番号	03-○-○-○-○○○○

モデル規程　出張旅費規程

出張旅費規程

第1章　総則

(目　的)

第1条　この規程は、就業規則第○条に基づき、役員および社員が社命により出張または赴任するときの旅費について定める。

(適用範囲)

第2条　この規程は、全ての社員および役員に適用する。

　２．前項の他、次の者にもこの規程を準用することができる。
　　①顧問、相談役は、原則として役員待遇として適用する。
　　②嘱託は、それぞれ採用時の労働条件に準用項目を明示する。
　　③前各号の他、会社業務を委嘱して出張させる者にはその都度定める。

(旅費の種類)

第3条　旅費の種類は次のとおりとする。
　　①国内出張旅費
　　②海外出張旅費
　　③転勤旅費

(旅費の計算)

第4条　旅費は、最も経済的な順路および方法によって計算する。ただし、業務の都合、天災、その他やむを得ない事情によりこの順路によることができなかった場合は、実際に通過した順路および方法による。

　２．交通費の計算に際しては、通勤交通費として定期乗車券を支

給している区間分を除く。ただし、特に承認を得た場合はこの限りではない。

（随　行）

第5条　社員が職制の上位者に随行し、その上位者と同等の列車等を利用する必要がある場合、上位者の規定額を上限に実額による旅費を支給する。

第2章　出張旅費

第1節　出張手続き

（出張手続き）

第6条　出張しようとする者は、あらかじめ所定の「出張申請書」を会社に提出し、承認を得なければならない。

（旅費の仮払い）

第7条　出張しようとする者は、概算の経費を記入した出張申請書を提出し、承認を得て、旅費の仮払いを受けることができる。

（出発・帰着）

第8条　出張の出発および帰着の場所は、原則として勤務地とする。ただし、やむを得ない理由があると会社が認めたときは、合理的な場所から、出発または帰着することができる。

（出張中の事故）

第9条　出張中の者（以下「出張者」という）が、発病もしくは不慮の災害のため、やむを得ず出張先等に滞在したときは、医師の診断書または事実の証明によって宿泊料および滞在に要した実費を支給する。ただし、所属長に対しすみやかに報告し、指示を受けなければならない。

（旅費の分担）

第10条　特別の事情により、出張中の交通費、宿泊料等を社外から支払われる場合は、これらの費用については、この規程による

旅費を支給しない。また、講習会、研修会等で指定された宿泊場所に宿泊し、会社が別途その費用を支払っているものについては、この規程の宿泊料は請求できない。

（出張中の出費）

第11条 出張中、この規程に定める旅費の基準を超えて、またはこれ以外に、業務のための出費が必要となった場合は、原則として事前の承認を得るものとし、やむを得ない事情があるときは事後の承認を得たものに限りその実費を支給する。

（帰社報告）

第12条 出張者が出張より帰社した場合は、所属長に対し直ちに出張結果について必要な事項を報告しなければならない。なお、所属長の指示があるときは、文書により必要事項を報告しなければならない。

（旅費の精算）

第13条 出張者が出張より帰社した場合は、国内出張のときは5日以内、海外出張のときは10日以内に、「出張旅費精算書」を作成して、精算を行わなければならない。

（外貨建て旅費等の円換算）

第14条 海外出張の場合、外貨建て旅費等の円への換算は、原則として出張者への精算額を決定する時点での為替レートにより計算する。

第2節　国内出張旅費

（国内出張旅費の支給）

第15条 会社の命により、通常の勤務地を離れて業務を遂行するときは、次の区分により国内出張旅費を支給する。

①宿泊出張…業務遂行のための目的地が遠方にあり、移動時間を含めて活動が2日以上にわたるため、宿泊を伴う出張

②日帰り出張…本来の勤務地から直線距離で概ね150km以上の地域への出張で、拘束6時間以上となる宿泊を伴わない

出張

2．前項の出張の要件に満たない業務上の外出については、交通費として実費のみ支給する。ただし、利用する交通機関は、原則として、バス、電車、地下鉄とする。

（国内出張旅費の内訳）

第16条 国内出張旅費は、交通費、宿泊料、日当とする。

（交通費）

第17条 交通費は、鉄道、船舶、航空機および自動車の運賃とし、行程に応じた料金の実費を支給する。

2．前項の料金は、別表1に定める出張者の該当する料金クラスの範囲で、利用した実費を支給する。ただし該当する料金クラスの運行しない路線等のためやむを得ない場合で、あらかじめ会社の許可を得たときは、必要な実費を支給する。

3．出張地、行程に応じて会社の承認を得たときは、特別急行料金、寝台料金等の実費を支給する。

（航空機の利用）

第18条 航空機の利用が必要であると、あらかじめ会社が認めたときは、その実費を支給する。

（タクシー等の利用）

第19条 出張中にハイヤー、タクシー、レンタカー等の交通機関は原則として利用しないものとする。ただし、あらかじめ会社が必要と認めたときは、その実費を支給する。

（自動車の利用）

第20条 社有車（リースなど会社の使用する自動車を含む）を利用した場合、あるいは社員の私有車を利用した場合の出張は、自動車の利用に伴う高速道路料金、ガソリン代、修理費、駐車料その他経費を実費で支給する。ただし、私有車の利用は原則禁止とし、やむを得ない事情があると会社が承認したときに限り利用することができる。

（宿泊料）

第21条 宿泊料は、宿泊した夜数に応じて1日当たり別表1に定める額を支給する。

2. 午前0時以後に出発し、または午前0時以前に帰着した場合のその出発または帰着の時間帯は、前項の夜数に含めない。

3. 会社の施設、出張者の縁故先に宿泊した場合は宿泊料の50％を支給する。

（日　当）

第22条 日当は、出張した日数（休日を含む）に応じて1日当たり別表1に定める額を支給する。ただし、午後出発の場合および午前帰着の場合は、その日について、日当の2分の1の額を支給する。

2. 同一地に引き続き15日以上宿泊する場合を長期出張とし、15日目から日当は所定の60％とする。

（日帰り出張）

第23条 日帰り出張の場合は、交通費の他、その日について半日分の日当を支給する。

（休日の出張と旅費）

第24条 業務の都合により休日に出発または帰着をした場合、または出張期間内に休日がある場合の取り扱いは次のとおりとする。

①宿泊料の支給　　　　　　　第21条1項による

②日当の支給

　　ア）休日出勤となる場合　別表1に定める日当

　　イ）移動のみの場合　　　半日分の日当

　　ウ）完全休日　　　　　　なし

第3節　海外出張旅費

（海外出張旅費の支給）

第25条 会社の命により国外に出張するときは、海外出張旅費を支給する。

２． 海外出張旅費は、原則として出張期間が６ヵ月未満のものに適用し、それ以上にわたるときは「海外駐在規程」を適用する。

（出張地区の区分）

第26条 出張先地域を次のとおり区分し、旅費等の取り扱いを定める。

①Ａ地域…北米、ヨーロッパ、オセアニア

②Ｂ地域…Ａ地域以外の地域（ただし、特殊な事情がある場合には、Ａ地域と同様に扱うことがある）

（海外出張旅費の内訳）

第27条 海外出張旅費は交通費、宿泊料、日当、支度料、旅行雑費とする。

（交通費）

第28条 交通費は、航空機、船舶、鉄道および自動車の運賃とし、行程に応じた料金の実費を支給する。

２． 前項の料金は、別表１に定める出張者の該当する料金クラスの範囲で、利用した実費を支給する。ただし該当する料金クラスの運行しない路線等のためやむを得ない場合で、あらかじめ会社の許可を得たときは、必要な実費を支給する。なお、航空機利用に関しては、割引チケット等の優先利用を心掛けること。

３． 出張地、行程に応じて会社の承認を得たときは、特別急行料金、寝台料金等の実費を支給する。

４． 国内における交通費は本章２節を準用する。

（宿泊料）

第29条 宿泊料は、出国の日から帰国の日までの出張中の夜数に応じ、１日当たり別表２に定める額を支給する。

（日　当）

第30条 日当は出国の日から帰国の日までの出張中の日数（休日を含む）に応じ、１日当たり別表２に定める額を支給する。

２． 同一地に引き続き15日以上宿泊する場合を長期出張とし、15日目から日当は所定の60％とする。

（支度料）

第31条 支度料は、海外出張に際して支給するものとし、出張期間に応じて別表３の区分による定額を支給する。ただし、２回目以降の出張の場合は、前回の出張帰着から再出発までの期間に応じて、定額に対して次の割合をもって支給する。

①１年未満の場合　　　　　　　定額の０％

②１年以上５年未満の場合　　　定額の50％

③５年以上の場合　　　　　　　定額の100％

（旅行雑費）

第32条 旅行雑費は、海外出張に際し、出張者が支払った次の諸費用について実費により支給する。ただし、会社への請求に際しては、領収書および使途を説明した所定の用紙を添付しなければならない。

①出入国税、外貨買入および交換手数料、パスポート交付手数料、旅行査証手数料、その他旅行に必要な費用

②業務上の電話料、郵便料その他通信費、または荷物の輸送費

③業務上必要な資料の購入費、通訳料、接待費、その他の費用

２. パスポートの取得費用または更新費用は、会社で初めて海外出張する者に限り会社負担とし、２回目以降の更新費用は本人負担とする。

（海外旅行傷害保険）

第33条 海外旅行の不慮の事故に備えて、出張者に対し、別表４の区分により、会社を契約者とし、被保険者を出張者とする保険を付保する。

２. 前項の保険金が支払われる場合、会社が受取人となり、会社の損失額を控除した後、遺族補償等に充てるものとする。

（団体旅行の場合）

第34条 団体旅行参加の場合で、その団体で定められた費用を会社が負担するときは、その負担の範囲で本節の旅費は支給しない。ただし、団体費用に含まれる内訳によっては、それぞれ次の

とおり支給する。

①ホテル代、食費、チップ等が含まれるときは、日当の50％を支給する。

②ホテル代が含まれるとき（朝食付も同様）は日当の規定額を支給する。

③食費のみ含まれるときは宿泊料規定額全額と日当の50％を支給する。

④ホテル代、食費、チップ等が含まれないときは宿泊料と日当の規定額を支給する。

第3章　転勤旅費

（転勤旅費の支給）

第35条　転勤する社員に対しては、旧住所地を出発してから新住所地に到着するまでの行程および日数に応じて、転勤旅費を支給する。

（転勤旅費の内訳）

第36条　転勤旅費は、転勤に要する交通費、宿泊料、日当、支度料、荷造り・運搬費、家族旅費とする。

（転勤の交通費）

第37条　転勤者本人の転勤に要する交通費については、国内出張旅費の規定を準用する。

（転勤者の宿泊）

第38条　転勤者およびその家族が、新任地に到着してから新住居に入居できるまで、または荷物の発送などのため、旧住所に宿泊できないときは、会社の認める宿泊施設に宿泊することとする。

　2.　前項の宿泊に要する実費は会社が負担する。ただし、転勤者およびその家族の都合により、会社が認める宿泊施設以外に宿泊したときは、原則として実費は支給しない。

（支度料）

第39条 転勤に際しては、所定旅費のほか支度料を下記のとおり支給する。

　①本人が単身で赴任するとき…基本給の0.5月分

　②本人が家族と一緒に赴任するとき…基本給の１月分

　③本人赴任の後、家族が移転するとき（発令日より１年以内の移転に限る）…基本給の0.5月分

（荷造り・運搬費）

第40条 転勤する場合および転勤の発令日から１年以内に新任地へ後から家族を呼び寄せる場合、家財運搬の経費（保険金額○○○万円を限度とする運送保険料を含む）は、その実費で領収書のあるものについて支給する。ただし、その金額が○○万円を超えることが予想される場合は、あらかじめ会社の指定する運搬業者の見積もりを提出して承認を得なければならない。

（家族旅費）

第41条 転勤に伴い同居の家族が移転する場合は、本人と同等の交通費の実費を支給する。ただし、家族に日当は支給しない。

　２. 満12歳未満の子に対する交通費は半額とし、満６歳未満の子に対して交通費は支給しない。

　３. 転勤の発令日より１年を過ぎても、家族が移転しない場合は、原則としてその家族の移転料および支度料は支給しない。

付　則

１. この規程は、令和○年○月○日から実施する。

◆関連規程◆

旅費の支払いに関する事項…「賃金規程」／出張等を命じる場合の根拠規定…「就業規則」（異動）

別表1～4

別表1

（金額単位:円）

区分	宿泊料	日当	列車	船舶	航空機	車等
役員	甲地15,000 乙地12,000	4,000	グリーン	1等	ファースト	実費
部長	甲地12,000 乙地10,000	3,000	グリーン	1等	ビジネス	実費
次・課長	甲地10,000 乙地 9,500	2,500	普通車	2等	エコノミー	実費
係長・主任	甲地 9,000 乙地 8,500	2,000	普通車	2等	エコノミー	実費
一般社員	甲地 9,000 乙地 8,500	1,800	普通車	2等	エコノミー	実費

甲地　東京、大阪
乙地　甲地以外の都市

別表2

（単位：USドル）

区分	A地区			B地区		
	宿泊料	日当	計	宿泊料	日当	計
役員	135	70	205	120	60	180
部長	120	60	180	110	55	165
次・課長	105	55	160	105	45	150
係長・主任	100	50	150	100	40	140
一般社員	95	45	140	95	40	135

A地区　北米、ヨーロッパ、オセアニア
B地区　A地域以外の地域

別表3

（単位:円）

区分	出張期間		
	1ヵ月未満	1ヵ月以上	3ヵ月以上
役員	80,000	110,000	130,000
部長	70,000	90,000	105,000
次・課長	65,000	75,000	90,000
係長・主任	60,000	70,000	85,000
一般社員	55,000	65,000	80,000

別表4

（単位:円）

区分	傷害		疾病		携行品
	死亡・後遺傷害	治療費	死亡	治療費	
役員	50,000,000		8,000,000	3,000,000	500,000
部長	35,000,000		7,000,000	2,500,000	
次・課長	30,000,000	3,000,000	6,000,000	2,500,000	300,000
係長・主任	25,000,000		5,000,000	2,000,000	
一般社員	20,000,000		4,000,000	2,000,000	

出張旅費精算書

Download
6-079

出張旅費精算書

令和 ○ 年 ○ 月 ○ 日
所属： ○○部
氏名： ○○○○　　　　㊞

下記のとおり精算いたします。

出張内容

出張先	株式会社○○　　関西営業所
出張目的	新規取引に関する打ち合わせ
出張期間	令和 ○ 年 ○ 月 ○ 日 ～ 令和 ○ 年 ○ 月 ○ 日

出張旅費の内訳

(金額単位：円)

月　日	目的地	交通機関・区間	交通費	宿泊代	日当	計
○／○	○○	JR○○～○○	○○	○○,○○○	○○,○○○	○○,○○○
×／×	××	JR××～××	××	××,×××	××,×××	××,×××
／						
／						
／						
／						
／						
／						
／						
／						
／						
／						
					合計	○○,○○○

※記入欄が不足の場合別紙とする。

精算額

①仮払金	○○○,○○○ 円	②実際額	○○○,○○○ 円	精算額①－② (不足時は△)	○,○○○ 円

6章 業務管理に関する規程のモデルとつくり方

趣　旨

　社員が出張などで本来の勤務地を離れて活動する場合、交通費、宿泊料などの支出が生じます。経費の節約を心掛けながら効率的に活動するためには、あらかじめ支出のルールが決められていることが重要です。

　これらのルールを定めた出張旅費規程は、業務の遂行に不可欠な規程であり、社内の多くの規程の中でも、日常業務を通して社員の目に触れることが最も多いものといえるでしょう。

　ひと口に出張といっても、内容、形態、頻度は会社によって様々で、旅費の考え方もそれぞれ異なっています。たとえば、海外出張のある会社では、宿泊料・日当といった滞在費の他に、国外に出るに当たっての渡航雑費、支度金、傷害保険を規定する必要があります。また、本社の他に、支社、営業所、工場などがある会社では、人事異動による転勤もあるでしょう。転勤の場合は、本人だけではなく家族の移転旅費、それに引越しの費用も含めて規定しなければなりません。

　このように、出張旅費規程にどのような項目を取り入れるかは、会社の実態に応じてきめ細かに決めていく必要があります。

　また、旅費の仮払いや精算の手続きが迅速に行えるよう、申請書・報告書の様式も整えておきましょう。

ポイント

1．総則

◆旅費の種類

　旅費は、出張、転勤に関するものが一般的です。海外出張の多い会社では、独立した別規程として「海外旅費規程」を定める場合もあります。

▶ モデル規程　第3条

◆旅費の計算

　出張者の勤務する事業所を起点とし、業務遂行目的地までの最短経路、

最少経費で計算することが一般的です。モデル規定にある「特に承認を得た場合」とは、通勤定期券がある在来線によらず、特急や新幹線を利用する場合などをいいます。　　▶モデル規程　第4条

◆随行

　旅費等の支給額は、ほとんどの会社が職位により区分して規定しています。ただし、上司などに随行する場合、途中に会議をするなどの理由から同じ車両とすることが多いため、特別に同等クラスの旅費を支出することがあります。このような場合であっても、日当については下級者に対する所定の額を支給します。　　▶モデル規程　第5条

ここを検討
・自社で規定すべき旅費の範囲は、出張、転勤、その他どのようなものですか。
・全体に共通するルールは、随行に関する事項など、モデル規程の範囲で十分ですか。

2. 出張旅費

◆出張手続き

　余分な出費をしないよう、出張者が請求した経費の概算額に基づき、仮払いの手続きを取ります。　　▶モデル規程　第6、7条

◆旅費の精算

　旅費の精算は、迅速な手続きを促すため、提出期限を明記します。

▶モデル規程　第13条

◆国内出張旅費の支給

　モデル規程では、国内出張について宿泊出張、日帰り出張に区分して取り扱いを定めていますが、会社によって、呼び方、内容、取り扱いは様々です。

　たとえば、次のような区分の方法があります。

▶モデル規程　第15条

①出張距離を基準とする（例：片道150km以上）

②出張に要する所要時間を基準とする（例：6時間を超えるとき）

③距離と所要時間の両方を基準とする（例：片道80kmかつ所要時間6時間以上のとき）

◆交通費

交通費は、職位によりグリーン車などの利用等級を決めることが一般的です。　▶ モデル規程　第17条

◆航空機の利用

航空機の利用は、使用に当たって許可を受けるようにします。最近では料金も下がっていますが、距離や緊急性、時間効率など一定の基準を設けて判断するものとします。　▶ モデル規程　第18条

◆社有車等の利用

手荷物等が多い場合や交通機関の不便な地域への出張に自動車を利用することがあります。自動車は便利である一方、交通事故があれば会社に大きな損害が生じるため、会社の許可を要する旨を定め、特に私有車の使用を禁止し、あるいは目的地までのレンタカー利用のルールなどを規定するとよいでしょう。　▶ モデル規程　第20条

◆宿泊料・日当

旅費の支給・精算は基本的には実費弁償です。ただし、宿泊料・日当（一般に出張に伴う食事代、諸経費の支出を補うもの）については、実費によらず定額で支払う会社が多いようです。

これは、出張に伴う細かな出費を領収書で精算する手間を省くためですが、税務上でも、「給与所得者の出張、転任に伴う転居などで、その旅行に必要な支出に充てるため支給される金品が通常必要であると認められる程度のものであれば非課税とする」（所得税法9条1項4号）とされています。

ただし、次の事項を勘案するとされています（所基通9－3）から、旅費規程に明記することが必要です。　▶ モデル規程　第21、22条

> **定額支給の宿泊料、日当について勘案する事項**
>
> ①支給額が、使用者等の役員および使用人の全てを通じて適正なバランスに保たれている基準によって計算されたものであるかどうか。
> ②支給額が、使用者等と同業種、同規模の他の使用者等が一般的に支給している金額に照らして相当と認められるものであるかどうか。

　また、出張が長期になると、日当の支給目的の１つである出張者の諸雑費が逓減すると思われること、日当と月例給与を比べて日当が多くなり過ぎることを考慮して、日当を少なくする会社が多いようです。

　日当については、モデル規程の他、次のような決め方もあります。

> **日当の決め方の例**
>
> 例１）　出発時刻が始業時刻前２時間を超えている場合、または帰着時刻が終業時刻後２時間を超えている場合は、それぞれ500円加算して日当を支給する。
> 例２）　片道100km以上　　日当　1,500円
> 　　　　片道200km以上　　日当　2,000円

◆休日の出勤と旅費

　出張期間中の休日は休日労働になるのかという問題があります。行政解釈では、「出張中の休日はその日に旅行する等の場合であっても、旅行中における物品の監視等別段の指示のある場合の外は休日労働として取り扱わなくても差支えない」（昭和23.2.13基発90号）としています。

　ただし、業務の指示のない休日であっても、出張命令が出されて業務遂行のために逗留しているのですから、宿泊料は一般に支給します。

　日当については、休日労働にならない出張の移動日などであっても、家庭で過ごす通常の休日とは異なるため、それなりの負担を加味し、半日分の日当を支給したり、一様に日当を支給するなど、自社の出張の実

態を踏まえて決めましょう。 ▶ モデル規程　第24条

◆海外出張旅費の支給

　モデル規程では、6ヵ月未満の海外出張に限るものとしました。それ以上の期間となる場合は、海外駐在、海外出向などとして規定した方がよいでしょう。 ▶ モデル規程　第25条

◆海外出張旅費の内訳

　基本的には国内の旅費規程と変わりません。職位区分による日当・宿泊料の決め方も国内同様です。

　日当、宿泊料については表示通貨を決めておくことも大事です。以前はドル建てがほとんどでしたが、最近では円建ての会社も増えてきました。 ▶ モデル規程　第27条

◆支度料

　支度料は、海外出張に当たって必要となる旅行携帯品やトランクなどを買い整えるために支給します。そのため、再度の出発に対しては、多くの例で、前回帰着から再出発までの期間により一定の率または一定の額を減じています。 ▶ モデル規程　第31条

◆海外旅行傷害保険

　海外出張の場合は、会社が保険料を負担して、海外旅行傷害保険に加入する例が多く見られます。本来被保険者となる出張者本人の同意なく保険を掛けることはできませんが、規程として社内に明確なルールがあれば保険会社も一般的に取り扱っています。そのためには、規程に保険金の概要を明記しておかなくてはなりません。

　ただし、出張者が死亡した場合などの保険金は、支給事由から考えても遺族に権利があるため、たとえ保険料を会社が負担していても、安易に減額して遺族へ支払うことが認められるものではありません。多くの判例でも、死亡した労働者の代わりに新たに社員を採用するための費用などを損害金として会社が差し引く程度しか認められていません。 ▶ モデル規程　第33条

ここを検討
- 国内出張を日帰り、宿泊などに区分して定めますか。
- 交通費は職位により差をつけますか。
- 宿泊料、日当は適当な額ですか。
- タクシー利用のルールなど、社内の現状に適していますか。

3. 転勤旅費

　転勤者本人の交通費、宿泊料、日当に関しては、通常、出張旅費の規定を準用します。

　ただし、転勤に際して、諸雑費の支出をカバーするため、支度料を支給する会社が多く見られます。また、荷造り・運搬費に関しては、「全員一律」や負担しない例もありますが、実費により支給する会社が多く見られます。

　家族の移転について、交通費は勿論ですが、日当についても転勤者と同額あるいは半額を支給する例があります。

　なお、交通費、宿泊料、日当について「本人移転料」「家族移転料」とする例もあります。　▶ モデル規程　第3章

ここを検討
- 転勤を命じることがありますか。また、規定する場合の支給額などは実態に即していますか。

モデル規程　電子メール利用規程

電子メール利用規程

（目　的）
第1条　この規程は、会社の電子メール・システム（以下「メール」という）を社員が適切かつ有用に利用するために必要な事項を定めるものである。
　2．本規程は、臨時雇用の者を含む全ての社員に適用する。

（メール利用の原則）
第2条　社員は、会社のメールを私的な目的で利用してはならない。なお、利用に当たっては、会社の定める利用基準に従わなければならない。
　2．会社は、この規程に従って適切なメールの利用ができないと認めた者に利用を禁止することがある。

（メールの利用環境）
第3条　社員は、メールの利用を会社の指定するセキュリティ対策を施したパソコンで行わなければならない。

（送信文章の作成）
第4条　社員は、メールの文章を作成するに当たり、次の事項を守らなければならない。
　　①半角カタカナや機種依存文字は使わないこと
　　②HTML形式のメールは相手の使用するメールソフトが対応していないことがあるので、極力使わないこと

（メールの送受信）
第5条　社員は、メールを送信または受信するに当たり、次の事項を

守らなければならない。

①宛先を誤らないよう十分に注意すること。万一、誤って送信したときは、相手先へ削除を依頼すること

②社外の複数の人へメールを送る際は、全員のメールアドレスが見える方法は必要がない限り行わないこと

③原則として了承のない相手に添付ファイルを送らないこと

④プライベートアドレスは業務上で使用しないこと。また会社のメールをプライベートアドレスに転送しないこと

（機密情報・個人情報の取り扱い）

第6条　機密情報・個人情報は原則としてメールで送信してはならない。ただし、やむをえない場合は、上司の許可を得たうえで、暗号化して送信するものとする。

（ウイルス対策）

第7条　社員は、ウイルス対策として次の事項を守らなければならない。

①送受信の際は必ずウイルスチェックを行うこと

②ウイルス検知ソフトが反応した場合は、速やかにシステム管理担当者にその旨を報告し、その後の指示を受けること

③ファイルが添付された送信者の不明なメールは開封せずに削除すること

（モニタリング）

第8条　会社は、メールの私的利用および情報漏洩の防止のために、管理職およびシステム管理担当者に命じて、社員のメールを監視（モニタリング）することがある。

付　則

1.　この規程は、令和〇年〇月〇日より実施する。

◆関連規程◆

電子メール利用規程に違反した場合…「就業規則」（制裁）

趣　旨

　今や、電子メールはビジネスに欠かせない情報伝達手段となりました。

　しかし、コンピュータウイルス、迷惑メール、顧客情報の漏洩など、電子メールに関するトラブルが多発していることも事実であり、対応を間違えると企業の社会的信頼を失う恐れもあります。

　それほど重要なツールであるにもかかわらず、メールの利用方法について社員教育をしている企業は案外少ないのではないでしょうか。

　技術面での対策が重要なのはいうまでもありませんが、まずは社内ルールを決めて、それを社員に徹底させることがトラブルの防止につながります。

　これらをふまえて、情報漏洩やウイルス感染を防ぐための「セキュリティ対策」と、電子メール利用に必要な「マナー」を押さえた「電子メール利用規程」を作成するとよいでしょう。

　ただし、情報技術は日々発達しているので、一度整備した規程がそのまま長く使えるとは限りません。見直しを行ったり、定期的に勉強会を開いたりすることも必要でしょう。

ポイント

1．対象者

　パート・アルバイトや臨時雇用も含め、メールを使う可能性のある者全てを対象とするべきでしょう。　　➡ モデル規程　第1条

2．マナー

　普段何気なく使っているメールですが、意外と誰もマナーを教えてくれないため自己流で使っている人が多いのではないでしょうか。プライベートで使うメールとビジネスメールのマナーは違います。モデル規程には最低限のマナーを掲載しましたが、会社が恥をかかないためにも社

396

内で研修などを行うとよいでしょう。　▶ モデル規程　第4章

3. 情報漏洩の防止

　悪意による情報流出を防止することはもちろんですが、社員の「うっかり」による情報流出も視野に防止策を講じる必要があります。

　社内での対策がしっかりできていても、社員が自宅で仕事をするためにデータを持ち帰り、情報が外部へ漏れることもあります。プライベートアドレスへの自動転送は禁止し、機密情報や個人情報は絶対に持ち帰れない仕組みやルール作りが必要です。　▶ モデル規程　第5、6条

 ここを検討
- 機密情報や個人情報をメールで扱う場合のルールを決めていますか？

4. ウイルス対策

　コンピュータウイルス感染のほとんどがメールからの感染です。ウイルスに感染すると、自分だけでなく他人にも迷惑をかけることになります。ウイルス対策ソフトをインストールして感染を予防し、安易に添付ファイルを開かないよう注意するなど社員への啓発を怠らないことが大切です。　▶ モデル規程　第7条

5. モニタリング

　メールの私的利用については、就業時間中は本来の職務に専念するべきなどの理由から禁止する企業が多いようです。そして禁止にあたり、一般には上司等によるモニタリング（監視）を行うものとしています。
▶ モデル規程　第2、8条

　しかし、業務に使用するべきメールだからといって、些細な私的利用まで厳しく禁止するべきか、また個人のプライバシーにかかわる部分まで勝手にモニタリングしてよいのかが気になるところです。

これについて、判例では「企業の円滑な運営上必要かつ合理的なものであること、行き過ぎた支配や拘束ではないこと」などを条件にプライバシーの侵害を否定し、おおむねモニタリングを認めているようです（日経クイック情報事件：東京地裁判決平成14.2.26）。
　また、経済産業省の個人情報の取り扱いに関するガイドラインでは次のように示しています。

> **従業者のモニタリングを実施する上での留意点**
> 「個人情報の保護に関する法律についての経済産業分野を対象とするガイドライン」より
>
> ①モニタリングの目的、すなわち取得する個人情報の利用目的をあらかじめ特定し、社内規程に定めるとともに、従業者に明示すること
> ②モニタリングの実施に関する責任者とその権限を定めること
> ③モニタリングを実施する場合には、あらかじめモニタリングの実施について定めた社内規程を策定するものとし、事前に社内に徹底すること
> ④モニタリングの実施状況については、適正に行われているか監督、または確認を行うこと

　つまり、モニタリングを行う際は、その目的をあらかじめ特定した上で社内規程に定めて「明示」することが必要だとしています。ただし、労働者の同意までは必要ありません。また、モニタリングの実施機関を定め、社内規程に基づいて実施することや、実施状況をチェックすることなど、適正さが要求されています。

ここを検討
・メールのモニタリングを行いますか？

モデル規程　個人情報取扱規程

個人情報取扱規程

第1章　総則

（目　的）

第1条　この規程は、会社の保有する個人情報の適正な保護を目的として、その取り扱いについて定めたものである。

　２．　個人情報の保護に関して、この規程に定めのない事項は「個人情報の保護に関する法律」の定めるところによる。

（定　義）

第2条　この規程で用いる用語の定義は、次のとおりとする。

　①「個人情報」とは、生存する個人に関する情報であって、その情報に含まれる氏名、生年月日その他の記述等により特定の個人を識別することができるもの（他の情報との容易な照合により識別できるものを含む）をいう。

　②「個人識別符号」とは、身体の一部の特徴をデータ化した文字、番号、記号その他の符号、またはサービスの利用者や個人に発行される書類等に割り当てられた文字、番号、記号その他の符号であって特定の個人を識別することができるものをいう。

　③「要配慮個人情報」とは、本人の人種、信条、社会的身分、病歴、犯罪の経歴、犯罪により害を被った事実その他本人に対する不当な差別、偏見その他の不利益が生じないようにその取り扱いに特に配慮を要する記述等が含まれる個人情報をいう。

④「本人」とは、個人情報によって識別される特定の個人をいう。

⑤「個人データ」とは、個人情報のうち、特定の個人情報をパソコンを用いて検索することができるよう体系的にまとめたもの、および特定の個人情報を容易に検索することができるよう体系的にまとめたものをいう。

⑥「保有個人データ」とは、開示、内容の訂正、追加または削除、利用の停止、消去および第三者への提供の停止を行うことのできる権限を、会社が有する個人データをいう。ただし、6ヵ月以内に消去することとなるものを除く。

（適用範囲）

第3条 この規程は、会社の全ての社員に適用する。

（基本理念）

第4条 会社および社員は、人格尊重の理念に基づき、個人情報を慎重かつ適切に取り扱うよう努めるものとする。

第2章　個人情報管理体制

（個人情報管理責任者）

第5条 会社は、個人情報管理責任者を選任し、次の事項を含む総括管理を行わせる。

①個人情報の安全管理措置を講ずるための組織体制の整備

②個人情報の安全管理措置を定める規程等の整備と運用

③個人情報の取り扱い状況を一覧できる手段の整備

④個人情報の安全管理措置の評価、見直しおよび改善

⑤事故または違反への対処

（個人情報管理委員会）

第6条 会社は、個人情報管理責任者を委員長とし、社内各部門から選出された者を委員とする個人情報管理委員会を設置し、個人情報の管理に必要な事項の審議を行わせる。

（監査責任者）

第7条 会社は、監査責任者を選任し、個人情報の管理に関する監査を行わせる。なお、社内に監査責任者として適当な者がいないときは、外部に委嘱することができる。

（作業責任者）

第8条 会社は、個人情報の取得から廃棄までの各作業において、必要と認められる場合は、作業責任者を任命し、作業の安全を確保するものとする。

（個人情報取扱者）

第9条 会社は、個人情報取扱者を任命し、個人情報に関する社内システムの保守、管理、その他資料の保管等を行わせる。

（苦情の処理）

第10条 個人情報の取り扱いに関する苦情窓口を総務部に設置し、個人情報管理責任者の責任に基づき、適切かつ迅速に対応するものとする。

（教育訓練）

第11条 全社員に対し、個人情報保護に関する教育訓練を計画的に実施するものとする。

第3章　個人情報の取得・利用・保管

（個人情報の利用の原則）

第12条 個人情報は、その利用目的をできる限り特定するものとし、業務上必要な範囲で取り扱うことができる。

2. 個人情報を取り扱う際は、定められた管理方法に従って、紛失、漏えい、盗難などのないよう注意しなければならない。

（目的外の利用制限）

第13条 個人情報は業務以外の目的で取り扱ってはならないことはもちろん、利用目的の変更に必要な第17条の手続きを実施したとき、または本人の同意を得た場合を除き、利用目的の範囲

を超えて取り扱ってはならない。

（個人情報の取得）

第14条　個人情報は、業務上必要な範囲で取得するものとし、偽りその他不正な手段により行ってはならない。

　２．　要配慮情報は、法令に基づく場合など特別な事情がある場合を除き、あらかじめ本人の同意を得ずに取得してはならない。

（個人情報の利用目的の通知等）

第15条　個人情報の利用目的については、個人情報管理責任者の承認した公表または通知の方法により、本人に知らせなければならない。

（新たな利用目的）

第16条　業務上の新たな目的で個人情報の取得が必要となった場合は、その利用目的および取り扱いに関する事項を、あらかじめ個人情報管理責任者に届け出て、承認を受けなければならない。

（利用目的の変更）

第17条　個人情報の利用目的を変更する場合は、あらかじめ個人情報管理責任者に報告し、その決定により、変更された利用目的について、本人に通知または公表しなければならない。

第4章　個人データの安全管理措置

（安全管理措置）

第18条　会社は、利用目的の達成に必要な範囲内において、個人データを正確かつ最新の内容に保つよう必要な措置を実施する。

　２．　会社は、個人データの紛失、漏えい、盗難などの防止その他の安全管理のために必要な措置を実施する。

（取り扱いの注意事項）

第19条　個人データの保管や整理などは、安全な施錠等のできる室内で行うものとする。なお、個人情報管理責任者の許可なく、

次の事項を行ってはならない。

①個人データとして指定された資料（パソコン上のデータを含む）を閲覧、持ち出し、複写、廃棄、改ざんすること

②個人データの保管場所として入室制限された部屋へ立ち入ること

2. 個人データについて許可を受けて閲覧や持ち出しをする際は、次の事項を怠ってはならない。

①個人データの記載された書類、ノートパソコン等を机上等に放置すること

②個人データの記載された書類等をそれ以外の書類等と区別なく保管または持ち運ぶこと

③個人データの閲覧に必要なパスワードを他に知らせ、またはメモ書きなどを他人が分かるような状態で放置すること

④個人データの管理に関する技術的なマニュアル等を机上等に放置すること

⑤ファクシミリ、電子メール、郵便等により誤って第三者が受け取る恐れがある方法により個人データを送る場合、着信の確認、配達の確認などを行うこと

（廃　棄）

第20条 個人データの廃棄（パソコン上のデータの消去を含む）は、個人情報管理者の指示の下、個人情報取扱者が行うものとする。

（委託）

第21条 個人データを外部に委託するときは、あらかじめ個人情報管理責任者に届け出て、承認を受けなければならない。

（委託先の監督）

第22条 個人データの取り扱いを外部に委託する場合、個人情報管理責任者は、委託先が会社に準ずる管理体制を実施するよう監督しなければならない。

（第三者提供）

第23条 個人データは、法令に基づく場合など特別な事情がある場合

を除き、あらかじめ本人の同意を得ずに第三者に提供しては
ならない。

2. 第三者に個人データを提供する場合は、提供の年月日、第三
者（受領者）の氏名等を記録し保存する。

3. 第三者から個人データの提供を受ける場合は、その個人デー
タを取得した経緯を確認し、確認した事項および提供の年月
日、第三者（提供者）の氏名等を記録し保存する。

第5章　保有個人データの公表・開示

（保有個人データに関する事項の公表等）

第24条 保有個人データに関する次の事項について、本人が知ること
ができるよう公表（本人の求めに応じて遅滞なく回答する場
合を含む）する。

①会社の名称

②全ての保有個人データの利用目的（法律の定める例外事項
に該当する場合を除く）

③本人が次項に定める「保有個人データの通知」、次条に定め
る「開示」、第25条に定める「訂正等」を求めるための手
続き

④保有個人データの取り扱いに関する苦情の窓口

2. 本人から、その本人が識別される保有個人データの利用目的
の通知を求められたときは、本人に対し遅滞なく通知するも
のとする。ただし、前項の定めによりその本人が識別される
保有個人データの利用目的が明らかな場合、その他法律の定
める例外事項に該当する場合はこの限りではない。

（開　示）

第25条 保有個人データについて、本人から開示を求められたときは、
書面の交付（開示の求めを行った者が同意した方法があると
きは、その方法）により、遅滞なく、その保有個人データを

開示する。

（訂正等）

第26条 本人から、保有個人データの内容の訂正、追加、削除、利用停止を求められた場合には、原則として、遅滞なく保有個人データの内容の訂正等を実施する。

付 則

1. この規程は、令和○年○月○日から実施する。

◆関連規程◆

個人情報その他の守秘義務に関する事項…「就業規則」（27条－守秘義務）／個人情報に関する規定に違反した場合…「就業規則」（制裁）

趣　旨

　有名企業による相次ぐ個人情報の流出事件は、私達の個人情報が、あまりにも無造作に取り扱われ、実は非常に危険な状態にあることを教えてくれました。このような個人情報の流出を防止することは、インターネットの普及などによって、ますます重要性が高まり、その取り扱いに関するルールを定めた「個人情報保護法」が、平成17年4月1日から全面的に施行されました。

　当初は5,000件を超える個人情報を保有する事業者のみが個人情報保護法の対象とされていましたが、平成29年5月30日より大幅な改正が行われ、この要件が撤廃されました。これにより現実にはほとんどの事業者が対象となります。

　この法律は、個人情報に一切触れてはならないというものではありません。たとえば、企業が顧客へ新商品の案内をするといった場合に個人情報を活用することは認めながらも、その取り扱いが適正に行われるようにルールを定めたものです。

　個人情報とは、生存する個人に関する情報であって、氏名、生年月日、その他の記述等により特定の個人を識別することができるものをいいます。平成29年の法改正により、①身体の一部の特徴をデータ化した符号（DNA、指紋など）や、②サービス利用や書類において対象者ごとに割り当てられる符号（免許証番号、年金番号、マイナンバーなど）を「個人識別符号」とし、これらも個人情報に含まれることになりました。また、人種や病歴など、不当な差別や偏見が生じる恐れのある情報は「要配慮個人情報」として、より慎重な取り扱いを求めています。

　なお、顧客の個人情報だけでなく社員の個人情報も、個人情報保護法の対象となります。

　いったん個人情報が漏えいしてしまうと、その情報を完全に回収することは不可能なため、会社は民法上の損害賠償により解決することになりますが、その場合、経済的な損失に加え社会的信用も大きく損なわれ

ることになります。法律上義務付けられているから形式だけ整えるといった意識ではなく、積極的に対策に取り組む必要があるのです。

本書ではページの制限があるため詳細は省きますが、会社が具体的に個人情報の保護に関する対策を講じるにあたっては、行政の作成したガイドラインやQ＆Aに目を通して下さい。

ポイント

1．個人情報の定義

個人情報保護法では、保護が必要な情報を「個人情報」「個人データ」「保有個人データ」の３つに区分しています。３つの区分ごとに実施しなければならない義務が定められています(保護法２条)。個人情報よりも個人データ、個人データよりも保有個人データの方が、守るべき義務の範囲が広がります。 ▶ モデル規程　第２条

2．取得・利用に関するルール

個人情報を取得するときの基本的なルールは次の４つです。

①あらかじめ利用目的をできる限り特定する。

②利用目的の範囲で個人情報を取り扱う。

③個人情報は適正な方法で取得する。

④取得する際には利用目的の通知・公表等を行う。

通知・公表方法は特に定めはありません。たとえば、申込書等に「当社の商品の配送およびアフターサービスのご案内のため」などと記載しておく方法などが考えられます。同意までの義務はありません。

ただし、「要配慮個人情報※」を取得する場合は、あらかじめ本人の同意が必要です。従業員の健康診断の結果を医療機関から取得する場合など、法令に基づいて取得する場合は、同意は不要です（保護法17条）。

※不当な差別、偏見等が生じないように取り扱いに配慮を要する情報として法令に定められた情報（人種、病歴、障害があること、犯罪歴など）

個人情報の定義

❶ 個人情報

- 生存する特定の個人を識別できる情報
  - ・個人識別符号が含まれるもの
  - ・他の情報と容易に照合でき、その結果、特定個人を識別できることとなる情報も含む
    - （例）免許証番号　　　　　　（例）指紋認識データ
- 要配慮個人情報
  - ・本人の人種、信条、社会的身分、病歴、犯罪の経歴、犯罪被害の事実

❷ 個人データ

- ❶のうち、紙媒体、電子媒体を問わず、特定の個人情報を検索できるように体系的に構成したもの（個人情報データベース等）に含まれる個人情報

❸ 保有個人データ

- ❷のうち、開示、訂正、消去等の権限を有し、かつ、6ヵ月を超えて保有するもの

❶ 個人情報		❷ 個人データ		❸ 保有個人データ	
第15条	利用目的の特定	第19条	データ内容の正確性の確保等	第27条	保有個人データに関する事項の公表等
第16条	利用目的による制限	第20条	安全管理措置	第28条	開示
第17条	適正な取得	第21条	従業者の監督	第29条	訂正等
第18条	取得に際しての利用目的の通知等	第22条	委託先の監督	第30条	利用停止等
第35条	苦情の処理	第23条	第三者提供の制限	第31条	理由の説明
		第24条	外国にある第三者への提供の制限	第32条	開示等の請求等に応じる手続
		第25条	第三者提供に係る記録の作成等	第33条	手数料
		第26条	第三者提供を受ける際の確認等		

※条番号は個人情報保護法の条文の番号を示しています。

また、「保有個人データ」については、利用目的、開示に必要な手続き、苦情の申出先等について本人の知り得る状態に置かなければなりません（本人の求めに応じて遅滞なく回答する場合を含む）（保護法27条）。

▶ モデル規程　第12〜17条

3. 安全管理措置に関するルール

取り扱う個人情報が「個人データ」に該当する場合には、「安全管理措置」を実施することが必要です。具体的には次の4つの分野ごとに、それぞれ安全管理措置を構築するべきだとしています。

▶ モデル規程　第5〜11、18〜23条

安全管理措置の分野
①組織的安全管理措置…社員の責任と権限を明確化、規程や手順書の整備等
②人的安全管理措置　…社員に対する情報の非開示契約の締結や教育訓練の実施
③物的安全管理措置　…入退室管理や情報の盗難防止等の措置
④技術的安全管理措置…情報システムへのアクセス制御、監視等

①については、個人情報保護管理者（モデル規程では「個人情報保護責任者」）や作業責任者の選任と体制の整備、安全管理措置に関する規程の整備（モデル規程では、一般的な取り組みについて盛り込んでいますが、より詳細な規程を作業マニュアルなどとして設けていくべきでしょう）などが、②については、社員への教育訓練などが重要となってきます。入社の際に誓約書の提出を求めることも必要でしょう。③④については、作業方法の見直しとともに専門の技術者と相談しながら実施することになります。

このほか、個人データの安全性を確保するために次のような措置が求められています。

①データ内容の正確性の確保等
②従業者の監督
③委託先の監督
④苦情の処理

4．第三者提供に関するルール

　あらかじめ本人の同意を得ないで、個人データを第三者に提供してはいけません。ただし、国内の委託先に提供する場合や事業の承継により提供する場合は提供先が「第三者」にあたらないとみなされます。また、法令に基づく場合や、人の生命にかかわる場合などは適用除外となっています（保護法23条）。

　なお、以前は、第三者に提供する可能性があることをあらかじめ本人に通知しておくことで第三者提供について同意を得たこととする方法（オプトアウトといいます）が認められていましたが、平成27年の改正によりこの点が厳格化されています。オプトアウトで第三者提供を行う場合は個人情報保護委員会に届け出をすることが義務付けられました。また、要配慮個人情報はオプトアウトでの提供はできません。

　第三者に個人データを提供する場合および第三者から個人データを受領する場合は、法令で定められた事項を確認・記録し、一定期間その内容を保存しなければなりません。　▶ モデル規程　第23条

ここを検討
・自社の規模に適した管理責任者、監査責任者などを決めましたか。
・社内の個人情報を洗い出し、適切な管理方法を決めましたか。
・個人情報の利用目的などはどのように公表しますか。

プライバシーマーク制度

　「プライバシーマーク制度」とは、第三者機関である「一般財団法人　日本情報処理開発協会（通称　JIPDEC）」とその指定機関が、個人情報の取り扱いを適切に行っている事業者であるかどうかを評価・認定し、その認定の証として「プライバシーマーク」と称されるロゴマークの使用が認められる制度です。

　このプライバシーマークの使用が認められるには、法律の規定はもちろん、JIS（Q15001）に基づいて第三者が客観的に評価するものであるため、事業者が自主的に、高いレベルの個人情報保護を行っているとアピールすることができます。

同意書

Download 6-082

令和○年○月○日

株式会社　○○○○
代表取締役　○○　○○殿

住所　東京都港区○○－○○
氏名　○○　○○　　㊞

個人情報取扱同意書

　この度、貴社の社員に応募するに当たり、個人情報に関する下記の事項について同意いたします。

記

1．利用目的
　会社が、次の事項に必要な範囲において、私の個人情報を取得し利用すること。
　　1）募集採用について
　　　①社員の募集採用における選考資料として使用すること
　　　②募集採用における書類の郵送、面接等の連絡手段として使用すること
　　2）採用が決定した場合について
　　　①人事部が、勤怠の管理、給与計算、社会保険の手続き、人事評価、教育訓練、昇進・昇格の審査など人事労務管理分野において使用すること
　　　②職場の上司が、勤務態度、健康状況など就業における監督・指導に使用すること

2．共同利用
　会社のグループ企業の間において、出向、転籍、業務支援などを目的として、私の個人情報を共同で利用すること。

3．第三者提供
　事業上必要な範囲で、私の個人情報のうち保有資格・業務経験などを顧客その他の第三者へ提供すること。

4．個人情報の開示・訂正等および苦情処理
　会社に私の個人情報に関する開示・訂正等を求める場合および苦情があった場合、本社人事部に申し出ること。ただし、個人情報のうち採用の審査内容および人事評価結果について業務の適正な実施に著しい支障を及ぼすおそれがあると会社が判断した事項については開示されないこと。

以上

7章

労働時間に関する
労使協定の
モデルとつくり方

◆労使協定とは

「労使協定」とは、労働条件に関する一定の事項について労使が合意の上で取り決めたものをいい、一般に、書面により行います。

就業規則が使用者により一方的に定められたルールであるのに対し、労使協定は、より民主的な手続きによって労働条件を定めるものです。

ただし、26ページで説明したとおり、集団的労使関係においては、使用者の作る就業規則により労働条件を定めていく必要があり、全ての事項を常に労使合意の上で決めていくことは現実的ではありません。

そこで、労働基準法では、原則的な取り扱いの範囲では労使協定の締結は要求せず、例外的な取り扱いとなる次ページの図表の制度を使用者が選択する場合のみ、あらかじめ労働者と制度の枠組みについて合意し、これを労使協定として文書にし、その範囲で実施することを義務付けているのです。よって、次ページの制度を実施しようとする場合は、たとえ就業規則で具体的な内容を規定したとしても、それだけではその規定は有効とはなりません。ただし、就業規則には、労働条件に関する労働者への周知の役割もあるため、一定の事項の記載が義務付けられています。そこで、労使協定があれば就業規則への記載は必要ないというわけではなく、就業規則に「労使の合意があったときに有効となる」旨の規定をして、その規定を受けて労使協定が締結されるのです。

たとえば、1日8時間、1週40時間の法定労働時間を超えて労働者を働かせる場合、就業規則には「…労使協定が締結された場合、その範囲で就業を命じる…」などと基本ルールを規定しておきます。そして「時間外・休日労働に関する協定」を締結し、労働基準監督署へ届け出ます。ここまでの手続きをしなければ、時間外労働を命じることはできません。

◆労使協定の要件

労働基準法による労使協定の締結は、就業規則と同様に各事業場を単位として実施する必要があります。協定の当事者は、「事業場に、労働者の過半数で組織する労働組合があるときはその労働組合、労働者の過半数で組織する労働組合がないときは労働者の過半数を代表する者」とし、

労働基準法に定める労使協定等が必要な事項

	（本書の掲載ページ）
①貯蓄金管理（労基法18条）	巻頭44ページ
②賃金の口座振込み（労基法24条）	193ページ
③賃金の一部控除（労基法24条）	193ページ
④割増料金の引き上げの代替休暇（労基法37条3項）	206ページ
⑤時間外・休日労働（労基法36条）	416ページ
⑥1ヵ月単位の変形労働時間制（労基法32条の2）	425ページ
⑦フレックスタイム制（労基法32条の3）	429ページ
⑧1年単位の変形労働時間制（労基法32条の4）	436ページ
⑨1週間単位の変形労働時間制（労基法32条の5）	443ページ
⑩一斉休憩除外（労基法34条2項）	447ページ
⑪事業場外労働のみなし労働時間を定める 　場合（労基法38条2項）	449ページ
⑫専門業務型裁量労働制（労基法38条の3）	454ページ
⑬企画業務型裁量労働制（労基法38条の4）	460ページ
⑭年次有給休暇の計画的付与（労基法39条5項）	巻頭57ページ
⑮年次有給休暇の賃金を健康保険法の標準報酬で 　支払う場合（労基法39条6項）	巻頭58ページ
⑯年次有給休暇の時間単位付与（労基法39条）	128ページ
⑰高度プロフェッショナル制度（労基法41条の2）	466ページ

※⑬⑰については、労使協定ではなく労使委員会の決議を要します。

その体裁は書面によることと定められています。

　労働組合がない場合の「労働者の過半数を代表する者」は誰でもよいというわけではなく、次のいずれにも該当する者でなければなりません。

労働者代表となる要件

①監督または管理の地位にあるものでないこと

②協定をする者を選出することを明らかにして実施される投票、挙手
　等の方法による手続きにより選出された者であること

ただし、管理監督者のみの事業場では、一定の協定について②の要件だけで足りるとされています。

選出方法としては、投票、挙手、その他「話合い、持ち回り決議等、労働者の過半数が選任を支持していることが明らかになる民主的な手続き」であればよいとされています（平成11.3.31基発169号）。

◆**労使協定の届出方法**

労使協定は、法律上、届出が義務付けられているものと、社内で保管すればよいものとがあります。労働基準監督署へ労使協定を届け出る場合は、届出用紙に労使協定を添付して提出します。

この届出用紙は、「記載心得」を記した標準的なものが公表されていますが、基本的に労働基準監督署では配布されていません。

届出用紙のフォームをワープロソフトなどで作成するか、文具店などに「法令様式」として置いてある市販のものを購入して届け出ます（ダウンロードページに一般的なものを納めました）。法定の必要事項を満たしていれば、「縦書き」「横書き」または「箇条書き」など、書き方は自由です。

このまま届出書および労使協定は、２部ずつ作成し提出しますが、１部は控えとして受理印を押して提出者へ返却されます。

なお、政府の電子申請総合窓口サイト（e-Gov）より、電子申請により届け出ることもできます。この場合、パソコンの動作環境を確認することと電子証明書の取得などが必要になります。本書では、電子申請に関する詳しい解説は省きます。

1. 時間外・休日労働に関する協定届

◆**36協定とは**

労働基準法では、原則として１週40時間、１日８時間を超えて、および１週１日の法定休日に労働者を使用することを禁じています。しかし、事業を行う上では、顧客の注文に対応するなどのため、この法律の定め

を超えて労働をさせる必要がでてきます。

そこで、時間外・休日労働に関する労使協定（労基法36条に定める協定であるため一般に「36（サブロク）協定」といいます）を締結し、労働基準監督署長に届け出たときは、その協定に定めるところにより法定労働時間を超えまたは法定の休日について、労働者を使用することが許されています。

36協定で定めることのできる時間外労働には、上限時間が設けられています。

ただし、これまでは厚生労働大臣による告示（法律ではありません）により定められ、さらに「臨時的な特別の事情」がある場合、この上限時間を超えて働かせるよう定めること（「特別条項」といいます）もできたため、実質的に青天井だと批判されていました。

そこで、「働き方改革関連法」により、時間外労働の上限のルールが見直されました。

具体的には、時間外の限度基準を告示から法律に格上げし、上限無く時間外労働が可能となっていた臨時的な特別の事情がある場合についても上限が設定されました。さらに、罰則（6ヵ月以下の懲役または30万円以下の罰金）による強制力が与えられることになりました。

改正法が適用されるのは、大企業が平成31年4月1日、中小企業（中小企業の定義は205ページ参照）は1年猶予され令和2年4月1日です。中小企業の施行が猶予されているため、改正前後の法律を比較しながら解説していきます。

◆協定で定めるべき事項

36協定を締結する場合、協定には必要事項を定めなければなりません（労基則16）。

ここも改正点です。協定の新様式は423ページを参照してください。適用が猶予される中小企業では、その間、従来の様式で協定を届け出ることができますが、新様式を使うこともできますので、ここでは新様式で解説します。

36協定で定めるべき事項

改正前	改正後
労働者の範囲（業務の種類、労働者の数）	→ 同左
対象期間	→ 同左　（１年に限る）
労働時間を延長し、または休日に労働させることができる場合	→ 同左
労働時間を延長して労働させることができる時間・休日の日数 【協定すべき期間】 「１日」「１日を超え３ヵ月以内」「１年」	→ 同左 【協定すべき期間】 「１日」「１ヵ月」「１年」
	有効期間
	起算日
	時間外・休日の実労働が単月100時間未満、平均80時間以下（421ページ参照）の要件を満たすこと（新様式にチェック欄）

◆限度時間

　まず、改正前のルールから確認しましょう。猶予される中小企業は、こちらが適用されます。

　36協定で延長する時間を定める場合、次の表の時間を超えることはできません（労基法36条２項、平成15.10.22厚生労働省告示355号）。

　また、協定の必要事項である「１日および１日を超える一定の期間」について定める場合、具体的には「１日を超え３ヵ月以内の期間」および「１年間」について、それぞれ定めなければなりません（平成15.10.22厚生労働省告示355号）。

　つまり、１日と１年の延長時間は必ず定めなければならず、更に３ヵ月以内の任意の期間（一般には管理しやすい１ヵ月とします）についても定めるのです。

時間外労働の限度時間の基準

a 原則		**b 1年単位の変形労働時間制適用の事業場**	
一定期間	限度時間	一定期間	限度時間
1週間	15時間	1週間	14時間
2週間	27時間	2週間	25時間
4週間	43時間	4週間	40時間
1ヵ月	45時間	1ヵ月	42時間
2ヵ月	81時間	2ヵ月	75時間
3ヵ月	120時間	3ヵ月	110時間
1年間	360時間	1年間	320時間

※**b**によるのは、3ヵ月を超える期間を対象とするものに限ります。

※上の表にない一定の期間について協定することも可能です。その場合の限度時間は、それぞれ別に定められた方法によって計算して求めます。

次に改正後について説明します。改正後は告示ではなく法律として定められたため厳格に守るべき上限となります。

まず、協定すべき期間は改正前よりシンプルになっています。「1日を超え3ヵ月以内の期間」の選択幅はなくなり、「1ヵ月」のみとなりました。つまり、協定するのは「1日」「1ヵ月」「1年間」について何時間まで時間外労働できるか協定します。

そして、その限度時間は「1ヵ月」は45時間、「1年間」は360時間となりました。一定の「1年単位の変形労働時間」を適用する場合、「1ヵ月」は42時間、「1年間」は320時間までです（労基法36条4項）。次ページの図と比較してください。改正前の上限と数値としては変わっていません。

◆特別条項付き協定

業務の都合により、前述した限度時間を超えて労働させる可能性がある場合、「特別条項付き協定」を締結することで、限度時間を超えて労働させることができます。

「特別条項付き協定」とは、同じ36協定の中に、特別な事情によって更に延長する時間を盛り込んだ労使協定で、たとえば「受注が集中し納期に遅れる場合など臨時の事情がある場合は、事前に労働者代表に申し

入れ、1ヵ月について更に○時間（年6回まで）延長する」といった条項をあわせて定めるものです。ただし、単に「業務の都合上必要なとき」などのようにあいまいなものは認められません。

ここも、改正されていますから、改正前、改正後について説明していきます。特に重要な改正部分です。なお、中小企業には1年猶予措置が設けられています。

改正前は、特別条項における協定の上限は、ありませんでした。そのため、時間外労働「200時間」などとしても届出ができたのです。もちろん、このような上限時間は無謀な過重労働を招きますが、会社としては、いつ何があるかわからないため、高めの上限を届け出てしまうかもしれません。

改正後の限度は、1ヵ月あたり100時間未満（休日労働を含む）、1年について720時間を超えない範囲（ここは休日労働時間を含みません）です。「休日労働時間」を含むかどうかの点を注意してください。

ここまで説明した限度時間を整理すると、次のようになります。

特別条項として定めるべき事項は次ページの図表のとおりです。

「健康福祉確保措置」については、「労働時間が一定時間を超えた労働者に医師による面接指導を実施する」「勤務間インターバル」など指針により望ましい措置が示されています（労基法36条7項）。なお、この健康福祉確保措置の実施状況に関しては、その記録を協定の有効期間中と

特別条項として36協定に定めるべき事項

改正前	改正後
限度時間を超えて労働させることができる時間外および休日の労働時間	→ 同左
限度時間を超えることができる月数（1年について6ヵ月以内）	→ 同左
限度時間を超えて労働させることができる場合（臨時特別な場合に限る）	→ 同左
	限度時間を超えて労働させる労働者に対する健康福祉確保措置
限度時間を超えた労働に係る割増賃金の率	→ 同左
限度時間を超えて労働させる場合における手続	→ 同左

その後3年間保存しなければならなりません（労基則17条2項）。

　なお、改正後のポイントとして、これまでと異なるのは、協定で定められた時間内であっても、実際の労働時間が次のいずれの時間内にも収めなければならないことです（労基法36条6項）。これらは、いわゆる「過労死ライン」（労災保険の申請をしたような場合、この時間まで働かせていると労災認定される可能性が高いというライン）です。

　①1ヵ月単月の時間外労働………100時間未満（休日労働時間を含む）
　②2〜6ヵ月平均の時間外労働… 80時間以内（休日労働時間を含む）

※各期間（対象期間の初日から1ヵ月ごとに区分した期間）について、直前1ヵ月に、2ヵ月、3ヵ月、4ヵ月、5ヵ月の期間を加えた、それぞれの期間の時間外労働。

◆適用除外がある

　改正後の時間外労働と休日労働に設けられている「時間外労働の上限時間」と「臨時的な特別な場合の上限時間」については、次ページのとおり、適用を除外するものが定められました（労基法36条11項）。50ページから説明している労働時間制の「適用除外」とは区別しておきます。

あくまでも時間外労働の適用除外です。

①の研究開発の業務は、これまでも適用除外でした。②以降は、基本的に5年間の期限付きの適用除外です。施行日から5年経過後にどのように扱うかは、それぞれの業務等によって定められています。

①新たな技術、商品または役務の研究開発に係る業務（労基法36条11項）

②工作物の建設の事業、その他（労基法139条1項）

③自動車の運転の業務（労基法140条2項）

④医業に従事する医師（労基法141条4項）

⑤鹿児島県および沖縄県における砂糖を製造する事業（労基法142条）

◆**具体的にいつから始まるのか**

ここまで説明してきた時間外労働の上限規制の改正は、平成31年4月1日（中小企業は令和2年4月1日）以後の期間のみを定めている労使協定について適用されます。平成31年3月31日（中小企業は令和2年3月31日）を含む期間を定めている協定については、その協定に定める期間の初日から起算して1年を経過する日までは、従前のまま取り扱われます。

◆**届出の留意点**

①対象期間、有効期間

協定の対象となる期間を「対象期間」といい、起算日より1年に限ります。「有効期間」とは協定の効力がある期間をいい、定期的な見直しの必要性から協定と同じ1年にすることが望ましいとされています。

②届出用紙と労使協定

本来、労使協定を届け出る場合、届出用紙に協定の写しを添付しなければなりませんが、「36協定」を届け出る場合は、届出用紙に労働者代表の押印を加えることで、届出用紙を労使協定とすることも差し支えないとされています（昭和53.11.20基発642号）。

422

協定届（協定書を兼ねる場合）

Download 7-083

様式第9号の2（第16条第1項関係）

時間外労働
休　日　労　働
に関する協定届

労働保険番号	
法人番号	

事業の種類	事業の名称	事業の所在地（電話番号）	協定の有効期間
金属製品製造業	○○金属工業 株式会社 ○○工場	（〒○○○−○○○○） ○○市○○町○−○−○ （電話番号：○○○−○○○○−○○○○）	○年○月○日から1年間 起算日（年月日）○年○月○日

時間外労働をさせる必要のある具体的事由

業務を細分化して記載

具体的な事由を記載

	業務の種類	労働者数（満18歳以上の者）	所定労働時間（1日）（任意）	1日 法定労働時間を超える時間数	1日 所定労働時間を超える時間数（任意）	1箇月（①については45時間まで、②については42時間まで） 法定労働時間を超える時間数	1箇月 所定労働時間を超える時間数（任意）	1年（①については360時間まで、②については320時間まで）起算日（年月日） 法定労働時間を超える時間数	1年 所定労働時間を超える時間数（任意）
時間外労働 ①下記②に該当しない労働者									
受注の集中	設計	10人	7.5時間	5時間	5.5時間	45時間	55時間	360時間	480時間
臨時の受注、納期変更	機械組立	20人	7.5時間	6時間	6.5時間	45時間	55時間	360時間	480時間
製品不具合への対応	検査	10人	7.5時間	5時間	5.5時間	45時間	55時間	360時間	480時間
月末の決算事務	経理	5人	7.5時間	3時間	3.5時間	45時間	55時間	360時間	480時間
②1年単位の変形労働時間制により労働する労働者									

対象期間が3か月を超える「1年単位の変形労働時間制」を実施する場合のみ記載

休日労働をさせる必要のある具体的事由

	業務の種類	労働者数（満18歳以上の者）	所定休日（任意）	労働させることができる法定休日の日数	労働させることができる法定休日における始業及び終業の時刻
休日労働	受注の集中	設計	10人	土曜、日曜、祝日	月2日	9：00〜18：00
	臨時の受注、納期変更	機械組立	20人	土曜、日曜、祝日	月2日	9：00〜18：00

上記で定める時間数にかかわらず、時間外労働及び休日労働を合算した時間数は、1箇月について100時間未満でなければならず、かつ2箇月から6箇月までを平均して80時間を超過しないこと。

注意！　第7予対象の中小企業でも、チェックを入れると、これらの時間を超えないことを約束することになります。大企業は必ずチェックを入れること。

チェックボックスに要チェック

協定届（協定書を兼ねる場合）

様式第9号の2（第16条第1項関係）

時間外労働 に関する協定届（特別条項）
休日労働

臨時的に限度時間を超えて労働させる場合	業務の種類	労働者数（満18歳以上の者）	1日（任意）		1箇月（時間外労働及び休日労働を合算した時間数。100時間未満に限る。）			1年（時間外労働のみの時間数。720時間以内に限る。）起算日（年月日）○○年○月○日		
			法定労働時間を超える時間数	所定労働時間を超える時間数（任意）	限度時間を超えて労働させることができる回数（6回以内に限る。）	法定労働時間を超える時間数と休日労働の時間数を合算した時間数	限度時間を超えた労働に係る割増賃金率	限度時間を超えて労働させることができる時間数	所定労働時間を超える時間数（任意）	限度時間を超えた労働に係る割増賃金率
	突発的な仕様変更、新システムの導入	10人	8時間	8.5時間	6回	75時間	25%	700時間	820時間	25%
	製品トラブル・大規模なクレームへの対応	20人	8時間	8.5時間	6回	75時間	25%	700時間	820時間	25%
	機械トラブルへの対応	10人	8時間	8.5時間	6回	75時間	25%	700時間	820時間	25%

25%を超える率が努力義務です。

限度時間を超えて労働させる場合における手続　労働者の代表者に対する事前の申し入れ

限度時間を超えて労働させる労働者に対する健康及び福祉を確保するための措置
（該当する番号）
①,③,⑩
（具体的内容）
対象労働者への医師による面接指導の実施、対象労働者に11時間の勤務間インターバルを設定、職場での時短対策会議の開催

次の中から協議し、番号を記入すること。（※番号列挙と記入不要。）
①労働時間が一定時間を超えた労働者に医師による面接指導を実施すること。②深夜業の回数を1ヶ月について一定回数以内とすること。③終業から始業までに一定時間以上の継続した休息時間を確保すること。④勤務間の勤務状況に応じた代償休日または特別な休暇を付与すること。⑤労働者の勤務状況及びその健康状態に応じて、健康診断を実施すること。⑥年次有給休暇についてまとまった日数連続して取得することを含めてその取得を促進すること。⑦心とからだの健康問題についての相談窓口を設置すること。⑧労働者の勤務状況及びその健康状態に配慮し、必要な場合には適切な部署に配置転換をすること。⑨必要に応じて、産業医等による助言・指導を受け、または労働者に保健指導を受けさせること。⑩その他

1箇月について100時間未満でなければならず、かつ2箇月から6箇月までを平均して80時間を超過しないこと。（チェックボックスに要チェック）☐

上記で定める時間数にかかわらず、時間外労働及び休日労働を合算した時間数は、1箇月について100時間未満でなければならず、かつ2箇月から6箇月までを平均して80時間を超過しないこと。（チェックボックスに要チェック）☐

協定の成立年月日	○○年　○○月　○○日		
協定の当事者である労働組合（事業場の労働者の過半数で組織する労働組合）の名称又は労働者の過半数を代表する者の	職名	検査課主任	
	氏名	○○　花子	
協定の当事者（労働者の過半数を代表する者の場合）の選出方法	投票による選挙		

○○年　○○月　○○日

使用者	職名	工場長	印
	氏名	○○　太郎	

自署が望ましい。
協定そのものと見なされる場合、労働者代表の押印が必要

○○ 労働基準監督署長殿

2. 1ヵ月単位の変形労働時間制

◆1ヵ月単位の変形労働時間制とは

「1ヵ月単位の変形労働時間制」とは、1ヵ月以内の一定の期間（歴月に限らず、たとえば4週間といった期間）を平均し、1週間当たり40時間を超えなければ、その一定期間のうち特定の週に40時間を超え、また、特定の日に8時間を超えて労働させることができる制度です（労基法32条の2）。これは、人手不足などにより完全週休2日制とすることが難しい中小企業などに多い制度です。

◆適用の要件

この制度を適用する場合、①労使協定の締結、または就業規則その他これに準ずるものに定めること、②就業規則または労使協定の届出をすること、という要件を満たすことが必要です。

①の「労使協定の締結」による場合とは、労使の話し合いによる労働時間制度の導入を促進することに趣旨があり、協定があるからといって、就業規則の絶対的必要記載事項である労働時間の規定を省略させるものではありません（平成11.1.29基発45号）。

また、「その他これに準ずるもの」とは、就業規則の届出義務がない事業場における、届出されていない就業規則などをいいます。

なお、労使協定には、①起算日、②有効期間を定めなければなりません（労基則12条の2、平成11.1.29基発45号）。また、この有効期間は、制度の運用が不適切とならないように、行政では3年以内が望ましいとしています（平成11.3.31基発169号）。

◆労働時間の限度

1ヵ月単位の変形労働時間制により勤務する場合に、法定労働時間の範囲となる総枠の時間は、次ページの計算方法で求められます。

また、対象期間を1ヵ月とした場合、歴日数は月によって異なるので、それぞれの総枠をこの計算によって求めると次のようになります。

| 法定労働時間の総枠 |

$$1 \text{ヵ月の労働時間の限度} = 40\text{時間} \times \frac{\text{変形期間の暦日数}}{7\text{日}}$$

歴日数	総枠
31日	177.1 時間
30日	171.4 時間
29日	165.7 時間
28日	160.0 時間

◆妊産婦または育児・介護を行う者

　妊産婦である社員が請求した場合、変形労働時間制を適用する事業場であっても、原則どおり週40時間・1日8時間の法定労働時間を超えて使用することはできません（労基法66条1項）。また、育児または介護を行う者、その他職業訓練を受けるものなどに変形労働時間制を適用する場合、会社は、育児時間など必要な時間を確保できるよう配慮をすることが義務付けられています（労基則12条の6）。

◆具体的な勤務時間の特定方法

　変形労働時間制における具体的な勤務時間などについて、行政では、就業規則でできる限り特定することが望ましいとしながらも、業務の都合などにより月ごとに定める必要があれば、就業規則では次の事項程度を規定し、具体的には変形期間の開始前までに勤務割表を配るなどの方法で特定することを認めています（昭和63.3.14基発150号）。

| 月ごとに勤務割表を作成する場合の就業規則の規定事項 |

①各勤務の始業・終業の時刻

②各勤務の組み合わせの考え方

③勤務割表の作成手続き、周知方法

労使協定の例

Download
7-084

1ヵ月単位の変形労働時間制に関する協定

　株式会社○○○○と労働者代表は、1ヵ月単位の変形労働時間制に関して、次のとおり協定を締結した。

（対象範囲）
第1条　本協定の対象は、次のいずれかに該当する者を除く全社員とする。
　　　　①妊娠中または産後1年を経過しない女性社員であって、本協定を適用しないことを請求した者
　　　　②育児または介護を行う社員であって、会社が本協定を適用しないことを認めた者

（所定労働時間）
第2条　社員の所定労働時間は、毎月1日を起算日とする1ヵ月単位の変形労働時間制によるものとし、1ヵ月を平均して1週40時間以内とする。なお、各日の始業時刻、終業時刻および休憩時間は、次のとおりとする。
　　　　始業時刻　午前9時00分
　　　　終業時刻　午後6時00分
　　　　休憩時間　60分（午前12時00分から午後1時00分まで）

（休　日）
第3条　休日は次のとおりとし、毎月20日までに翌月の勤務割表を作成して社員に配布する。
　　　　①毎週日曜日
　　　　②第1週、3週を除く土曜日（ただし、その週に祝祭日がある場合を除く）
　　　　③祝祭日
　　　　④夏季（○日間）
　　　　⑤年末年始（○日間）
　　　　⑥その他会社が指定した日

（有効期間）
第4条　本協定の有効期間は、令和○年○月○日から令和△年○月○日までの1年間とする。

　　　令和○年○月○日

　　　　　　　　　　　　　　　　　　株式会社○○○○
　　　　　　　　　　　　　　　　　　代表取締役　○○○○　㊞
　　　　　　　　　　　　　　　　　　労働者代表　○○○○　㊞

協定届

Download 7-085

様式第3号の2（第12条の2の2関係）

> この欄には、この変形労働時間制により労働時間を通算する期間を、「1ヵ月」「4週間」などと記入し、その起算日（この変形労働時間制を開始する最初の日）をカッコ書きさせてください。

> この欄の中に、変形労働時間制による労働時間と所定労働時間を記入しきれない場合には、別紙に記載して添付してください。

1ヵ月単位の変形労働時間制に関する協定届

事業の種類	事業の名称	事業の所在地（電話番号）	常時使用する労働者数
家具製造業	有限会社○○家具	足立区○○ （03-○○○○-○○○○）	7人

該当労働者数 （満18歳未満の者）	変形期間 （起算日）	変形期間中の各日及び 各週の労働時間並びに所定休日	協定の有効期限
7人 （　0人　）	1ヵ月 （令和○年3月21日）	別紙のとおり	令和○年3月21日から 令和○年3月20日まで

労働時間が最も長い日の労働時間数 （満18歳未満の者）	労働時間が最も長い週の労働時間数 （満18歳未満の者）
9 時間 00 分 （　　時間　　分　）	48 時間 00 分 （　　時間　　分　）

> 満18歳未満の者に変形労働時間制（労働基準法60条3項2号）を適用する場合には、「該当労働者数」「労働時間が最も長い日の労働時間数」および「労働時間が最も長い週の労働時間数」の各欄にカッコ書きさせます。

協定の成立年月日　令和○年○月○日

協定の当事者である労働組合の名称又は労働者の過半数を代表する者の　職名　○○課　氏名　○○ ○○　㊞

協定の当事者（労働者の過半数を代表する者の場合）の選出方法（　挙手による選挙　）

令和○年○月○日

使用者　職名　有限会社 ○○家具　代表取締役　氏名　○○ ○○　㊞

○○　労働基準監督署長　殿

3. フレックスタイム制

◆フレックスタイム制とは

「フレックスタイム制」とは、始業および終業の時刻を労働者の自主的な決定に委ねる制度です（労基法32条の3）。

この場合、各日の何時から何時まで何時間働くのかは本人の自由ですから、所定労働時間は、各週・各日では定めず、「一定の期間」の総労働時間（その期間を平均して1週間当たり40時間を超えない範囲）として定めます。

この一定期間を「清算期間」といいます。これまで清算期間の上限は1ヵ月でしたが、「働き方改革関連法」により平成31年4月1日より改正され、最長3ヵ月までとすることができるようになりました。

清算期間が長くなれば、ある月の繁忙期は長時間労働になってしまっても、翌月は勤務時間を減らし疲労回復にあてることができるなど、よりメリハリのある働き方を実現することができます。

基本用語

- 清算期間……………3ヵ月以内の期間として、総労働時間を定める単位となる期間をいいます。

- コアタイム…………労働者が必ず労働しなければならない時間帯をいいます。ただし、必ず設けなければならないものではありません。

- フレキシブルタイム…労働者の選択により労働できる時間帯をいいます。あまりにも早い始業や遅い終業を制限するため、任意で設けることができます。

- 標準労働時間…………労働者が1日の労働時間の目安とするために定める時間数をいいます。

フレキシブルタイムが極端に短いものや、始業、終業のいずれか一方

のみを労働者の決定に委ねる制度は、法律で定めるフレックスタイム制には該当しません（昭和63.1.1基発1号）。

◆適用の要件

フレックスタイム制を適用する場合、次の要件を満たす必要があります。清算期間が1ヵ月を超える場合は、労使協定を労働基準監督署へ届け出る必要があります。

労使協定で定めるべき事項も次に掲げるとおりです（労基法32条の3、労基則12条の2、12条の3）。

フレックスタイム制の適用要件

①就業規則その他これに準ずるもので始業・終業の時刻を労働者の決定に委ねることを定める

②労使協定で具体的な枠組みを定める

③労使協定を所轄労働基準監督署に届出　※清算期間1ヵ月超の場合

労使協定で定めるべき事項

①対象労働者の範囲

②清算期間（1ヵ月以内の期間に限る）

③清算期間の総労働時間（所定労働時間）

④標準となる1日の労働時間

⑤コアタイムを定める場合はその開始・終了の時刻

⑥フレキシブルタイムを定める場合はその時間

⑦協定の有効期間　※清算期間1ヵ月超の場合

◆労働時間の総枠

フレックスタイム制の総労働時間の限度は次の式で求めます。

> **清算期間における法定労働時間の総枠**
>
> 総労働時間の限度＝40時間 × $\dfrac{\text{清算期間における暦日数}}{7\text{日}}$
>
> ただし、清算期間を歴月とする場合の特例があります（労基法32条の３第３項）。

◆労働時間の清算

　フレックスタイム制を導入した場合、各清算期間で、総労働時間と実労働時間に過不足が生じることがあります。この過不足については、超過・不足の別に、それぞれ次のように取り扱う必要があります（昭和63.1.1基発１号）。

①超過労働時間

　超過労働時間については時間外手当を支払って清算します。

　この場合、翌期不足時間が生じる可能性があるからといって、翌期に繰り越すことはできません。賃金は、１ヵ月以内の計算期間ごとに毎月清算して支払わなければならないためです。

②不足労働時間

　不足した労働時間については、不足時間分の賃金を控除するか、または不足時間を翌期に繰り越すかのいずれかの方法を取ることができます。不足分の賃金を控除する場合は、就業規則にその旨を明記して下さい。

　不足時間を繰り越す場合は、翌期は本来の総労働時間に加算して労働させることができます。ただし、その結果、清算期間の総労働時間の限度を超える場合は、36協定の締結・届出、割増賃金の支払いが必要となります。

◆割増賃金の支払い

　清算期間が１ヵ月を超えると、極端に長時間労働の月がでてくるかもしれません。そこで、１ヵ月超３ヵ月以内の清算期間の場合、開始の日以後を１ヵ月ごとに区分し、その１ヵ月ごとの平均労働時間が週50時間

を超えるときは、超えた時間について割増賃金を支払うよう定められました（平成30.9.7基発1号）。

この割増賃金は、3ヵ月の清算期間を終えたときに、結果的に平均40時間に収まっているとしても支払わなければなりません。具体的な割増賃金の計算式は次のとおりで、2段階で清算期間の時間外労働を見ていきます。

なお、従来どおりの1ヵ月以内の清算期間で運用する場合は、この50時間の縛りはありません。

清算期間1ヵ月超3ヵ月以内の場合の時間外労働となる時間

①単月

　Aの実労働時間－50時間×（Aの暦日数÷7）

　　A＝清算期間を1ヵ月ごとに区分したそれぞれの期間

②清算期間の総計

　清算期間の総実労働時間－B－①の時間

　　B＝清算期間の総労働時間の限度＝40時間×（清算期間の暦日数
　　　÷7）

◆就業規則の規定例

就業規則では、本来、絶対的必要記載事項である始業・終業の時刻を記載しなければなりませんが、フレックスタイム制の場合は、「始業・終業の時刻を労働者の決定に委ねる」旨の規定があれば足りるとされています（昭和63.1.1基発1号）。

フレックスタイム制を設ける場合の規定（例）

（フレックスタイム制）

第○条　前条の規定にかかわらず、「フレックスタイム制」に関する協定を締結したときは、その対象者については、始業および終業の時刻について本人の自主的決定に委ねるものとし、協定の定める条件により勤務するものとする。

2．フレックス勤務をする者は、清算期間の総労働時間に著しく不足が生じないよう努めなければならない。

3．フレックス勤務をする者は、自ら始業および終業の時刻を決定するにあたり、与えられた業務に支障が生じないよう努めなければならない。

4．清算期間の総実労働時間が、清算期間の総所定労働時間を超える場合、その超過時間（第10項後段に定める割増賃金を支払った時間を除く）について時間外労働として割増賃金を支給する。

5．清算期間の総実労働時間が、清算期間の総所定労働時間に満たない場合、その不足時間に相当する額を賃金から控除する。

6．コアタイム（○時○○分から○時○○分まで）に遅刻、早退、私用外出をした場合、一般の勤務に準じて査定する。ただし、その時間分の賃金は控除しない。

7．フレックス勤務をする者は、深夜勤務、休日勤務、または賃金計算期間について月平均50時間を超えて勤務しようとするときは、所属長の許可を受けなければならない。

8．社員が、清算期間の途中に、フレックスタイム制の適用部署から非適用部署に異動した場合、異動日の前日の期間までをその期間の清算期間として実労働時間を清算する。また、フレックスタイム制の非適用部署から適用部署に異動した場合、異動日から、その清算期間の終了までをその期間の清算期間とする。

9. フレックス勤務をする者は、毎週金曜日までに、次の週の出社および退社の予定時刻を、所属長に届け出るものとする。

10. 協定で定めた清算期間が1ヵ月超3ヵ月以内であるときは、その協定を所轄労働基準監督署へ届出るものとし、1つの賃金計算期間について月平均50時間を超える勤務をした者には、その超えた時間について賃金規程○条の割増賃金を支払うものとする。

※下線部分は改正による清算期間1ヵ月超3ヵ月以内を導入する場合、導入しない場合は不要。

労使協定の例

フレックスタイム制に関する協定

　○○○○株式会社と○○○○労働組合は、就業規則第○条の定めに基づき「フレックスタイム制」に関し、次のとおり協定する。

（適用対象者）

第1条　本協定でフレックスタイム制を適用する者は、次の部署の社員とする。
　　　　①研究開発室
　　　　②商品企画室

（清算期間）

第2条　清算期間は、毎月21日から翌20日までの1ヵ月間とする。

> 清算期間　1カ月超の場合
> 清算期間は、4月、7月、10月、1月の21日から翌々月20日までの3ヵ月間とする。

（総労働時間）

第3条　清算期間における総所定労働時間は、1日の標準労働時間に清算期間中の所定労働日数を乗じた時間とする。

（標準労働時間）

第4条　標準となる1日の労働時間は7時間30分とする。

（コアタイム）

第5条　コアタイムは、午前10時00分から午後3時00分までとする。ただし、午前12時00分から午後1時00分までは休憩時間とする。

（フレキシブルタイム）

第6条　フレキシブルタイムは、次のとおりとする。
　　　　　始業時刻　午前8時00分から午前10時00分まで
　　　　　終業時刻　午後3時00分から午後10時00分まで

（有効期間）

第7条　本協定の有効期間は、○年○月○日から1年間とする。

　令和○年○月○日

　　　　　　　　　　　○○○○株式会社　代表取締役　○○○○　㊞
　　　　　　　　　　　○○○○労働組合　執行委員長　○○○○　㊞

7章　労働時間に関する労使協定のモデルとつくり方

4. 1年単位の変形労働時間制

◆1年単位の変形労働時間制とは

「1年単位の変形労働時間制」とは、1年以内の一定の期間を平均して1週間当たり40時間を超えない範囲であれば、その期間の特定の週に40時間を超え、または、特定の日に8時間を超えて労働させることができる制度です（労基法32条の4）。

1年で業務の繁閑に差がある場合や、1ヵ月単位の変形労働時間制では週40時間以内に収まらない場合に、年末年始や夏休みなどを含めた平均の労働時間で法定労働時間の義務を達成するためなどに用いられます。

◆適用の要件

1年単位の変形労働時間制を適用するための要件は、①労使協定を締結すること、②労使協定の届出です。

労使協定で定めるべき事項は次のとおりです（労基法32条の4第1項各号、労基則12条の2、12条の4第1項）。

協定の有効期間について、行政では、1年以内が望ましいとしながら、3年以内であれば差し支えないとしています（平成6.1.4基発1号）。

労使協定で定めるべき事項

①対象労働者の範囲
②対象期間（1ヵ月を超え1年以内の期間に限る）
③特定期間（対象期間中の特に業務が繁忙な期間）
④所定労働日等
　a）1年を通して明示する場合
　　対象期間における所定労働日および労働日ごとの所定労働時間
　b）1ヵ月以上の期間ごとに区分した場合
　　・対象期間のうち区分された最初の期間
　　　→対象期間における所定労働日および労働日ごとの所定労働時間
　　・最初の期間を除く各期間
　　　→対象期間における労働日数および各期間の総所定労働時間
⑤協定の有効期間
⑥起算日

◆労働時間の限度

「1年単位の変形労働時間制」の総労働時間の限度は次の式で求めます。

> **法定労働時間の総枠**
>
> 総労働時間の限度＝40時間 × $\dfrac{\text{変形期間の暦日数}}{7\text{日}}$
>
> 変形期間を最大限の1年とした場合、年間の総労働時間の限度は、40×365÷7＝2,085時間となります。

ただし「1年単位の変形労働時間制」では、変形期間が長期にわたるため、特定の週または特定の日に、本来の上限を超えて労働させることができる時間に限度があります。

つまり、労働時間の限度は1週間について52時間まで、1日について10時間までとされています（労基則12条の4第4項）。

なお、週の労働時間が48時間を超える場合は、次の2つの要件の範囲で定めなくてはなりません。

> **1週48時間を超える場合の要件**
>
> ①連続して週48時間を超える所定労働時間を設定する週が3週以内であること
> ②対象期間を起算日から3ヵ月ごとに区切った各期間において、週48時間を超える所定労働時間を設定した週の初日が3回以内であること

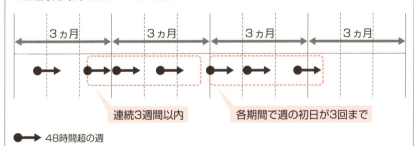

◆対象期間を区分する場合

対象期間が長期にわたるため、その期間全体の所定労働日および各労

働日ごとの所定労働時間をあらかじめ定めることができない場合、対象期間を1ヵ月以上の期間ごとに区分（たとえば、1年間の対象期間を3ヵ月ごとに4区分）し、とりあえず「各期間の労働日数と総労働時間」のみを定め、各期間が到来する前までに、所定労働日および各労働日ごとの所定労働時間を定めていく方法があります。

この場合、各区分のうち「最初の期間」については、協定に「所定労働日とその所定労働日ごとの所定労働時間」を定めなければならないこととされています。

その後の各期間については、①各期間の開始する少なくとも30日前までに、②労働者代表の同意を得て「所定労働日および各労働日ごとの所定労働時間」を定めればよいとされています（労基法32条の4第2項）。

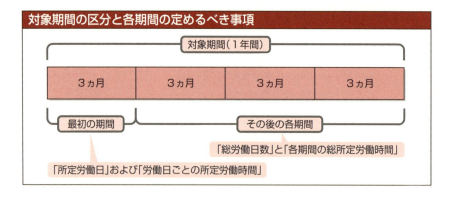

◆**所定労働日数の限度**

対象期間の所定労働日数については、次のような制限が設けられています（労基法32条の4第3項、労基則12条の4第3項）。
①原則

対象期間が3ヵ月を超える場合は、対象期間1年当たり280日（休日は365－280＝85日となります）が限度となります。対象期間が3ヵ月以下の場合、制限はありません。

なお、対象期間が1年未満の場合は、280日を「対象期間の暦日数／365日」によって按分した日数が限度となります。

②例外

　旧協定（対象期間が３ヵ月を超え、かつ新たな協定の対象期間の直前１年以内のもの）がある場合、以下のいずれかに該当する場合は、「旧協定の対象期間１年当たりの労働日数から１日を減じた日数」または「280日」のいずれか少ない日数が限度となります。

イ）　新たな協定の「１日の労働時間のうち最も長いもの」が、「旧協定の定める１日の労働時間のうち最も長いもの、または９時間のいずれか長い時間」を超える場合

ロ）　新たな協定の「１週間の労働時間のうち最も長いもの」が、「旧協定の定める１週間の労働時間のうち最も長いもの、または48時間」のいずれか長い時間を超える場合

◆特定期間

　「特定期間」とは、対象期間中の特に業務が繁忙な期間をいいます。

　対象期間中に連続して労働させることができる日数については、６日を限度（つまり、６日連続して労働日とした後は休日を設けなければならない）と定められていますが、特定期間を定めれば、12日まで連続する労働日を延長することができます（労基則12条の４第５項）。

　この特定期間は、業務の繁忙な期間として法の趣旨に沿ったものであれば、特に期間の限度はありません。また、複数の期間を定めることもできます（平成11.3.31基発169号）。

　なお、特定期間を設定しない場合には、定めのない旨を規定する必要がありますが、このような規定のないものは特定期間を「定めない」とみなされます（平成11.3.31基発169号）。

◆対象期間に途中入社または途中退社する場合

　対象期間の途中に入社または退職した者がでた場合、一定期間を平均するという変形労働時間の考え方が適用できなくなります。

　この場合、その者が「対象期間中に所定労働時間として勤務した時間」を平均し週40時間を超える場合（たとえば、所定労働時間が法定労働時間より長い期間のみ勤務して退職したときなど）、超過する時間について

は割増賃金を支払わなければなりません。

◆妊産婦または育児・介護を行う者

　妊産婦である社員が請求した場合、変形労働時間制を適用する事業場であっても、原則どおり週40時間・1日8時間の法定労働時間を超えて使用することはできません（労基法66条1項）。また、育児または介護を行う者、その他職業訓練を受ける者などに変形労働時間制を適用する場合、会社は、育児時間など必要な時間を確保できるよう配慮をすることが義務付けられています（労基則12条の6）。

1年単位の変形労働時間制を設ける場合の就業規則の規定（例）

Download 8-099

（1年単位の変形労働時間制）

第○条　前条の規定にかかわらず、社員代表と「1年単位の変形労働時間制に関する協定」が締結されたときは、協定に定める対象者については、その協定の定めるところにより勤務する。

（休　日）

第○条　休日は、次のとおりとする。

　　　　①日曜日

　　　　②国民の祝日に関する法律に定める休日

　　　　③年末年始（12月○日～1月○日）

　　　　④夏季（8月○日～8月○日）

　　　　⑤その他会社が定める休日

　2.　前項にかかわらず、社員代表と「1年単位の変形労働時間制に関する協定」が締結されたときは、その協定の定める休日とし、年間カレンダーにより毎年○月○日までに各人に通知する。

440

労使協定の例

１年単位の変形労働時間制に関する協定

　○○○○株式会社と社員代表は、「１年単位の変形労働時間制」に関し、次のとおり協定する。

（適用範囲）

第１条　本協定による変形労働時間制は、次の者を除く全社員に適用する。

　　　　①妊娠中または産後１年を経過しない女性社員であって、本協定を適用しないことを請求した者

　　　　②育児または介護を行う社員であって、会社が本協定を適用しないことを認めた者

（勤務時間）

第２条　所定労働時間は、１年以内の期間を平均して週40時間を超えないものとする。

　２．　変形期間内の各日の所定労働時間は７時間30分とし、始業・終業の時刻、休憩時間は次のとおりとする。

　　　　始業時刻　午前９時00分

　　　　終業時刻　午後５時30分

　　　　休憩時間　60分（午前12時00分から午後１時00分まで）

（休　日）

第３条　休日は別紙「年間カレンダー」のとおりとする。

（起算日）

第４条　変形期間の起算日は令和○年○月○日とする。

（有効期間）

第５条　本協定の有効期間は起算日から１年間とする。ただし、有効期間満了の１ヵ月前までに、当事者いずれからも申出がないときには、１年間延長するものとし、以後同様に更新する。

　　令和○年○月○日

　　　　　　　　　　　　　　　　　○○○○株式会社

　　　　　　　　　　　　　　　　　　代表取締役　○○○○　㊞

　　　　　　　　　　　　　　　　　　社員代表　　○○○○　㊞

協定届

Download 7-088

この欄には、この変形労働時間制により労働時間を通算する期間の単位を、「3ヵ月」などと記入し、その起算日(この変形労働時間制を開始する最初の日)をカッコ書きしてください。

「対象期間中の各日および各週の労働時間並びに所定休日」は、別紙に記載して添付してください。

「旧協定」とは、対象期間において、その対象期間が3ヵ月を超える場合に、その対象期間の初日の前1年以内の日を含む3ヵ月を超える期間を対象期間として定める「1年単位の変形労働時間制」をいいます。(労基則12条の4第3項)

連続労働日数は原則として6日が限度です。ただし、特定期間を設けた場合は12日を限度とすることができます。

満18歳未満の者に変形労働時間制(労基法60条3項2号)を適用する場合には、該当労働者数「労働時間数および1日の労働時間が最も長い日の労働時間数」「労働時間数が最も長い週の労働時間数」の各欄にもカッコ書きしてください。

様式第4号(第12条の4第6項関係)

1年単位の変形労働時間制に関する協定届

事業の種類	事業の名称	事業の所在地(電話番号)	常時使用する労働者数
金属製品製造業	株式会社○○工業	台東区○○○ ○-○-○(03-○○○○-○○○○)	30 人

該当労働者数(満18歳未満の者)	対象期間及び特定期間(起算日)	対象期間中の各日及び各週の労働時間並びに所定休日	対象期間中の1週間の平均労働時間数	協定の有効期間
30 人 (人)	1年 特定期間:○月○日-○月○日 (起算日)(4月1日)	(別紙のとおり)	39 時間 35 分	令和○年○月○日から 令和○年○月○日まで

労働時間が最も長い日の労働時間数(満18歳未満の者)	労働時間が最も長い週の労働時間数(満18歳未満の者)	対象期間中の最も長い連続労働日数	対象期間中の総労働日数
9 時間 ○○ 分 (時間 分)	48 時間 ○○ 分 (時間 分)	6 日間	262 日

労働時間が48時間を超える週の最長連続週数	労働時間が48時間を超える週の週数	特定期間中の最も長い連続労働日数
2 週	2 週	8 日間

旧協定の対象期間	旧協定の労働時間が最も長い週の労働時間数	旧協定の対象期間中の総労働日数
1年	48 時間 ○○ 分	265 日

協定の成立年月日 令和○年○月○日

協定の当事者である労働組合の名称又は労働者の過半数を代表する者の 職名 ○○ 氏名 ○○

協定の当事者(労働者の過半数を代表する者の場合)の選出方法(投票)

令和○年○月○日

使用者 職名 株式会社○○工業 代表取締役 氏名 ○○ ○○ ㊞

○○ 労働基準監督署長 殿

5. 1週間単位の非定型的変形労働時間制

◆1週間単位の非定型的変形労働時間制とは

「1週間単位の非定型的変形労働時間制」とは、各週の総労働時間が40時間を超えない範囲であれば、特定の日の所定労働時間を10時間まで延長することができる制度です（労基法32条の5、労基則12条の5）。ただし、小売業、料理店、旅館、飲食店の事業で、常時30人未満の労働者を使用する事業場に限られています。

これは、日ごとの繁閑の差が大きい小規模な事業場に対して柔軟な労働時間制の採用を可能としたものです。

なお、各々の週の開始する前までに、その週の労働日と、各日の労働時間を書面で労働者に通知する必要があります（労基則12条の5第3項）。

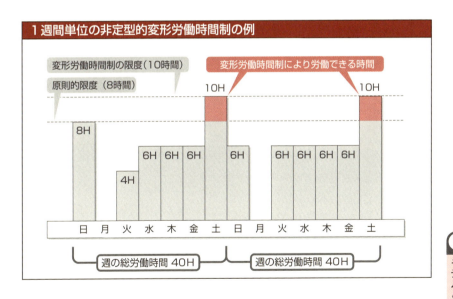

◆適用の要件

1週間単位の非定型的変形労働時間制を適用するためには、①対象事業場であること、②労使協定を締結すること、③労使協定の届出をすること、という3つの要件を満たす必要があります。

◆妊産婦または育児・介護を行う者

妊産婦である社員が請求した場合、変形労働時間制を適用する事業場であっても、原則どおり週40時間・1日8時間の法定労働時間を超えて使用することはできません（労基法66条1項）。

また、育児または介護を行う者、その他職業訓練を受ける者などに変形労働時間制を適用する場合、会社は、育児時間など必要な時間を確保できるよう配慮することが義務付けられています（労基則12条の6）。

1週間単位の非定型的変形労働時間制を設ける場合の就業規則の規定（例）　Download 8-099 →

（変形労働時間制）

第○条　会社が、社員代表と「1週間単位の非定型的変形労働時間制」に関し協定を締結した場合には、第○条にかかわらず、協定の定めるところにより、社員は、1週間について40時間、1日について10時間の範囲で労働するものとする。

2.　会社は、各週（日曜日から土曜日までの1週間）の労働日および各日の労働時間を、各週の開始する前日までに書面により通知する。

3.　業務の都合その他やむを得ない事由がある場合は、通知した労働日および労働時間を変更することがある。この場合、会社は、少なくとも前日までに書面により通知する。

労使協定の例

Download
7-089

1週間単位の非定型的変形労働時間制の協定

　有限会社○○○○と社員代表○○○○は、「1週間単位の非定型的変形労働時間制」に関し、次のとおり協定する。

（所定労働時間）
第1条　各週（日曜日から土曜日の1週間とする）の所定労働時間は40時間以内、各日の所定労働時間は10時間以内とする。

（通　知）
第2条　会社は、各週の労働日および各日の所定労働時間について、各週の開始する前日までに書面により社員に通知する。

（労働日の変更）
第3条　業務の都合またはやむを得ない事由がある時は、通知した労働日または各日の所定労働時間を変更することがある。この場合、会社は、前日までに書面により社員に通知するものとする。

（割増賃金）
第4条　社員が、あらかじめ通知した所定労働時間を超えて労働し、または所定休日に労働したときは、会社は、賃金規程第○条の定めるところにより、時間外手当または休日手当を支払う。

（有効期限）
第5条　本協定の有効期限は、令和○年4月1日から令和△年3月31日までの1年間とする。

　令和○年○月○日

　　　　　　　　　　　　　　　　　　有限会社○○○○

　　　　　　　　　　　　　　　　　　　代表取締役　　○○○○　㊞
　　　　　　　　　　　　　　　　　　　社員代表　　　○○○○　㊞

7章　労働時間に関する労使協定のモデルとつくり方

445

協定届

Download 7-090

様式第5号（第12条の5第4項関係）

1週間単位の非定型的変形労働時間制に関する協定届

> 対象事業は小売業、旅館、料理店、飲食店のみです。

> 常時使用する労働者数は、30人未満であること。

事業の種類	事業の名称	事業の所在地（電話番号）	常時使用する労働者数
旅館	○○旅館株式会社	八王子市○○ ○-○-○(03-○○○○-○○○○)	15人

業務の種類	該当労働者数（満18歳以上の者）	1週間の所定労働時間	変形労働時間制による期間
客室係 事務 調理	10人 2人 3人	40時間	令和○年○月○日から 令和○年○月○日まで

協定の成立年月日　令和 ○ 年 ○ 月 ○ 日

協定の当事者である労働組合の名称又は労働者の過半数を代表する者の　職名　客室係　氏名　○○ ○○

協定の当事者（労働者の過半数を代表する者の場合）の選出方法（　挙手による選挙　）

令和 ○ 年 ○ 月 ○ 日

使用者　職名　○○旅館株式会社 代表取締役　氏名　○○ ○○　印

○ ○ ○ 労働基準監督署長　殿

6. 一斉休憩の適用除外

◆一斉休憩の適用除外とは

休憩時間は、原則として一斉に与えなければなりません。ただし、労使協定を締結したときは、一斉に与えずに、交替制などの方法を取ることができます（労基法34条2項）。

なお、次の事業に従事する労働者については、もともと、一斉休憩の規定は適用されていないため、会社が自由に決めることができます（労基則31条）。

一斉休憩の除外事業

・運送

・販売・理容

・金融・保険・広告

・映画・演劇・興行

・郵便・電気通信

・保健衛生

・旅館・飲食店・娯楽場

（労基法別表1の4号、8号、9号、10号、11号、13号、14号の事業）

◆労使協定の記載事項

労使協定には、次の事項を記載しなければなりません（労基則15条）。

一斉休憩の除外の労使協定への記載事項

① 一斉に休憩を与えない労働者の範囲

② 休憩の与え方

◆就業規則の規定例

モデル就業規則40条（87ページ）を参照して下さい。

7章 労働時間に関する労使協定のモデルとつくり方

労使協定の例

一斉休憩の除外に関する協定

　○○○○株式会社と社員代表は、就業規則第○条の規定に基づき、一斉休憩の除外に関して、次のとおり協定する。
（適用範囲）
第1条　本協定は、製造部および営業部の社員に適用する。
（休憩の交替制）
第2条　一斉休憩の適用が除外される部門については、部門長の決定により課を早番、遅番の2組とし、それぞれ1月ごとの交替で次の時間を休憩時間とする。
　　　　早番　午前12時00分から午後1時00分まで
　　　　遅番　午後 1時00分から午後2時00分まで
（有効期間）
第3条　本協定は、令和○年4月1日から令和△年3月31日までの1年間とし、期間満了の1ヵ月前までに当事者いずれからも異議がない場合、更に1年間延長するものとし、以降同様に更新する。

　　令和○年○月○日
　　　　　　　　　　　　　　　　　　○○○○株式会社
　　　　　　　　　　　　　　　　　　代表取締役　○○○○　㊞
　　　　　　　　　　　　　　　　　　社員代表　　○○○○　㊞

448

7. 事業場外労働

◆事業場外労働とは

「事業場外労働」とは、営業マンなどの外勤や、1日を通して上司の指揮監督下から離れる出張など、使用者が労働時間を適切に把握できない場合をいいます。

このような労働時間については、所定労働時間勤務したものとみなすこととし、その労働が通常、所定労働時間を超える場合には、「その業務の遂行に通常必要とされる時間を勤務したものとみなす」という取り扱いをすることができます（労基法38条の2）。

なお、通常、所定労働時間を超えて労働する場合において、労使協定に「通常要する時間」を定め労働基準監督署長に届け出たときは、その協定で定めた時間を勤務したものとみなします。このような取り扱いによって算定される労働時間を「みなし労働時間」といいます。

また、この「みなし労働時間」は、休憩、深夜業、休日に関する規定には適用されません（昭和63.1.1基発1号）から、原則どおり休憩や休日を与え、深夜や休日に労働した場合は割増賃金を支払う必要があります。

ただし、事業場外労働とは、単に社外で働く者全てに適用するもので

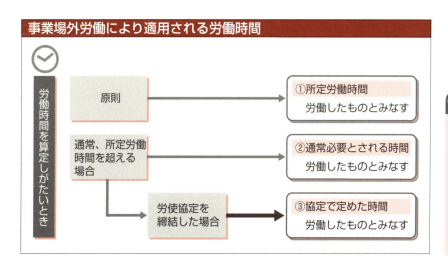

はなく、会社の「具体的な指揮監督が及ばず、かつ、労働時間の算定が困難な場合」とされていますから、次のような報告を受けて正確な時間が分かる場合などには適用されません（昭和63.1.1基発1号）。

事業場外労働が適用されない場合

①何人かのグループで事業場外労働に従事する場合で、そのメンバーの中に労働時間の管理をする者がいる場合

②事業場外で業務に従事するが、無線やポケットベル等によって随時使用者の指示を受けながら労働している場合

③事業場において、訪問先、帰社時刻等当日の業務の具体的指示を受けた後、事業場外で指示どおりに業務に従事し、その事業場にもどる場合

◆協定する場合の必要事項

事業場外労働の時間を協定する場合、①その業務の遂行に通常必要とされる（1日の）時間と、②有効期間を定める必要があります（労基法38条の22、労基則24条の2第2項）。

なお、協定で定める時間が、法定労働時間以下である場合は、労働基準監督署長に届け出る必要はありません（労基則24条の2第3項）。

◆一部事業場内の労働がある場合

事業場外労働のみなし労働時間は、1日の全部の労働時間を事業場外で勤務する場合だけではなく、一部事業場内で勤務する場合にも適用されます。

前ページ図の①「所定労働時間を労働したものとみなす」場合は、一部を事業場内で労働したとしても、事業場外労働とあわせて所定労働時間の範囲であるときを指していますので、その時間を勤務したとみなします。

一方②③では、特定の業務ごとの事業場外労働のみの「通常必要とされる時間」を「みなし労働時間」とします。

つまり、全て事業場外で労働したときは、その「みなし労働時間」の勤務となりますが、一部を事業場外で勤務したときは、1日の労働時間は、事業場外の「みなし労働時間」に別途把握した事業場内の労働時間を加えた時間となります（昭和63.3.14基発150号）。たとえば、みなし労働時間7時間の事業場外労働と実際の労働時間として把握した2時間の事業場内労働では、あわせて9時間の労働時間となります。

　外回りの多い営業職などに時間管理は必要ないと誤って捉えているケースも見受けられますが、毎日、外勤の営業職が職場に帰ってきて、会議や報告の時間を設ける場合など、別途把握した事業場内の労働時間の賃金も支払う必要があるのです。

　もちろん、「みなし労働時間」は毎日時間外労働をしている営業職などに時間外手当を支払わなくてよいという制度ではありません。このような職種にみなし労働時間を適用する場合は、定額であっても必ず時間外手当を支払うようにして下さい。

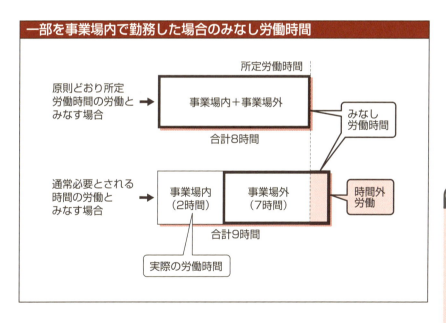

一部を事業場内で勤務した場合のみなし労働時間

労使協定の例

事業場外労働のみなし労働時間制に関する協定

　○○○○株式会社と社員代表は、就業規則第○条の規定に基づき、事業場外労働に従事する社員に適用するみなし労働時間制に関して、次のとおり協定する。

（適用範囲）
第1条　本協定は、次の業務に従事する社員であって、労働時間の全部または一部を事業場外で勤務し、実際の労働時間の算定が困難な者に適用する。
　　　①営業職
　　　②臨時的な出張の業務

（みなし労働時間）
第2条　前条の対象者に適用する労働時間は、次のとおりとする。ただし、別に定める時間外および休日労働に関する協定が失効しているときは、法定労働時間を超える勤務を命じることはない。
　　　①前条1号の業務は、通常、その業務の遂行に1日9時間要するものとする
　　　②前条2号の業務は、所定労働時間を勤務したものとする

（有効期間）
第3条　本協定は、令和○年4月1日から令和△年3月31日までの1年間とする。

　　令和○年○月○日

　　　　　　　　　　　　　　　　　　　　　　　○○○○株式会社
　　　　　　　　　　　　　　　　　　　　　　　代表取締役　○○○○　㊞
　　　　　　　　　　　　　　　　　　　　　　　社員代表　　○○○○　㊞

協定届 Download 7-093

様式第12号（第24条の2第3項関係）

事業場外労働に関する協定届

事業の種類	事業の名称	事業の所在地（電話番号）	
食品販売	株式会社 ○○商会	港区○○ ○-○-○ (03-○○○○-○○○○)	

業務の種類	該当労働者数	1日の所定労働時間	協定で定める時間	協定の有効期間
営業	8人	8時間	1日9時間	令和○年3月21日から 令和○年3月20日まで

時間外労働に関する協定の届出年月日　　○年 ○月 ○日

協定の成立年月日　　令和 ○ 年 ○ 月 ○ 日

協定の当事者である労働組合の名称又は労働者の過半数を代表する者の　　職名 ○○課　氏名 ○○ ○○

協定の当事者（労働者の過半数を代表する者の場合）の選出方法（ 投票 ）

令和 ○ 年 ○ 月 ○ 日

使用者　職名 株式会社○○商会 代表取締役　氏名 ○○ ○○ ㊞

○○ 労働基準監督署長　殿

この欄には、その事業場における時間外労働に関する協定（36協定）の届出の年月日（届出をしていない場合はその予定の年月日）を記入して下さい。

この欄は、1日当たりのみなし労働時間を記載します。1ヵ月などの期間によるみなし労働時間は認められていません。

8. 専門業務型裁量労働制

◆専門業務型裁量労働制とは

「裁量労働制」とは、業務の性質上、その業務の遂行を従事する労働者の裁量に委ね、あらかじめ定めた一定の時間（必ずしも所定労働時間ではなく業務に要する平均的な時間）労働したものとみなす制度です。

専門業務型裁量労働制の対象業務

①新商品・新技術の研究開発、人文科学・自然科学に関する研究の業務

②情報処理システムの分析または設計の業務

③新聞・出版の事業における記事の取材・編集の業務、または放送番組等の制作のための取材・編集の業務

④デザイナー（衣服・室内装飾・工業製品・広告等）の業務

⑤放送番組、映画等の制作の事業におけるプロデューサーまたはディレクターの業務

⑥コピーライター（広告、宣伝等における商品等の内容、特徴等にかかる文章の案の考案）の業務

⑦公認会計士の業務

⑧弁護士の業務

⑨建築士（１級・２級・木造建築士）の業務

⑩不動産鑑定士の業務

⑪弁理士の業務

⑫システムコンサルタント（情報処理システムを活用するための問題点を把握・活用するための考案・助言）の業務

⑬インテリアコーディネーター（照明器具、家具などの配置に関する考案・表現・助言）の業務

⑭ゲームクリエーター（ゲーム用ソフトの創作）の業務

⑮証券アナリスト（有価証券市場における相場等の動向または有価証券の価値等の分析、評価、または投資に関する助言）の業務

⑯税理士の業務

⑰中小企業診断士の業務

⑱大学における教授研究の業務（主として研究業務に限る）

⑲金融工学等の知識を用いて行う金融商品の開発の業務

なお、このような「みなし労働時間」は、休憩、深夜業、休日に関する規定には適用されません（昭和63.3.14基発150号）から、原則どおり休憩や休日を与え、深夜や休日に労働した場合は割増賃金を支払う必要があります。

　裁量労働制には、ここで説明する「専門業務型」と次に説明する「企画業務型」の２種類があります。

　専門業務型裁量労働制（労基法38条の３）は、対象となる業務が、前ページのとおり限定して列挙されています（労基則28条の２の２、平成9.2.14労働省告示７号）。

◆適用の要件

　対象業務について、労使協定が締結され、労働基準監督署へ届出された場合、実際の労働時間にかかわらず、協定に定める時間を労働したものとみなします。

　労使協定で定めるべき事項は次のとおりです（労基法38条の３第１項各号、労基則24条の２の２第３項１号）。なお、有効期間は３年以内が望ましいとされています。

労使協定で定めるべき事項

①対象業務

②１日当たりのみなし労働時間

③業務の遂行の手段および時間配分の決定等に関し当該業務に従事する労働者に対し具体的な指示をしないこととする旨

④労働者の健康および福祉を確保するための措置

⑤労働者からの苦情の処理に関する措置

⑥協定の有効期間

◆健康・福祉確保措置と苦情処理措置の例

　労働者の健康・福祉確保措置の例は、次ページのとおりです。

7章 労働時間に関する労使協定のモデルとつくり方

455

> **健康・福祉確保措置の例**
>
> ①把握した対象労働者の勤務状況およびその健康状態に応じて、代償休日または特別な休暇を付与すること
>
> ②把握した対象労働者の勤務状況およびその健康状態に応じて、健康診断を実施すること
>
> ③働き過ぎ防止の観点から、年次有給休暇について、まとまった日数を連続して取得することを含めて、その取得を促進すること
>
> ④心と体の健康問題についての相談窓口を設置すること
>
> ⑤把握した対象労働者の勤務状況およびその健康状態に配慮し、必要な場合には適切な部署に配置転換をすること
>
> ⑥働き過ぎによる健康障害防止の観点から、必要に応じて、産業医等による助言、指導を受け、または対象労働者に産業医等による保健指導を受けさせること

苦情の処理に関する措置については、苦情申出の窓口および担当者、取り扱う苦情の範囲、処理の手順・方法等、その具体的内容を明らかにする必要があるとされています。

◆記録の保存

専門業務型裁量労働制を導入する場合、会社は、協定した「労働者の健康および福祉を確保する措置」と「労働者からの苦情の処理に関する措置」のうち、労働者ごとに講じた措置を記録し、協定の有効期間とその後の3年間保存することが義務付けられています（労基則24条の2の2第3項2号）。

専門業務型裁量労働制を設ける場合の就業規則の規定（例）

（裁量労働制）
第○条　裁量労働制に関する労使協定が締結されたときは、その協定の定める対象者については、協定で定める時間労働したものとみなす。
　2．前項の協定で定める労働時間が、法定労働時間を超える場合は、超える時間について賃金規程に定める割増賃金を支払う。
　3．1項の規定は、適用対象者が欠勤、休暇等によって労働しなかった日については適用しない。

労使協定の例

専門業務型裁量労働制に関する協定

　○○○○株式会社と○○○○労働組合は、就業規則第○条の規定に基づき「専門業務型裁量労働制」に関し、次のとおり協定する。

（対象範囲）
第1条　本協定は、次の社員に適用する。
　　　①新商品または新技術の研究開発の業務に従事する者
　　　②情報処理システムの分析または設計の業務に従事する者

（専門業務型裁量労働制の原則）
第2条　対象社員に対しては、会社は業務遂行の手段および時間配分の決定等につき具体的な指示をしないものとする。

（みなし労働時間）
第3条　対象社員が、所定労働日に勤務した場合は、就業規則第○条に定める就業時間にかかわらず、1日9時間労働したものとみなす。

（時間外手当）
第4条　みなし労働時間が就業規則第○条に定める所定労働時間を超える部分については、時間外労働として取り扱い、賃金規程第○条の定めるところにより割増賃金を支払う。

（休憩、休日）
第5条　対象社員の休憩、所定休日は就業規則の定めるところによる。

（対象社員の出勤等の際の手続き）
第6条　対象社員は、タイムカードによる出退勤の時刻の記録を行わなければならない。

2. 対象社員が、出張等業務の都合により事業場外で業務に従事する場合には、事前に所属長の了承を得てこれを行わなければならない。この場合には、第3条に定める時間を労働したものとみなす。

3. 対象社員が所定休日に勤務する場合は、休日労働協定の範囲内で事前に所属長に申請し、許可を得なければならない。この場合、対象社員の休日労働に対しては、賃金規程第○条の定めるところにより休日労働の割増賃金を支払う。

4. 対象社員が深夜に勤務する場合は、事前に所属長に申請し、許可を得なければならない。この場合、対象社員の深夜労働に対しては、賃金規程第○条の定めるところにより深夜労働の割増賃金を支払う。

（対象社員の健康と福祉の確保）

第7条　会社は、対象社員の健康と福祉を確保するために、次の措置を講ずるものとする。

①対象社員の健康状態を把握するために、対象社員ごとに本人の健康状態について「自己診断カード」（2ヵ月に1回）に記録させヒアリングを行う措置を実施する。

②会社は、前号の結果をとりまとめ、産業医に提出するとともに、産業医が必要と認めるときには、定期健康診断とは別に特別健康診断を実施する。

③精神・身体両面の健康についての相談室を設置する。

（裁量労働適用の中止）

第8条　会社は、前条の措置の結果、対象社員に専門業務型裁量労働制を適用することがふさわしくないと認められた場合または対象社員が専門業務型裁量労働制の適用の中止を申し出た場合は、その労働者に専門業務型裁量労働制を適用しないものとする。

（対象社員の苦情の処理）

第9条　対象社員の苦情等の処理に対応するため、裁量労働相談室を開設する。

（勤務状況等の保存）

第10条　会社は、対象社員の勤務状況、健康と福祉確保のために講じた措置、苦情について講じた措置の記録をこの協定の有効期間の始期から有効期間満了後3年間を経過する時まで保存することとする。

（有効期間）

第11条　この協定の有効期間は、令和○年4月1日から令和△年3月31日までの1年間とする。

令和○年○月○日

○○○○○株式会社　代表取締役　○○○○　㊞

○○○○労働組合　執行委員長　○○○○　㊞

協定届

Download
7-095

> この欄には、対応業務として認められる業務の内容を記入してください。

> この欄には、労働者の裁量に委ねる業務の内容を記入してください。

様式第13号(第24条の2の2第4項関係)

専門業務型裁量労働制に関する協定届

事業の種類	事業の名称	事業の所在地(電話番号)		協定の有効期間
ゲーム制作業	株式会社○○ソフト	台東区○○ ○-○-○ (03-○○○○-○○○○)		令和○年4月1日から令和○年3月31日まで

業務の種類	業務の内容	該当労働者数	1日の所定労働時間	協定で定める労働時間	労働者の健康及び福祉を確保するための措置(協定の労働時間の状況の把握方法)	労働者からの苦情の処理に関して講ずる措置
ゲーム用ソフトウェアの制作の業務	一定の期間内にゲームの抽象的全体像に基づいて、ゲームのコンテンツ、映像、音響等を担当ごとに労働者が独立的に制作する。	12人	8時間	9時間	2か月に1回、所属長が健康状態についてヒアリングを行い、必要に応じて特別健康診断の実施や特別休暇の付与を行う。(タイムカード)	毎週月曜日12:00~13:00に労働組合に裁量労働相談室を設け、裁量労働制の運用、評価制度および賃金制度等の処遇制度全般の苦情を扱う。本人のプライバシーに配慮した上で、実施調査を行い、解決策を労使委員会に報告する。

時間外労働に関する協定の届出年月日　令和 ○ 年 ○ 月 ○ 日

協定の成立年月日　令和 ○ 年 ○ 月 ○ 日

協定の当事者である労働組合の名称又は労働者の過半数を代表する者の職名　株式会社○○ソフト労働組合

氏名　株式会社○○ソフト
代表取締役
○○ ○○

協定の当事者(労働者の過半数を代表する者の場合)の選出方法(　　)

令和 ○ 年 ○ 月 ○ 日

使用者　職名
　　　　氏名　　　　　　㊞

○○労働基準監督署長 殿

> この欄には、事業場における時間外労働に関する協定(36協定)の届出の年月日(届出をしていない場合はその予定年月日)を記入すること。ただし、協定で定める時間が法定労働時間(労基法32条)または小規模事業所の労働時間の特例(労基法40条)が適用される場合の労働時間を超えないときには、記入を要しません。

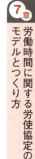

7章 労働時間に関する労使協定のモデルとつくり方

9. 企画業務型裁量労働制

◆企画業務型裁量労働制とは

　企画業務型裁量労働制とは、いわゆるホワイトカラーに対する裁量労働制で、労使委員会の決議を条件に、この労使委員会で定めた時間を労働したものとみなす制度です（労基法38条の4）。

　そのホワイトカラーとは、「業務の運営に関する事項」についての企画、立案、調査および分析の業務であって、その業務の遂行方法を大幅に労働者の裁量に委ねる必要があるため、業務の遂行方法などに関し会社が具体的な指示をしないこととした業務です。このような定義では非常に理解しにくいため、指針では、次ページのように例示しています。

◆適用の要件

　次の要件を満たし、対象労働者を対象業務に就かせたときは、その労働者は労使委員会で定めた時間を労働したものとみなすことができます（労基法38条の4第1項各号、労基則24条の2の3第3項1号）。なお、有効期間に制限はありませんが、3年以内が望ましいとされています（平成15.10.22基発1022001号）。

企画業務型裁量労働制の適用要件

①事業場における労働条件に関する事項を調査審議し、事業主に対しその事項について意見を述べることを目的とする委員会が設置されていること

②労使委員会がその委員の5分の4の多数による決議により次の事項に関する決議をしていること（ ダウンロード7−096 「企画業務型裁量労働制に関する決議」参照）

　〈決議事項〉対象業務／対象労働者の範囲／みなし労働時間／対象労働者の健康および福祉を確保するための措置／対象労働者からの苦情の処理に関する措置／対象労働者の同意を得ること等／決議の有効期間

③ 労使委員会の決議を労働基準監督署長に届け出ること

> **「事業の運営に関する事項」についての厚生労働省指針による例示**
>
> Ａ．対象事業場の属する企業等にかかる事業の運営に影響を及ぼす事項
> ＜例＞
>
> | ○
該当 | ①本社・本店の管理・運営を担当する部署において策定される企業全体の営業方針
②事業本部が策定する、主要な製品・サービス等についての事業計画
③地域本社・統轄支社・支店等で策定する、当該企業が事業活動の対象としている主要な地域における生産、販売等についての事業計画や営業計画
④工場等が、本社・本店の具体的な指示を受けることなく独自に策定する、主要な製品・サービス等についての事業計画 |
> | :---: | :--- |
> | ×
該当
せず | ①本社・本店で対顧客営業を担当する部署に所属する個々の営業担当者が担当する営業
②工場等が行う個別の製造等の作業や当該作業にかかる工程管理 |
>
> Ｂ．当該事業場にかかる事業の運営に影響を及ぼす独自の事業計画や営業計画
> ＜例＞
>
> | ○
該当 | ①支社等が、本社の具体的な指示を受けず独自に策定する、当該支社または複数の支社等が事業活動の対象とする地域における生産、販売等についての事業計画や営業計画 |
> | :---: | :--- |
> | ×
該当
せず | ①支社・支店等が、本社・本店または支社・支店等である事業場の具体的な指示を受けて行う個別の営業活動 |

◆対象労働者の範囲

　たとえば、新卒採用したばかりの者を対象労働者にすることはできません。少なくとも３年から５年程度の職務経験を経た上で、「対象業務を適切に遂行するための知識・経験等がある」といえる者でなければならないと例示されています（平成11.12.27労働省告示149号）。

◆労使委員会の要件

　労使委員会は、委員の委員の半数（労使各１名で構成される委員会

などは法律の規定する委員会とは認められません（平成12.1.1基発1号））が、対象事業場の労働者の過半数から任期を定めて指名されている者で構成されなければなりません（労基法38条の4第2項1号）。

指名される者は管理監督者以外であることとされています（労基則24条の2の4第1項）。

また、労使委員会の議事については、議事録を作成し、労働者に周知する必要があります（労基法38条の4第2項2号、労基則24条の2の4第3項）。議事録は開催の日から3年間保存しなければなりません（労基則24条の2の4第2項）。

その他、①労使委員会の招集、定足数、議事等委員会の運営規程を定めること、②規程の作成、変更については労使委員会の同意を得ること、③労働者が労使委員会の委員であること等を理由として不利益な取り扱いをしないこと、が法令で定められています（労基則24条の2の4第4～6項）。

◆健康および福祉の確保・苦情処理の措置

適用の要件として、対象業務に従事する労働者には、労働時間の状況に応じた労働者の健康・福祉を確保するための措置を講じなければなりません。この健康および福祉の確保の措置とは、勤務状況や健康状態に応じて、代償休日を与えること、健康診断を実施すること、健康問題の相談窓口を設置すること、産業医等による助言・指導を受けるなどとされています。また、労働者の勤務状況、健康状態に応じて、適用を除外するなど必要な見直しを行うことが望ましいとされています。

苦情の処理に関する措置とは、苦情申出の窓口および担当者等を明らかにすることとされています（平成11.12.27労働省告示149号）。

◆対象者の同意

使用者は、労働者を対象業務に就かせることについて労働者の同意を得なければなりません。その際、同意をしなかった労働者に対して解雇その他不利益な取り扱いをすることはできません。

◆**保存義務**

使用者は、次の事項を、有効期間中および有効期間満了後3年間は保存することとされています（労基則24条の2の3第3項2号）。

> **保存義務のある事項**
> ①対象労働者の労働時間の状況、ならびにその労働者の健康および福祉を確保するための措置として講じた措置
> ②対象労働者の苦情の処理に関する措置として講じた措置
> ③対象労働者の同意

◆**定期報告**

使用者は、定期的（当分の間、適用要件となる決議が行われた日から6ヵ月以内ごとに1回）に、対象労働者の労働時間の状況・健康および福祉を確保するための措置の実施状況を労働基準監督署長に報告しなければなりません（労基法38条の4第4項、労基則24条の2の5第1項、労基則付則66条の2）。

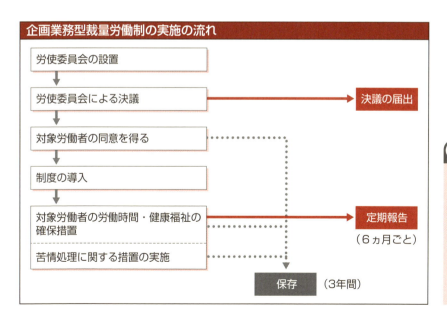

決議届

Download 7-097

様式第13号の2 （第24条の2の3第1項関係）

企画業務型裁量労働制に関する決議届

事業の名称	事業所の所在地（電話番号）	常時使用する労働者数
○○株式会社　本社事業場	渋谷区○○　○-○-○　（03-○○○○-○○○○）	256人

業務の種類	業務の内容	労働者の範囲（職務経験年数、職能資格等）	労働者数	決議で定める労働時間
	企業全体の経営計画を企画立案する業務	入社7年目以上、資格等級6級以上	10人	8時間
	人事部門の人事計画を企画立案する業務	入社7年目以上、資格等級6級以上	10人	8時間
その他の業務				

労働者の健康及び福祉を確保するために講ずる措置（労働者の労働時間の状況の把握の方法）：
2ヶ月に1回、所属長が従業状況についてヒアリングを行い、状況に応じて特別健康診断の実施や特別休暇の付与を行う。（タイムカード）

労働者からの苦情の処理に関して講ずる措置：
当週1回、総務第1課に従業員相談室を設ける。

決議の有効期間　令和○年4月1日 ～ 令和○年8月31日

労働者ごとに、労働時間の状況に応じ当該労働者の健康及び福祉を確保するために講じた措置及び当該措置の実施状況に関する記録を保存することについての決議の有無　（有）・無

労働者の同意を得なければならないこと及び同意をしなかった労働者に対して解雇その他不利益な取り扱いをしてはならないことについての決議の有無　（有）・無

労働者からの苦情の処理に関して講じた措置、労働者からの苦情の処理に関する決議の有無　（有）・無

決議の成立年月日	令和○年○月○日

委員会の委員数	規程の有無	委員会の有無		
10人	規程　有・無	有・無		

任期を定めて指名された委員

氏名	任期
○○○○	1年
○○○○	同上
○○○○	同上
○○○○	同上
○○○○	同上

運営規程に含まれている事項

開催に関する事項	決議の方法に関する事項
届出に関する事項	委員会の招集に関する事項
鑑の方法に関する事項	決議で定める事項

その他の委員

氏名
○○○○
○○○○
○○○○
○○○○

労働者委員の選出方法（労働者の過半数で組織する労働組合がない場合）の選出方法

職名　会長　氏名　○○　○○　（投票による選挙）

職名　○○　氏名　○○株式会社　代表取締役　○○　○○

使用者　職名　氏名　○○　○○　㊞

令和○年○月○日

労働基準監督署長　殿

決議は上記委員全員の5分の4以上の多数による決議により行われたものである。

委員会の委員の半数について任期を定めて指名した委員の任期及び労働者の過半数で組織する労働組合の名称又は労働者の過半数を代表する者（労働者の過半数で組織する労働組合がない場合）の選出方法

注記（欄外）

- この欄には、みなし労働時間を適用するものとして業務を具体的に記入して下さい。
- この欄には、対象業務に従事する者のうちみなし労働時間を適用する労働者の範囲について、必要となる職務経験年数・職能資格等を具体的に記入して下さい。
- この欄には、対象者のみなし労働時間とする時間を記入して下さい。
- この欄には、「労働者の健康および福祉を確保するために講ずる措置」の具体的内容と、労働時間の状況を把握する方法について（　）内に記入して下さい。
- この欄には、「労働者からの苦情の処理に関して講ずる具体的な方法」の内容を具体的に記入して下さい。
- この欄には、労働者の過半数で組織する労働組合がある場合においてはその労働組合、労働者の過半数で組織する労働組合がない場合においては労働者の過半数を代表する者に任期を定めて指名された委員の氏名を記入して下さい。

企画業務型裁量労働制に関する報告

Download 7-098

この欄には、「労働者の健康および福祉を確保するための措置」として講じた措置の実施状況を具体的に記入してください。

この欄には、みなし労働時間を適用する労働者として決議した労働者の範囲およびその数を記入してください。

この欄には、みなし労働時間を適用する労働者として決議した業務を具体的に記入してください。

この欄には、実際に把握した労働時間のうち、平均的なもののおよび最長のものの状況を具体的に記入してください。また、労働時間の状況を実際に把握した方法を具体的に（　）内に記入してください。

様式第13号の4（第24条の2の5第1項関係）

企画業務型裁量労働制に関する報告

報告期間　令和○年2月から令和○年7月まで

	労働者の範囲	労働者数	労働者の労働時間の状況（労働時間の把握方法）	労働者の健康及び福祉を確保する措置の実施状況
事業の種類	○○株式会社			
事業の名称				
事業の所在地（電話番号）	渋谷区○○ ○-○-○（03-0000-0000）			
その他の業務				
経営計画の策定	企画部で入社7年目以上、職能等級6級以上	10人	平均9時間、最長12時間（タイムカード）	特別健康診断の実施（令和○年5月14日）
人事計画の策定	人事部で入社7年目以上、職能等級6級以上	10人	平均9時間、最長12時間（タイムカード）	特別健康診断の実施（令和○年5月14日）

令和○年○月○日

労働基準監督署長　殿

使用者　職名　○○株式会社　代表取締役
　　　　氏名　○○　○○　印

7章　労働時間に関する労使協定のモデルとつくり方

465

10. 高度プロフェッショナル制度

◆高度プロフェッショナル制度とは

　「高度プロフェッショナル制度」とは、「働き方改革関連法」により、労働時間に縛られない働き方として新たに設けられた制度です。労働基準法では、労働時間に応じて賃金を支払うことを原則としているため、管理監督者など一部のみを限定的に適用除外しています。この法改正で、新たな除外規定が追加されました。

　この制度の対象者には、労働時間、休憩、休日、深夜の割増賃金に関する規定は、適用されません。そのため、割増賃金の支払い義務もありません。

　同様の適用除外として「管理監督者」がありますが、労働時間、休憩、休日は適用除外されていますが、深夜労働だけ除外されていなかったため、より広く適用除外されることになります。

　なお、「高度プロフェッショナル制度」は通称で、正しくは「特定高度専門業務・成果型労働制」といいます（労基法41条の2第1項）。改正法の施行は、平成31年4月1日からです。

◆適用の要件

　高度プロフェッショナル制度の導入に当たっては、一定の委員会が設置された事業場において、委員会が委員の5分の4以上の多数決により、一定の事項（労基法41条の2第1項）を決議し、その決議を労働基準監督署に届け出なければなりません。なお、形式的に整っていても、決議事項のうち③〜⑤までの措置を講じていない場合は適用できない旨が規定されています。

　そして、個別労働者の適用については、書面などで本人の同意を得なければなりません。

　「委員会」は、委員の半数は労働者代表に指名されている必要があります。また、委員会の多数による決議は、36協定などの協定に代えることができます。

なお、決議の届出をした使用者は、措置の実施状況について行政官庁に報告しなければなりません（労基法41条の２第２項）。

委員会の決議事項

①対象業務の範囲

　高度の専門的知識等を必要とする厚生労働省令で定める限定業務。「研究開発業務」「金融商品の開発業務」「証券アナリストの業務」など

②対象労働者の範囲

　職務が明確に定められ、年収「1,075万円」以上などの一定の者。

③健康管理時間を把握する措置

　対象労働者の健康管理を行うために対象労働者が事業場内にいた時間と事業場外において労働した時間との合計の時間（これを「健康管理時間」といいます）を把握する措置

④休日

　対象業務に従事する労働者に対し、１年間を通じ「104日以上」、かつ４週間を通じ４日以上の休日を委員会の決議および就業規則等で定めるところにより与えること

⑤健康・福祉確保措置（選択的措置）

　対象業務に従事する対象労働者に対し、「勤務間インターバル」「深夜業の回数制限」など一定の措置を委員会の決議および就業規則等で定めるところにより講じること

⑥健康管理時間の状況に応じた措置

　健康管理時間の状況に応じ、「有給休暇（年次有給休暇を除く）の付与」「健康診断の実施」など一定の措置のうち委員会の決議で定めるものを使用者が講ずること

⑦同意の撤回の手続き

　労働者が一度同意していたとしても、途中で撤回できること

⑧苦情処理

　対象労働者からの苦情の処理に関する措置

7章 労働時間に関する労使協定のモデルとつくり方

467

⑨不利益取り扱いの禁止

　同意をしなかった対象労働者に対し解雇その他不利益な取り扱いをしないこと

⑩その他厚生労働省令で定める事項

高度プロフェッショナル制度を設ける場合の規定（例）

Download
8-099 ➡

（高度プロフェッショナル制度）

第50条　高度プロフェッショナル制度に関し委員会（労働時間その他の労働条件に関する事項を調査審議し、会社に意見を述べることを目的とする労働基準法41条の２第１項に定める委員会）の委員のうち５分の４以上の多数による決議があった場合であって、決議で定める業務および対象労働者に該当する者が同意したときは、労働時間、休憩時間、休日、深夜労働の規定は適用しない。

２．　会社は、前項により同意した労働者（以下本条において「適用労働者」という）が事業場内にいた時間と事業場外において労働した時間との合計の時間（「健康管理時間」という）を把握し、その状況に応じて適用労働者の健康・福祉を確保するために必要な措置を講じるものとする。

３．　適用労働者には、少なくとも年104日の休日（就業規則○条の休日を含む）を与えるものとし、毎年あらかじめカレンダーで明示する。

４．　協定の対象者であっても、高度プロフェッショナル制度の適用に同意しない、あるいは一度した同意の意思を撤回することができる。会社はこのことをもってその者に不利益な取り扱いはしない。

５．　会社は、適用労働者に厚生労働省令で定める時間を超える労働があった場合、医師による面接指導を受けるよう命じる。労働者はこれを拒むことはできない。

用語索引

〈あ〜お〉

育児休業 —————— 277
育児休憩 —————— 53
意見書 —————— 32
移籍出向（転籍） —— 108,305
1年単位の変形労働時間制 —— 436
1ヵ月単位の変形労働時間制 —— 425
1週間単位の非定型的
変形労働時間制 —————— 443
一斉休憩 —————— 47
一斉休憩の適用除外 —————— 447
一定期日払いの原則 —— 69,192
異動 —————— 107,170

〈か〜こ〉

解雇 —————— 60,113
介護休業 —————— 281
解雇制限 —————— 61
解雇の手続き —————— 62
解雇予告 —————— 62,170
カフェテリアプラン —————— 357
完全月給制 —————— 191
管理監督者 —————— 124
企画業務型裁量労働制 —————— 460
期間の定めのある労働契約 —— 41,164
期間の定めのない労働契約 —— 41
基準外賃金 —————— 189
基準内賃金 —————— 189
基本給 —————— 189,196
休暇 —————— 127
休業手当 —————— 72
休憩（時間） —— 47,121,172
休日 —————— 48,122
休日の振替え —————— 49
休日労働 —————— 122
休職 —————— 109

クーリング —————— 167
競業避止義務 —————— 117
勤続年数 —————— 250
勤務延長 —————— 294
継続雇用制度 —————— 294
慶弔見舞金 —————— 350
契約期間の上限 —— 42,164
契約期間の満了 —————— 113
欠勤 —————— 115
月給日給制 —————— 191
健康診断 —— 134,177
譴責 —————— 136
高度プロフェッショナル制度 — 50,466
高年齢雇用継続給付 —————— 299
高年齢者雇用確保措置 —————— 294
号棒表（固定昇給方式） —————— 237
公民権の行使 —————— 51
個人情報 —————— 406
雇用契約 —————— 25

〈さ〜そ〉

災害補償 —————— 134
災害見舞金 —————— 352
再雇用 —————— 294
在籍出向 —————— 305
最低賃金 —————— 175
採用時の提出書類 —————— 102
差別的取り扱い —————— 40
産前産後休業 —— 53,132
時間外・休日労働に関する協定 · 50,416
時間外労働 —————— 123
時間外労働の限度時間 —————— 418
時給制 —————— 191
始業と終業の時刻 —————— 45
事業場 —————— 29
事業場外労働 —————— 449
自己都合退職 —————— 112
実労働時間 —————— 45
児童 —————— 51
支払形態 —————— 190

469

支払日	192
支払方法	193
死亡	113
死亡弔慰金	353
社内預金	44
車両	372
就業規則の変更届	34
就業規則	25,99
就業規則の作成・届出	28
就業禁止	134
周知	34
出勤停止	136
出向	108,304
出退勤	115
出張	107,388
守秘義務	115
試用期間	104
使用者	38
使用者責任	371
賞与	209,240
職能	323
職能給	196,231
職能資格制度	319,323
職能等級	326
職能要件	323
職務給	196
職務遂行能力	323
女性	52
諸手当	189,197
所定外賃金	189
所定内賃金	189
所定労働時間	45,119,171
人事考課	334
人事管理	321
人事制度	321
人事評価	334
深夜	70
斉一的取り扱い	127
精皆勤手当	199
制裁	135,177

正社員への転換	170
整理解雇	114
生理休暇	52
セクシュアル・ハラスメント	118
絶対的必要記載事項	29
全額払いの原則	66,193
前借金相殺	43
専門業務型裁量労働制	454
総額人件費管理	240
総合決定給	196
早退	115
相対的必要記載事項	29

〈た～と〉

代休	49
退職	60,111
退職金	133,245
退職時の証明	63
断続的労働に従事する者	125
短時間労働者	159
地域手当	199
遅刻	115
中小企業退職金共済制度	247
懲戒解雇	114,137
長期労働契約	41
直接払いの原則	66
賃金	64,133,173
賃金水準	226
賃金体系	189,223
賃金の支払い5原則	66
賃金表	222,236
通貨払いの原則	66,193
通貨払いの例外	67
通勤交通費	200
通常の労働時間の賃金	71
定年	112,294
出来高払制	206
適正人件費	240
適用範囲	100
手待ち時間	47

転勤	107
転勤旅費	393
電子媒体	33
電子メール	396
転籍（移籍出向）	108,304
トータル人事制度	324
特定期間	439
特別条項付き協定	419

〈な～の〉 ••••••••••••••••••••••

二重就業禁止	116
日給月給制	191
任意的記載事項	30
妊産婦の就業制限	52
年次有給休暇	54,127,172
年次有給休暇（計画的付与）	57
年次有給休暇（比例付与）	56,172
年少者	51
年俸制	191
年齢給	196,230
能力評価	337
ノーワーク・ノーペイの原則	191

〈は～ほ〉 ••••••••••••••••••••••

パートタイマー	159
配置転換	107
端数処理	195
非常時災害	49
非常時払い	70,193
表彰	135
比例付与	55,172
複線型人事（コース別人事）	327
服務規律	115
福利厚生制度	357
普通解雇	113
不利益変更	26
フレックスタイム制	429
平均賃金	72,225
変形休日制	48,123
変形労働時間制	46,120

ポイント制退職金	252
法定外労働時間	45
法定休日	48
法定労働時間	45
母性保護	121

〈ま～も〉 ••••••••••••••••••••••

毎月1回以上払いの原則	69,192
毎月払いの原則の例外	69
マイナンバー	104
前払退職金	254
みなし労働時間	46,120,449
身元保証書	102
無期労働契約への転換	165
目標管理	338

〈や～〉 ••••••••••••••••••••••

雇い止め	163
有期労働契約	42,163
行方不明	113
諭旨解雇	137
労使協定	414
労働基準法	35
労働協約	28
労働契約	25
労働契約の終了	60
労働契約法	36
労働時間	45
労働時間等の適用除外	50,124
労働者	37
労働者を代表する者	31,415
労働条件	25
労働条件の明示	39,101
割増賃金	70,202

◆著者紹介

岡田 良則（おかだ よしのり）

　岡田人事労務管理事務所所長、株式会社ワーク・アビリティ代表取締役、東京都社会保険労務士会会員。

　1965年生まれ。日本ビクター株式会社で生産管理に従事、会計事務所勤務、株式会社コンサル・コープを経て、現職。各企業の就業規則の作成、賃金体系・社内諸制度の構築をはじめ、人事全般にわたる指導を手掛けながら、講師・執筆と幅広く活動している。

　著書に「サクッと早わかり！ 働き方改革法で労務管理はこう変わる」「有期労働契約の無期転換がわかる本」「改正労働者派遣法ポイント・しくみがわかる本」「Ｑ＆Ａでわかるメンタルヘルスと労務管理の実務」「人材派遣のことならこの１冊」「退職・転職を考えたらこの１冊」「就業規則をつくるならこの１冊」「定年前後の年金・保険・税金の手続きをするならこの１冊」（以上、自由国民社）、「社会保険労務士事務所の仕事がわかる本」（日本実業出版社）、「育児介護休業の実務と手続き」「賃金制度を変えるならこの１冊」（以上、共著、自由国民社）、「事例解説 賃金退職金制度」「ケーススタディ 労働基準法」（以上、共著、第一法規）などがある。

桑原 彰子（くわはら あきこ）

　岡田人事労務管理事務所、株式会社ワーク・アビリティ マネージャー、滋賀県社会保険労務士会会員。

　同志社大学商学部卒業。ＩＴ関連会社、大学生協東京事業連合の勤務を経て、現職。

　著書に「育児介護休業の実務と手続き」「残業をゼロにする職場のしくみ」（共著、自由国民社）がある。

■ 連絡先　〒150-0013 渋谷区恵比寿1-30-8 プライムコート恵比寿２階

　　　　　岡田人事労務管理事務所　　　　　株式会社ワーク・アビリティ
　　　　　電話 03-5789-2704　　　　　　　　電話 03-5789-2200
　　　　　URL http://www.okada-sr.com/　　 URL http://www.work-ab.co.jp/
　　　　　E-mail info@okada-sr.com　　　　　E-mail info@work-ab.co.jp

就業規則と人事・労務の社内規程集

2006年７月25日　初版　　第１刷発行
2019年８月８日　第５版　第１刷発行

著　者　　岡田良則
　　　　　桑原彰子
発行人　　伊藤　滋
印刷所　　大日本印刷株式会社
製本所　　新風製本株式会社
発行所　　株式会社自由国民社
　　　　　〒171-0033 東京都豊島区高田 3 - 10 - 11
　　　　　営業部　電話 03 (6233) 0781　FAX 03 (6233) 0780
　　　　　編集部　電話 03 (6233) 0786　URL　https://www.jiyu.co.jp/

本文デザイン・制作　小塚久美子 ＋ 有限会社 中央制作社

- ●造本には細心の注意を払っておりますが、万が一、本書にページの順序間違い・抜けなど物理的欠陥があった場合は、不良事実を確認後お取り替えいたします。小社までご連絡の上、本書をご返送ください。ただし、古書店等で購入・入手された商品の交換には一切応じません。
- ●本書の全部または一部の無断複製（コピー、スキャン、デジタル化等）・転訳載・引用を、著作権法上での例外を除き、禁じます。ウェブページ、ブログ等の電子メディアにおける無断転載等も同様です。これらの許諾については事前に小社までお問合せください。また、本書を代行業者等の第三者に依頼してスキャンやデジタル化することは、たとえ個人や家庭内での利用であっても一切認められませんのでご注意ください。
- ●本書の内容の正誤等の情報につきましては自由国民社ホームページ内でご覧いただけます。
https://www.jiyu.co.jp/
- ●本書の内容の運用によっていかなる障害が生じても、著者、発行者、発行所のいずれも責任を負いかねます。また本書の内容に関する電話でのお問い合わせ、および本書の内容を超えたお問い合わせには応じられませんのであらかじめご了承ください。